# 尹心田见闻录

历史顾问：陈铁健　吴家林　王晓荣
记录整理：尹家衡　丁湇清　王留全

學苑出版社

**图书在版编目（CIP）数据**

尹心田见闻录/尹家衡整理．— 北京：学苑出版社，2015.7

ISBN 978 - 7 - 5077 - 4812 - 3

Ⅰ．①尹…　Ⅱ．①尹…　Ⅲ．①尹心田（1903 ~ 1998）— 回忆录
Ⅳ．①K825.2

中国版本图书馆 CIP 数据核字（2015）第 168702 号

责任编辑：周　鼎
出版发行：学苑出版社
社　　址：北京市丰台区南方庄 2 号院 1 号楼
邮政编码：100079
网　　址：www.book001.com
电子信箱：xueyuanpress@163.com
销售电话：010 - 67601101（营销部）、67603091（总编室）
印 刷 厂：河北三河灵山红旗印刷厂
开本尺寸：787 × 1092　1/16 开本
印　　张：20
字　　数：320 千字
版　　次：2015 年 7 月第 1 版
印　　次：2015 年 7 月第 1 次印刷
定　　价：198.00 元

冯玉祥

（1882—1948）

尹心田

（1903—1998）

**原中共山西汾阳特委部分同志合影**

前排左起：王沛南（特委书记）、尹心田（特委教育委员）
后排：吴景新（原特委书记）夫妇
1931 年 9 月，吴景新调中共中央工作前，摄于山西汾阳

**晚年尹心田**

1989 年 10 月，摄于南京家中

紀念尹心田叔叔，学习

他崇高的爱国主义精神

馮理達

二〇〇七年五月于北京

冯理达

（原中国人民解放军海军总医院院长）

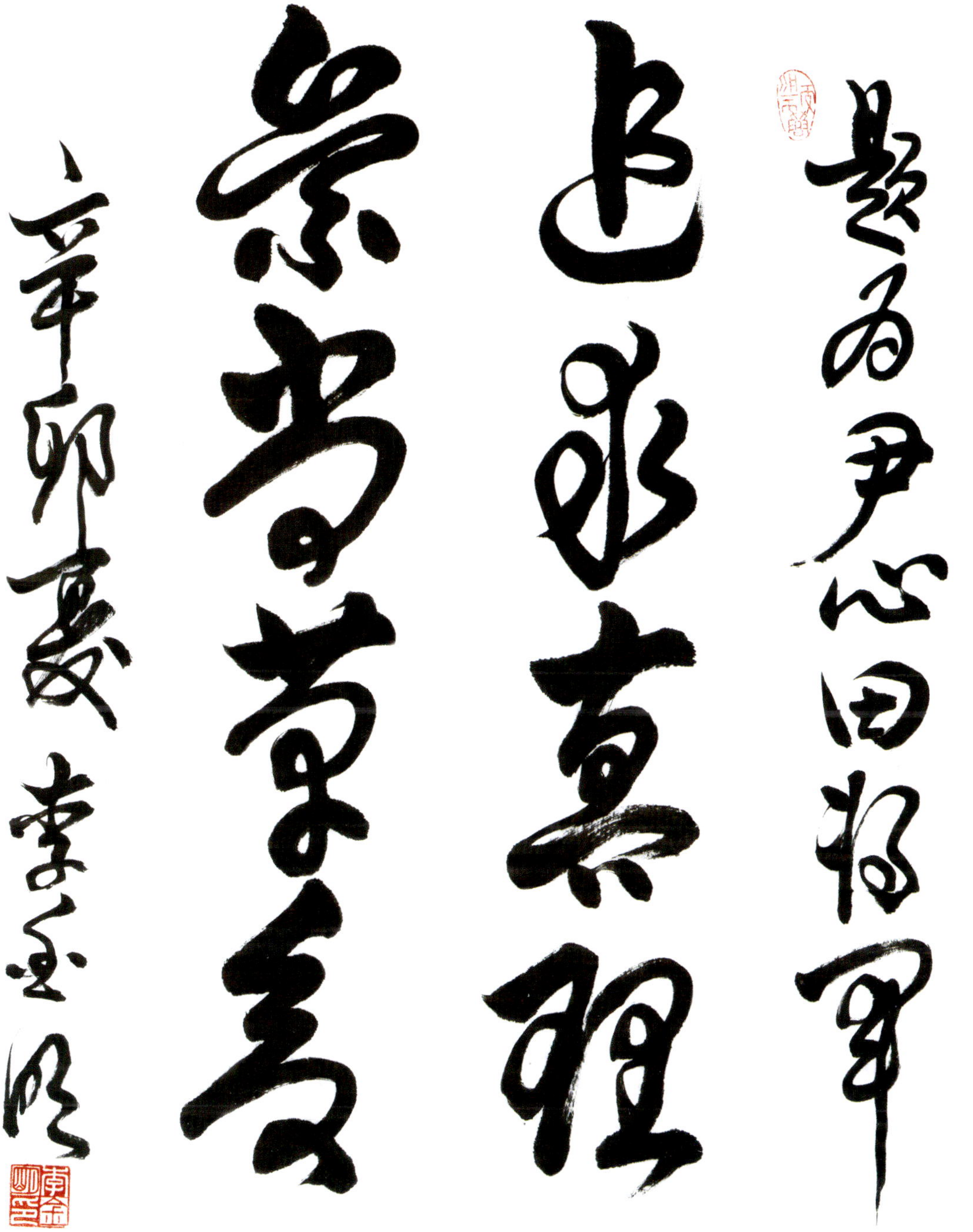

**李金明**

（浙江省政协主席、曾任中共河南省南阳市市委书记）

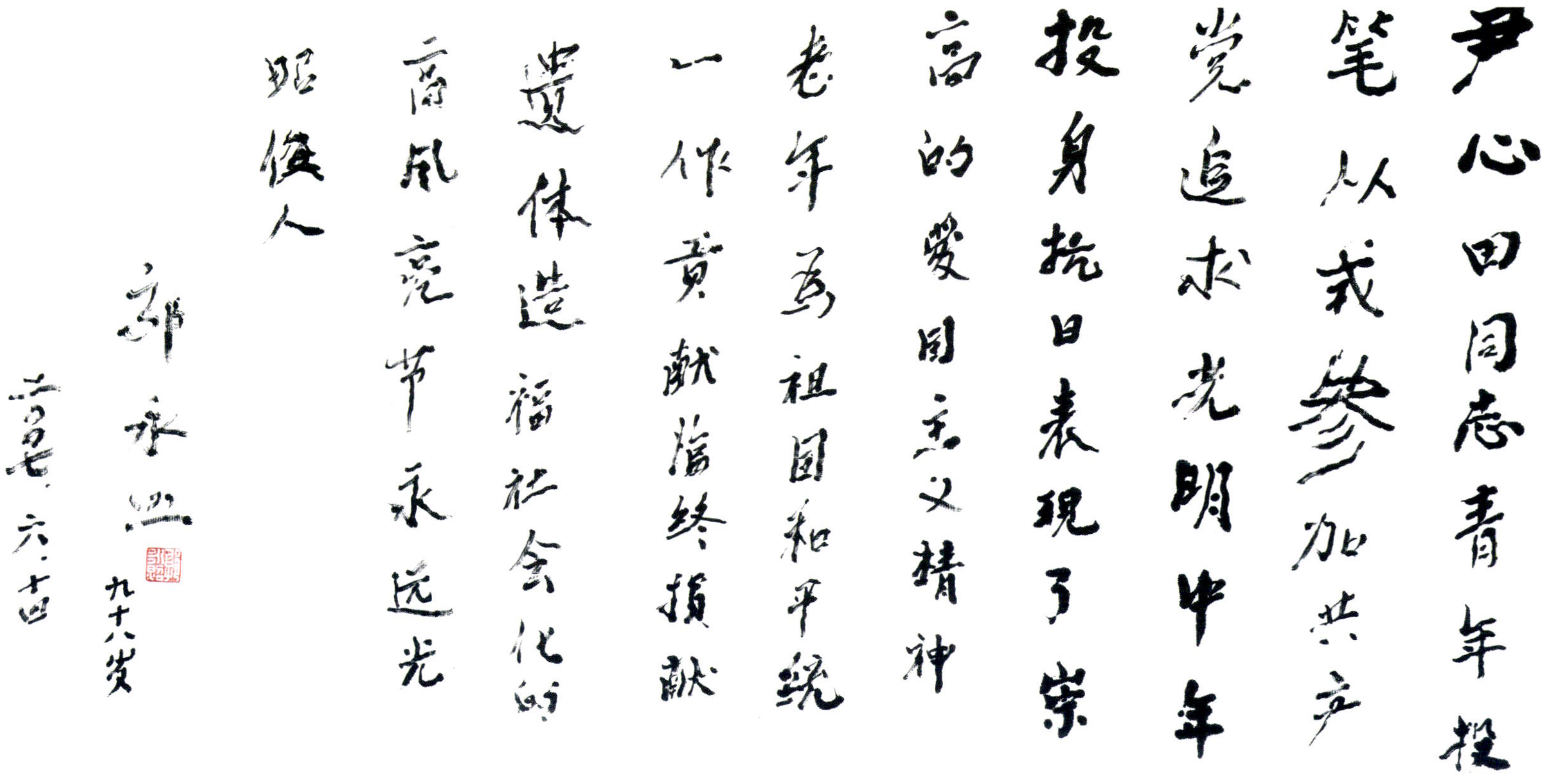


郭永照

（原中国人民解放军河南商丘军分区司令员）

# 目 录

# 序

## （一）

王晓荣

我对尹心田的了解，源自于对冯玉祥的研究，特别是对冯玉祥在 20 世纪 30 年代初领导的察哈尔抗日的研究。

我与察哈尔抗日这段历史结缘，说起来挺有意思。1996 年我考入中国社会科学院研究生院，并有幸跟随近代史研究所的陈铁健先生攻读中国近现代史专业博士学位。读博士二年级期间，在一次与陈先生的交谈中，我得知“察哈尔抗日这段历史似乎还有些问题”，于是就有意无意地翻看了一些常见的资料和著述，隐约感觉到其中的可疑之处，之后又找来其他一些资料进行追根溯源。在这个过程中逐渐产生了想进一步探询真相的愿望，一方面是那些悬而未解的疑团引起了我的探询冲动和研究兴趣，另一方面在粗看资料的过程中发现一些历史真相被掩盖，特别是对察哈尔抗日期间一些历史当事人不公平遭遇的同情，让我有些放不下。作为一名历史研究者，我觉得自己有责任在这方面尽一份力量，因此决定以“察哈尔抗日”作为研究对象来撰写博士毕业论文。其后就开始奔波于北京、南京、天津、陕西，特别是河北保定、石家庄、张家口等地。在这个“走南闯北”查找资料的过程中，我发现，这其中隐藏的问题越来越多，甚至有时呈现出谜中有谜的情形，而我的研究兴趣和劲头也随之越来越强烈。在尽最大努力掌握文献资料和了解前人研究成果的基础上，最终以《国共两党与察哈尔抗日》为题目写成我的博士学位论文。

通过博士论文的撰写，我认识到察哈尔抗日是 20 世纪 30 年代初中华民族抗日潮流激荡中的一个重要事件，复杂交错的各种矛盾和冲突又使之成为当时中国政局的一个缩

影。博士毕业后，我没有急于将博士论文出版面世，是因为我深知察哈尔抗日所牵涉的人物和事件非常复杂，有的还挺敏感，因此就有意识地想通过冷却、沉淀来检验我那些理性的叙述和分析以及在研究过程中所产生的直觉和推断。到2005年，正值中国人民抗日战争胜利60周年，鉴于察哈尔抗日是诸多抗日事件中研究薄弱的一个领域，因此在一些关注该成果人士的积极建议下，我在对原文进行修改校对的基础上仍以某种忐忑的心情交付人民出版社出版。但当年9月上市发行后所得到的社会反响，让我大出意外，同时也应接不暇。我不断地收到一些读者、学者和历史当事人或其后代的来电、来函，有些人还辗转亲自前来见面。特别没想到的是，我在研究过程中曾经努力搜罗口述资料，但除了与张家口当地一些老人的访谈外，很想寻找历史参与者或其后代的愿望却没能实现，这让我一直深感遗憾。但等书出版面世后，这些“活资料”则纷纷“冒”了出来，就在当年秋天，几位抗日同盟军将士的后代来西安找到我，其中，尹心田的儿子尹家衡先生很快引起我的关注。一见面，家衡先生就急切地围绕抗日同盟军问题与我交谈，我坦率陈述自己的研究所得，家衡先生也就其父尹心田生前所述滔滔不绝。双方交谈中，有沟通询问，也有相互印证，当然也有新的发现。这对我来说是个意外的惊喜，他让我当初因为没有找到抗日同盟军将士及其后代的遗憾在瞬间变成了万幸；而对于家衡先生来说，悲喜交集，情绪失控，泪流满面，已经足以说明一切。当时场景让我深受触动，同时也很担心，因为70多岁的家衡先生疾病缠身药不离口，他得悉拙著之后引发的记忆、怀念和感慨与激动，他因为求证心切而连夜阅读并批注拙著，他在见面之后又连续讲话，让我生怕他的身体生出意外。通过几次交流，我们双方各有所获，同时也共有所得，那就是尹心田生前就察哈尔抗日相关问题所忆述内容的真实性得到确切印证。

当时就听家衡先生说，其父尹心田在20世纪80年代末曾接受过河南省南阳市政协文史委员会的专访（尹心田籍贯河南南阳），讲述他一生的经历。有关方面在对他的回忆做过初步整理后，摘要发表于南阳市政协所编辑出版的《南阳文史资料》（第八辑，1992年10月出版）中。到2003年，在南京市有关单位举办纪念尹心田百年诞辰活动后，南阳市政协文史委员会和尹心田的家属又将尹心田的回忆资料做了进一步的补充和完善，形成这部口述史的完整文本。

现在我们所看到的《跟随冯玉祥将军见闻录》，对人们了解冯玉祥及其部队，研究那时候的中国社会等具有重要的史料价值。首先，其可贵之处在于，它是尹心田根据自己亲历、亲见、亲闻所述的“三亲”史料。冯玉祥的人生富有传奇色彩，学界已有不少人为其著书立说，但依据“三亲”史料者并不多见。尹心田不仅亲历、亲见、亲闻，而且拥有非常难得的特殊身份，从 1922 年志投冯玉祥的“陆军十一师”，直到 1946 年冯玉祥出国赴美考察之前，其间从初当冯玉祥的“传令员”，到最后成为国民政府正式授衔的“陆军少将”，前后跟随冯玉祥长达 24 年。而尹心田一个更为难得的身份是，他在中原大战结束后的 1931 年，便被中国共产党北方特科发展为在冯玉祥身边工作的中共特别党员。这种身份和经历，使他系统了解了冯玉祥的滦州起义、反对袁世凯称帝、讨伐张勋复辟、阻止段祺瑞“武力统一”，亲身见证和投入了发动“北京政变”(史称“首都革命”，以下统称“北京政变”)、电请孙中山北上共商国是、驱逐末代皇帝溥仪、访问苏联、五原誓师、参加北伐、与中国共产党合作组建察哈尔民众抗日同盟军、收复察哈尔失地、拥护中国共产党倡导的抗日民族统一战线、力主召开政治协商会议建立联合政府、反对蒋介石独裁和反对美国援蒋内战等一系列中国近现代史上的重大事件。冯玉祥主导或参与的上述事件，正是发生在中华大地内忧外患、政党林立、战乱频繁、国人在探索富国强兵路上举步维艰、在传承与开拓之间举目迷茫的时代。尹心田不仅是冯玉祥上述重大活动的亲历者、见证人，他自己也经历了几乎整个 20 世纪的时代风云，他所忆述的人物和事件弥足珍贵。其次，正是由于有这种特殊身份和经历，尹心田在口述历史时，对相关史实做了有针对性的鉴别和辨误。在对冯玉祥生平和事件的回忆中，其他著述说过的，他不再重复或简说，其他著述有误的，他则予以匡正。例如，关于冯玉祥电请孙中山北上一事，有人曾写文章说，冯玉祥将军亲自拜会过孙中山先生。由于当时冯玉祥夫人李德全受冯玉祥委托三次前往北京铁狮子胡同探望孙中山都是尹心田陪同去的，所以，尹心田在回忆中明确指出：“这与历史事实不符。冯将军虽然十分崇敬孙中山先生，并在首都政变后亲自电请孙中山先生北上主政，共商国是，但二人从未谋面。”至于其他著述叙述不详或是认识不够的事件，尹心田

不仅详说，甚至还亲自撰写专文予以说明。例如，关于察哈尔抗战和抗日同盟军的问题，他不仅详述历史，而且还严肃沉重地指出，当年导致察哈尔抗日失败及抗日同盟军解散的原因，一方面是来自日、蒋、汪的阻挠和破坏，另一方面，真正从内部搞垮抗日同盟军的，是当时中共临时中央通过抗日同盟军前委书记柯庆施执行的“左”倾冒险主义路线。再如，关于冯玉祥发动“北京政变”的问题，他认为，长期以来，我国史学界对于这一历史事件不仅研究不够，而且评价也偏低。为了探寻冯玉祥发动“北京政变”的原因，剖析“北京政变”的历史影响并总结历史教训，他还与人合作撰写了《对冯玉祥将军发动“北京政变”的再认识》一文。在对往事的回忆中，尹心田尤其注重对那些鲜为人知的事件详加描述，比如，冯玉祥就任西北边防督办前后与共产党创始人李大钊的交往，与“黄埔奇人”宣侠父的交往，与苏联的交往与合作，与中共代表的多次会谈，创建汾阳军官学校，察哈尔举旗抗日及其与共产党的密切合作，以及抗战期间营救民主人士“七君子”和狱中共产党员，等等。

尹心田口述的《跟随冯玉祥将军见闻录》一书，为冯玉祥研究乃至民国史研究领域增添了难得的重要史料。

2014年7月于西安

（王晓荣，陕西师范大学教授、博士生导师，专著《国共两党与察哈尔抗日》）

# 序

## （二）

李玉玺

“待到《见闻》出书日，家祭无忘告乃翁。”——将抗日将军尹心田先生的口述录音资料整理编纂出版发行，这是当年河南省原南阳市政协文史工作者们久久难以释怀的初衷和愿望。提起这个心愿，感慨颇多，特撰此文，鉴此为念。

尹心田先生出生于河南南阳，终老于江苏南京，他的《跟随冯玉祥将军见闻录》，早于1992年曾经作为南阳名人回忆录刊登在南阳市政协主办的《南阳文史资料》第八辑上。当年先生的口述录音和采访笔记资料，计有30余万字，时因书容篇幅所限，仅整理为3万余字的短文摘要刊之。惋惜之余，大家曾向尹老建议，事后可进一步充实出版发行，但不久后，由于南阳地、市政体变革和人事变动而未能实现。随后，同志们虽已届龄退休但仍未忘记此事，于2003年南京各界纪念尹先生百年诞辰之际，大家怀着对尹老的崇敬之情，焕发晚年余热，携手启动了他的《跟随冯玉祥将军见闻录》整理编纂工作。今天，值该书出版问世之时，作为当年曾经采访尹老并与尹老结为忘年交的南阳老文史工作者，我们终于可以欣喜地告慰尹老：当年所言之心愿，今天终于实现了！让我们同尹老的在天之灵一起为本书的精彩出版而贺之、庆之。

我们之所以旧事不忘、锲而不舍地完成这个心愿，主要有三点考虑：一是出于对冯玉祥将军这位中国近代史上著名人物的崇敬，二是出版这本书有着珍贵的史料价值和重要的现实意义，三是借以实现我们当年与尹老共商之意愿。

多年来，每当我们听到中华人民共和国那雄壮的国歌声，每当想到中华民族那最危

险而又令人难忘的“九一八”、“七七”事变国难日，每当看到那一部部英勇悲壮的抗日电视连续剧，我们就会想到为抗日而牺牲的300万中国军人和在抗日战争时期殉难的3000万同胞，同时，也会想到中国近代史上的一位风云人物冯玉祥，想到他的“铁律”队伍西北军，想到他的抗日“大刀队”，想到西北军那惨烈的卢沟桥和长城喜峰口抗日保卫战，想到他的察哈尔抗日同盟军……当我们开始着手编纂尹心田先生这本《跟随冯玉祥将军见闻录》时，那“冒着敌人的炮火前进”、“大刀向鬼子们的头上砍去”的歌声更加强烈地在耳边响起，是这些英雄和这些歌声给了我们“心”的动力。

历史证明，冯玉祥将军是一位爱国将军。冯玉祥将军的声名早在20世纪30年代就曾誉享华夏，当时上海出版的英文《时代周刊》杂志，曾发出3.5万份调查问卷，题目是“谁是当代最伟大的中国人”，结果共评出12名，其中孙中山先生和冯玉祥将军被推为第一名和第二名，并将二人的大幅照片以整版篇幅刊登在该刊封面上。

毛泽东在延安时期曾写信给冯玉祥将军说：“泽东与先生处虽异地，心实无间。”冯玉祥将军60岁生日时，《新华日报》曾发专刊热情祝贺；重庆谈判时，冯将军亲设家宴为毛泽东接风洗尘，席间相谈甚欢甚深，毛泽东本不会喝酒，但幽默中透出真诚：“为了新中国，我愿喝干大海！”冯将军也激动地表示：“常言说的好，士为知己者死，同共产党人结成朋友，共同为中国的老百姓做点好事，死而无怨！”随后，毛泽东还在百忙中偕同周恩来、王若飞同志专程登门拜访了冯玉祥将军。

冯将军逝世后，毛泽东等中央领导人都非常悲痛。毛泽东赞誉冯玉祥将军是“置身民主，功在国家”；周恩来指出：“冯玉祥将军是一位从旧军人转变而成的坚定的民主主义战士，虽然，和所有的历史人物一样，由于政治视野局限，在他身上不可避免地存在这样那样的缺陷，但是，瑕不掩瑜，冯玉祥将军为中国民主事业的贡献，将是永垂不朽的”；邓小平也曾说：“冯玉祥是很值得我们纪念的人物，他一生有相当长的时间为国家和人民做了许多好事，他也是同我们党长期合作的朋友。”

长期以来，史学界对冯将军的传奇人生多有研究，并有多书出版。种种评价说明，冯玉祥将军无愧为中国那个黑暗时代的民族英雄，无愧是为中华民族伟大复兴奋斗终生的人民功臣。

尹心田先生口述的《跟随冯玉祥将军见闻录》，其史料价值是珍贵的，不仅在于它是“三亲”史料（即我们文史工作者常说的“亲历、亲见、亲闻”史料），而且在于他所述史料都是有鉴别、有针对性的。采访中，我们看到，尹先生十分注意别的书上说过的他不说或略说，别的书上写错的他要认真予以匡正，我们在其他书上很少见到，或见到也是一笔带过的历史事件，尹先生却谈得详之又详、细之又细，故在整理编纂本书时，均处之以重笔重墨，如此等等不胜枚举。如冯将军力促国共第二次合作共同抗日、对抗日烈士张金瑞、历史人物王沛南等这些鲜为人知的人和事，他都是带着深深的情感，将真实的历史留给后人。

说到现实意义，我们不禁想到著名作家郁达夫所言，“书即是人，人亦即是书”。本书的出版正值我们为实现中华民族伟大复兴而奋斗的时代，其核心目标是要实现国家富强、民族振兴、人民幸福，这既是今天中国人的梦想，也是我们前辈（包括冯玉祥将军和尹心田将军）上个世纪以来不懈追求的梦想。面对浩浩荡荡的时代潮流，作为当今的中国人应当如何为之奋斗呢？我们在编纂尹心田先生的《跟随冯玉祥先生见闻录》的过程中，边编边读，不仅被冯玉祥这个历史人物的丰功伟绩所深深感染，同时也深为作者尹心田先生的高风亮节所熏陶，从他们所处时代的那种为强国梦想而奋斗不息的精神，我们今天仍当发扬这种精神，它是一个中国人以爱国主义为核心的民族精神，是一种可资激发建设中国特色社会主义正能量的精神。本书通过缅怀爱国将领冯玉祥将军的丰功伟绩和追思作者尹心田先生的高风亮节，实际上是将人生如何立人立事的两面“镜子”呈现在了世人面前。

以冯玉祥为“镜”，可教我们做一个爱国、正直、正义的人。冯玉祥将军所处的时代正是中国旧民主主义革命终结和新民主主义革命兴起、走向胜利的时代，其一生可谓历经沧桑、饱尝忧患：他出身于两代雇农家庭，12 岁入营扛枪，由晚清军队中一名普通士兵，最终官至上将，后又在国民政府中任军事委员会副委员长。他的一生，多年与封建官僚、旧军阀打交道，难能可贵的是，他与那些地主官僚、新军阀迥然不同，他一生都具有普通百姓的心态。在他的人生道路上，始终表现的是正直不阿，从不向权贵低头，也不希望攀

龙附凤而青云直上；他高风亮节，坚决不与权贵旧势力同流合污；他淡泊名利，梦寐以求的是“使中国成为真民主、民享、民治的民主国家”；他一生不抽烟，不喝酒，一身布装，一双布鞋，始终过着平民的俭朴生活，被人民誉为“布衣将军”；他无论为官一任，还是下野息影，总不忘造福一方百姓；他一生刻苦读书，追求真理，勇于摒弃自己的错误，总想追逐时代潮流。采访中，尹心田先生对冯玉祥将军的革命生涯常常感慨不已，曾语重心长地告诉我们：“在中国近现代史上，应该说冯玉祥将军是一个有古良将、清官之风的爱国将领，他带出的兵真爱民、不扰民、忠心救国，是具有‘铁律’的模范军，这样的官，这样的兵，过去需要，现在仍然需要，今后随着时代的发展会永远需要。”

以尹心田为“镜”，可教我们做一个爱国、忠贞、高尚的人。在编纂尹心田先生《跟随冯玉祥将军见闻录》的同时，我们也真正拜读了尹心田先生不平凡的人生：尹心田先生诞生于 1903 年，逝世于 1998 年，几乎与 20 世纪相始终。先生虽出生于农家，但因父亲是读书人，童年时随父饱受国学启蒙，小学时代已显出志气，在会考命题为《人贵有恒》的作文中已能写出“人生在世要有点志气”，“要做一番事业才不愧为人”，“要择善道、抑邪恶，不做愧对祖辈、乡里的事”，“要有持之以恒、锲而不舍、始终如一的立人信念”等豪言壮语；中学时代即热心涉足国事，积极参加蓬勃兴起的“五四”反帝爱国运动，并在爱国热潮的激励下，钦慕冯玉祥的模范军，毅然弃笔从戎，只身千里投奔冯玉祥将军，做出自己人生的第一个进步选择。在跟随冯玉祥将军的戎马生涯中，先生以冯为师，追冯之志，学冯之风，出生入死，忠心为国，与冯将军同心同德、肝胆相照，深为冯将军器重，弱冠之龄受冯将军之命留苏攻读炮兵专业，不仅刻苦学习军事，而且潜心研究马列。回国后，在冯将军秘密与共产党合作之前，先生就做出了人生的第二个进步抉择，毅然加入中国共产党，成为汾阳军校教育长；此时，先生以该校作为白区的“红色堡垒”，积极开展进步思想宣传活动，并为军校学员收集大批进步书籍；当冯将军组建抗日同盟军举旗抗日时，先生策动全校师生 3000 多人整建制列入战斗序列，开赴察哈尔抗日前线与日寇、汉奸浴血奋战；这一时期，先生还秘密为党做了许多联络和发展工作，如，联系与接待共产党领导人周恩来和爱国人士郭沫若；放弃前往延安机会而服从周恩来面命，甘愿继续留在冯将军身边为党工作；本人虽未能亲赴延安，但一直心向延安，曾亲自送侄儿、侄女和家乡进步青年 100 多人奔赴革命圣地延安参加革命，并积极在白区募捐营救狱中中共地下党员等。当中国革命进入解放战争时期，尹心田先生献身人民解放事业、渴望新中国早日建立之心更加强烈，曾在淮海战役中，利用自己的特殊身份冒着生命危险策应和掩护原西北军部分将领起义等，其诸多爱国正义之举至今如浮眼前。特别是 1929 年中原大灾之年（史称民国十八年“大年成”），先生用自己的薪俸购买许多面粉转运故乡救济乡邻，以及用给父亲办丧事的余款创办了一所乡村学校等，这些做官不忘乡邻、心怀培养后代人才的善举，至今家乡父老乡亲仍称颂不已。新中国成立后，尹心田先生先后在中国人民解放军二野军大、三野军大、军事学院及南京师范大学躬行教育事业 38 年。这一时期，他一贯勤恳工作、关心同志、热爱学生、生活朴素、乐观开朗的风范，光彩照人，深受学生爱戴；更令人敬仰的是，先生桑榆晚年而“为霞满天”，他一直保持着饱满的政治热情，当坚持和完善中国共产党领导的多党合作与政治协商制度需要他时，他顾全大局（摒弃王明极左路线时对他的迫害），参加了中国国民党革命委员会，积极为巩固和发展爱国统一战线与和平统一祖国的伟大事业发挥自己的作用。“文化大革命”期间，许多从当年汾阳军校走向革命队伍的党、政、军高级干部，不仅因曾是冯将军的部下而被打成“旧军阀”、“反动军官”、“历史反革命”、“假革命”、“大军阀冯玉祥的走狗”，惨遭迫害，并殃及他们的后代；在那段黑白颠倒的动乱年代里，尹心田先生成了名副其实的“外调专业户”，接待过难以计数的来访外调人员。一开始，来一位外调人员就给他们写一份证明材料，后因工作量太大，就专门撰写了《白区里的红色堡垒》一文，并在印好的资料上郑重声明“我对自己提供的证明材料负完全政治责任，欢迎监督、核查”，这些材料都有力地推翻了强加在许多老同志身上的不实之词，并成为他们在运动后期得到“平反”、“解放”的重要证据，也使许多原西北军的后代或免受株连，或平反昭雪。先生耄耋之年，不顾年事已高，不遗余力地为国家抢救了一批有关西北军的重要史料，并先后参与《冯玉祥选集》《张自忠将军史料》《中共与西北军》等书籍的编辑整理工作，还为《佩剑将军》《吉鸿昌》等电影作品提供不少有价值的史料。先生年届九十高龄仍壮心不已，他应邀偕同夫人千里迢迢

奔赴家乡，与家乡政协的文史工作同志一起，以口述录音的方式，为自己的《跟随冯玉祥将军见闻录》积累素材，同时，为使文史工作同志广泛了解情况、增加真情实感，还带领同志们到淮安、泰山、襄阳去参加周恩来、冯玉祥、张自忠等名人的纪念活动；当自己的口述录音资料，初步摘要以3万余字编纂为《跟随冯玉祥将军见闻录》，先行在《南阳文史资料》刊物上付梓时，既像一位老师，又像一位老编辑，字斟句酌、反复校正，极认真地做了最后的审定，其高度的为文为史负责精神，成为我们文史工作者永远学习的榜样。1998年11月30日，享年96岁的尹心田先生在睡梦中无疾而终。临终前几天，他以崇高的思想境界给我们留下了两件令人起敬的珍宝：一件是一帧遗照，他面对室内的穿衣镜，一面对着镜中的自己招手，一面幽默地说："老朋友，时间不多了！"另一件是一份遗嘱，上书"遗体捐献给南京医科大学，用于医学教育事业"。这位20世纪中国近现代史的见证人，身经百战的老将军、彻底的唯物主义者，就是这样走完了他那充满传奇色彩的人生路，平静地安然离去。这一切正应了中国的一句老话：生于忧患，死于安乐；善有善报，好人一生平安！

尹心田先生近百年的人生历程是中国近代史的缩影，他生于清王朝，历经中华民国、北洋军阀、南京政府时期，沐浴抗日战争的烽火，穿行解放战争的硝烟，参与新中国的建立，献身新中国的建设，经受"文化大革命"的考验，迎来了改革开放的春天。我们认为，一个人经历了这样丰富多彩的历史是有幸的，但更有幸的是，无论风云如何变幻，尹心田先生始终是一个正直的中国人，一个毕生高扬爱国主义精神的人，一个终生跟上历史前进步伐的人，一个道德高尚的人，一个有益于人民的人。

南阳自古名人辈出，出自名人的"喻世明言"众多："鞠躬尽瘁，死而后已"的忠言，出自躬耕于南阳的汉代（三国时期）军事家、政治家诸葛亮的《出师表》；"先天下之忧而忧，后天下之乐而乐"的千古绝唱，出自宋代文学家、政治家范仲淹谪守南阳邓州时所写的《岳阳楼记》；哲人先贤们的崇高思想和宏阔胸襟，应该说，尹老是实践了，也做到了，他当之无愧。唐代史学家、诤臣吴兢《贞观政要·论任贤》一文中有一句著名的官箴："以铜为镜，可以正衣冠；以古为镜，可以知兴替；以人为镜，可以明得失。"依照此论，我们可以说，编纂出版尹心田先生的《跟随冯玉祥将军见闻录》，实际上是一项为人“立镜”的工作，阅读这本书就是阅读冯玉祥其人，也是阅读尹心田其人，冯玉祥将军和作者尹心田先生就是我们呈现给社会和世人的两面“镜子”，我们真诚地期待它能在实现中华民族伟大复兴“中国梦”的新征程中，示人以光亮，给人以启迪。

“愿所有的中国人不忘以史为鉴！”——这是口述者尹心田先生生前多次对我们文史工作者说过的一句意味深长的话。为纪念冯玉祥将军功绩，为弘扬冯玉祥将军爱国精神，还历史一个真相，给后人留一段信史，这是尹心田先生晚年之所以痴心为冯将军革命生涯而口述历史的渊源所在，也是我们之所以痴情助推尹先生口述史出版的目的所在。

谨以此书缅怀冯玉祥将军丰功伟绩，并借此追思抗日将军尹心田先生高风亮节。

甲午孟春于南阳白河之滨“昴庐”

（李玉玺，原河南省南阳市政协文史委主任、政协副主席）

# 引 子

我叫尹心田，今年（1991 年）88 岁，离休前在南京师范大学工作。我 1903 年 4 月 12 日出生于河南省南阳县城南 25 里的龙虎庄，1922 年投军冯玉祥部。在外数十年，对家乡南阳十分怀念。

这次蒙南阳市政协领导和文史委的同志热情相邀，趁出席湖北省襄樊市宜城“各界人士纪念张自忠将军殉国 51 周年、诞辰 100 周年大会”之际，顺道回到久别的家乡南阳。故地重游，家乡早已“旧貌换新颜”，发生了天翻地覆的变化，根本认不出来了。我心中非常兴奋，也很不平静。尤其是，1991 年 5 月 3 日，回到阔别 70 年之久的母校——河南省立第五中学（即现南阳市第一高级中学）参观访问，在我当年就学的教室旧址前与校友合影留念，使我仿佛又回到了青少年的学生时代。当年就学母校、亲身参加“五四”运动、离开南阳、大半生追随冯玉祥将军的岁岁月月，一幕幕往事涌上心头，精神振奋，思绪万千……

# 第一章

# 第一次见到冯玉祥将军

## 一、河南来了新督军

### （一）第一次听说冯玉祥这个名字

1920 年 11 月，包括我在内的许多河南人，第一次听说“冯玉祥”这个名字。这一年的 11 月，冯玉祥带领他的部队驻防河南信阳。这支部队当时的番号是“陆军第十六混成旅”，虽然也是属于北洋政府的军队，但却纪律严明，不骚扰百姓，在民间有较好的口碑。最为河南老百姓津津乐道的是，这支部队虽然几个月都无处领饷，几乎到了揭不开锅的地步，但却不祸害百姓，而是在旅长冯玉祥指示下，劫了平汉铁路上缴北洋政府的税金维持生活。

当时，我的两位义兄薛绍仁、郃士林觉得参加这支部队，定能实现自己报效国家的志愿，便毅然辍学，从南阳赶到信阳投军。不久之后，他们便随十六混成旅开赴陕西。我因为年纪比他们小，加之当时母亲病危，所以没有与他们同行。

1921 年 8 月，奉北洋政府命令，第十六混成旅扩编为陆军十一师，冯玉祥任师长，张之江、李鸣钟分别任第二十一旅、第二十二旅旅长，刘骥任参谋长。

1922 年 4 月 19 日，冯玉祥奉令从陕西西安出发，率部东出潼关，参加第一次直奉战争。当时的河南督军赵倜，听信奉方编造的“吴佩孚已经战死”的谣言，宣布“武装中立”。河南军务帮办兼归德镇守使宝德全、豫军第一师师长赵杰（赵倜之弟）和其他几个镇守使，通电宣布吴佩孚、冯玉祥的“罪状”，说冯的陆军十一师是企图“假途灭虢”，夺取河南地盘。所以，赵杰亲率 20 个营的部队袭击已进驻郑州的冯玉祥部。当时，赵军的兵力数倍于冯军，幸得冯的老部下张之江旅长英勇善战，不仅以少数兵力顶住了赵杰的猛烈进攻，而且战至第三天，竟扭转战局，转守为攻，赵军被迫向省会开封后撤。这时，冯

玉祥命令冯治安、张自忠率学兵连，李向寅率手枪队上阵，将赵军全部击溃。冯军乘胜追击，一举攻下开封，至此，第一次直奉战争以奉系失败告终。

**（二）冯将军就任河南省督军**

1922 年 5 月 10 日，北京政府下令免去已携眷逃往上海的赵倜“河南督军”职务，听候查办，同时宣布，任命冯玉祥为河南督军。

1922 年 5 月 17 日，冯玉祥在开封《新豫日报》（当时的河南省报），刊登《冯督接印安民两布告》，内容为：

“为布告事。奉大总统令，特任冯玉祥为河南督军。此令。等因奉此。遵于五月十四日到汴，接印视事。除分别呈咨并通行外，合行布告，一体周知。切切此布。”

“为布告事。照得本部各军。此次进驻省垣，原所以保护地方，为父老除害。首要分别惩处，胁从概不株连。为此布告商民人等，一体周知。务须各安生业，勿得自相惊扰。倘有不法之徒，假造谣事，借端生事，定必严惩不贷。其各凛遵。切切此布。”

5 月下旬，冯将军向全河南省颁布《督豫施政大纲》，共十条：

赈恤战区灾民，俾免流离。

清理财政各税，期除苛敛。

彻办户口登记，以清盗源。

整饬巡辑各队，以维治安。

查拿贪官痞棍，以安善良。

筹设实业工厂，以纳游民。

疏通浚河筑路，以利交通。

推行义务教育，以开智识。

严禁烟赌娼妓，以淳民风。

厉行剪发放足，以除陋习。

（《冯玉祥选集》上卷，第 7 页，人民出版社）

1922 年 6 月 30 日，冯玉祥在河南开封（当时的河南省省会）向各界代表发表施政演说，除重申施政大纲外，还特别强调革除陋习、厉行节约，剿灭土匪及不许官吏军人及其他公务人员残害百姓，等等（《冯玉祥在开封》，河南大学出版社 1995 年 6 月版，第 220 页）。

1922 年 8 月，冯将军查没前督军赵倜之家产，用于河南教育事业，筹建了中州大学（今河南大学前身）等教育机构。冯将军就任河南督军后的一系列表现，深得河南老百姓的肯定和欢迎，冯的威望也得到大大提高。就在此时，冯将军为了扩充实力，背着吴佩孚，在河南等地招募了三个混成旅的军队。我就是在此时，正式加入了冯将军的陆军第十一师。当时，早在一年前就已参军的义兄薛绍仁、郃士林，因为有文化（冯玉祥将军一向重视新兵的家庭背景、文化水平、身体健康及发育程度等情况），已经分别在冯的部队中担任了司务长、文书等职。我接连收到他们的来信，动员我“实践报效国家的愿望”。由于我对冯玉祥的“模范军”早有向往，于是，在安排了母亲的丧事后，便筹借了几块大洋，离开学校，直奔开封，由冯部第二十一混成旅工兵营文书郃士林介绍，加入了第二十一混成旅工兵营三连当新兵。我记得很清楚，当时三连的连长叫董文富，营长叫王学智，旅长就是张之江。

## 二、第一次见到冯玉祥将军

### （一）冯将军点验新兵

1922 年 8 月，我所在的陆军第十一师第二十一混成旅工兵营，驻扎在河南省会开封之西一个叫仓寨的镇子上。我所在的连，驻扎在仓寨东面的一个村子里。记得是八月底的一天，陆军第十一师师长冯玉祥在二十一混成旅旅长张之江的陪同下，亲临仓寨点名验收新兵。按照当时一般军队中的常规，点名验收新兵，往往是上级军务部门的事情。点名主要有两个功能：第一，核实兵员确切人数；第二，考察兵员质量。那时，在一般军队中，“吃兵饷”是各级军事首长捞钱发财的手段之一，是“公开的秘密”，甚至一个小小的连长，都敢虚报十个八个空名字，将多领的粮饷纳入自己的小金库。军官们为了弄虚作假，每当上级来点名时，往往相互“借”兵充数，或干脆就在驻地附近随便拉几个老百姓，略

加训练（确定谁顶谁的名）后，便冒充花名册上的人名应付点名，闹出过不少笑话。而冯将军亲临基层点名，验收新兵，确有另外一个重要原因：他要亲自掌握新兵的第一手资料，以便在其中选拔其可用之人。这次点名，是我第一次见到慕名已久的冯玉祥将军。当喊到我的名字时，冯将军大声点问：“尹心田？”我正步出队列，答：“有”！冯将军又问：“你家在哪里？”我答“河南南阳”，“你上过什么学？”我答“中学”，冯将军又问：“你为什么不在家上学，要来投军？”我高声回答“我早已向往冯将军的模范军，愿意毕生报效民众，报效国家！”冯将军对我的回答看来很满意，微笑着特别地注视了我一会儿，并当着我的面，在花名册上我的名字上方用钢笔画了一个勾。

点名过后，冯将军又对在场的所有人做了一次我认为相当重要的讲话。他先声夺人讲道，过去有人说“好铁不打钉，好男不当兵”。现在，咱们是民国了，咱们是国家的兵，为国当兵、保卫国家是每个军人的神圣责任。接着，他还形象、生动地对我们这些新兵说“你们没有穿这身军装前，在家都是老百姓，都是‘种粮的’；现在，你们当兵了，成了‘吃粮的’人了，老百姓就是咱们的衣食父母，咱们就是保护国家、保护老百姓的人，谁要是欺负老百姓，就是大逆不道。以后，你们要是有谁以为自己穿上了这身‘老虎皮’，就出去祸害老百姓，只要叫我知道了，绝不轻饶！”他还即情即景地问大家“知不知道你们驻防的地方有什么特别之处吗？”当时，没有人能回答。沉默了片刻，冯玉祥将军接着说：“你们住的地方可不简单啊！这里在大宋朝年间，是京城汴梁的一个重要街区，是外国使节、家属以及来中国的各国侨民住的地方，就像今天北京的东交民巷、西交民巷，可是金贵地方呢！现在，这里的许多老百姓，他们的祖先多半都是当年的外国人和我国现在西部地区少数民族的后代，其中，有不少都是信回教的（即伊斯兰教），比如，姓哈的祖先就来自中亚的哈萨克，姓马的祖先就来自青海、甘肃、宁夏一带，还有姓尤的祖先就来得更远了，他们原来是地中海边上的犹太人。我们现在是民国啦，提倡五族共和（即汉、满、蒙、回、藏），我们一定要注意尊重其他民族的风俗和生活习惯，注意团结他们。”虽然我至今未对冯玉祥将军的这段话做过考证，但冯玉祥将军的这次讲话，我一直牢记至今。

### （二）初次印象终生未变

第一次见到冯玉祥将军，除了感到他高大魁梧、声音洪亮、知识渊博、说话有感染力、令人信服之外，对他的朴素衣着也有很深印象。原来，在我的想象中，一个当师长的将军，总是应该呢子军装笔挺、腰挎指挥刀、马靴锃亮的样子，哪知冯玉祥将军穿的却是和我们一样的灰军装，系一条宽皮带，打着绑腿，脚蹬一双普通的布鞋，和一个普通的士兵毫无区别。

从我 1922 年第一次见到冯将军，直到 1946 年我送他去美国，在这长达 25 年的时间里，冯将军除了在必要的正式场合穿着很讲究外，平时穿的，总是和士兵一样的军装，而穿便服时就更像一个普通的农村老百姓了。他从不讲究吃穿，生活上艰苦朴素，表里如一，这是他保持了一生的美德，也是我尊敬他的原因之一。

冯将军不仅以身作则，自己生活简朴，他同时也要求部下不可奢侈。记得他曾给我们讲过一个殷纣王的故事，说有人献给殷纣王一双雕刻精美的象牙筷子，殷纣王大喜，欣然接受。大臣比干看到后，仰天长叹道：殷朝将亡矣！别人不解，问比干何出此言？比干答道：由俭入奢易，由奢入俭难。一双精美的象牙筷子，能与粗陋的餐具相匹配吗？你们等着吧！马上就有金的、银的、美玉的精美餐具换上来了；满席精美的餐具能与粗陋的饮食相匹配吗？你们等着吧！马上就有山珍海味、佳肴美食了；吃饱喝足后，你们等着吧！饱暖思淫欲，一切生活作风就全变了……

这些话虽是冯将军几十年前说的，但我认为，直至今日仍是有现实意义的。

# 第二章

# 来到冯将军身边，参加“首都革命”（北京政变）

## 一、入学兵团及马弁风波

### （一）入学兵团

那次点名后没几天，我的连长董文富突然将我和同我一批参加陆军十一师的另外两名新兵（一个叫黄德全，一个叫郝鹏举），叫到连部，我们都不知道发生了什么事，心中也有些忐忑。哪知，董连长开口就说：“恭喜你们啦！师长来点名时，在我们连里就看中了你们三个人，决定调你们进学兵团。”

这里我要说明一下，冯玉祥将军一向重视对士兵的训练与培养，他在第十六混成旅时期，就曾经建立过学兵连，即十六混成旅有名的“模范连”。将部队中他所发现的认为有培养前途的士兵，集中到学兵连里，进行有计划的军事、文化、素质培养，并派他认为有前途的老兵和中下级军官，担任“模范连”的连、排、班长。从“模范连”毕业后，将这些人分配到所属的各个连队或机关中，作为骨干力量使用。冯将军手下的许多西北军得力干将，如吉鸿昌、梁冠英、冯治安、王丕襄、王治邦、冯兴贤、田金凯、刘振三、孙桐萱、孙玉田、许长林、吴化文等人，都是从十六混成旅“模范连”出来的。而当年“模范连”的连长，就是冯将军手下的“大将”李鸣钟，当过排长的有韩复榘、过之纲，宋西瀚等人，当过班长和教习的有佟麟阁、孙连仲、刘汝明、石友三、葛金章等人。

冯将军的部队扩编为“陆军第十一师”后，学兵连也扩大为学兵团，但性质不变。当时，冯将军亲兼学兵团团长，主持学兵团工作的副团长是石敬亭，学兵团下设两个营，一个是步兵营（1、2、3、4 连），一个是混成营（5、6、7、8 连，分别是骑兵连、炮兵连、工兵连和辎重连）。

我和黄德全、郝鹏举三人第二天就来到驻防于开封演武厅的学兵团报到。我和郝鹏举分到了炮兵连，排长是董振堂，连长是辛海岑，营长是张自忠，黄德全分到了步兵连。

关于黄德全，后来还有一段改名的逸事。那是到了1924年以后，冯玉祥将军在第一位妻子刘德贞病逝、与李德全女士结婚后，黄德全就被大家戏称为“冯夫人”，后来，连冯将军也知道了。黄德全当时感到十分尴尬，坚决要求改名，从那以后就改名为黄樵松。

当时，和我同时（或先后）被冯将军选入学兵团的，还有张金瑞、陈天秩、苏进、王子亮、张培哲、王恩九、司玉贵、刘昌义、黎广诗、戴守义、邓德堂、米文和、刘汝珍、池峰城、张岚峰等人，其中，张金瑞、苏进是我在炮兵连中同班的战友，张培哲也分配在炮兵连，但不同班。

进入学兵团后，有两件事是我终生难忘的。

**第一件：**

1922年10月的一个早晨，天高云淡，秋高气爽。河南开封市演武厅的小校场上，整齐排列着1000多名身着灰色军服的士兵，这便是我们“陆军第十一师”学兵团的全体人员。

检阅台上，冯将军的参谋长兼学兵团副团长石敬亭训话结束后，指着站在台右侧一位身着中山装的中年人对大家说：“现在，我来向大家介绍，这位就是冯将军请来的随军总牧师余心清先生（冯将军当时信基督教，有“基督将军”之称），大家欢迎余先生布道。”当时我就站在台下第一排，这是我第一次见到余心清先生，余先生虽身为随军总牧师，但他的讲话实在让我们感到吃惊，因为他除了第一句话说“我们都是上帝的子孙，无论富贵与贫贱，都是平等的”以外，接下来讲的，都是我们士兵们熟悉和关心的事。他从赵倜（前河南督军）祸国殃民谈起，论述中国贫弱的根源，实实在在地给大家上了一堂生动的时事和政治教育课。在以后的历次“布道”中，余心清从不像一般牧师那样，讲“圣经”、讲“天国”，而是大讲世界革命潮流，大讲中国人民的苦难，大讲革命军人救国救民

的重任。他每次“布道”都深入浅出，侃侃而谈，有事实、有理论，语言生动活泼，深受听众欢迎。在当时的西北军中，提起“红色牧师”余心清，尽人皆知，连冯将军也夸奖他是个天才的“演说家”。

当时，余心清先生很受冯将军的尊重和信任，余和冯相识、相知，还有一段有趣的故事：

1922 年 5 月，冯将军刚请余心清任随军牧师不久，开封某学校校长刘某，以自己是安徽人（同乡）和基督徒（教友）的双重资格，请求新任“河南督军”的冯将军出任该校“董事长”。冯爽快回答：“办学是好事，我乐意帮忙，等我调查一下再答复。”于是，冯马上请也是同乡和教友的余心清去了解该校情况。余心清调查后发现，这个刘某是开“学店”的，学校的职员都是刘某的亲戚子侄，他以“办学”为名，骗取钱财，误人子弟，乌烟瘴气，充斥学校。冯将军听后大为恼火，立即通知省教育厅勒令该校停办。事后，余心清还为如何办教育提出了许多好的建议。余心清的办事能力以及对教育工作的清晰思路，深得冯将军赞赏，当即委托他开办中州大学（今河南大学前身），同时，为解决随军子弟就学问题，还创办了“培德学校”——这是余心清涉足教育之始。

从那时起，我就和余心清先生结下了一生的不解之缘。

**第二件：**

也是在 1922 年 10 月底，当时，美国的《时代周刊》举行一次中国当代名人选举，该周刊在中国北京、上海、南京、杭州、武汉、广州等地，共发了近四万张选票，由时代周刊的读者们（主要是知识分子、企业界人士和政府公务人员），推选当时“最伟大的中国人”，结果，在当选的 12 人中，孙中山先生名列第一，冯玉祥将军名列第二，《时代周刊》还在其封面上分别刊登了孙中山先生和冯玉祥先生的大幅照片。这件事，对包括我在内的许多当代中国人都产生了很大影响，大大地提高了孙中山和冯将军在我心目中的地位。

《时代周刊》封面人物——冯玉祥

学兵团的生活是相当紧张的，但也是十分充实的，我们每天清晨五点半起床，晚上九点吹熄灯号。从早到晚，几乎连上厕所也要“抓紧时间”。军事训练的严格程度，几乎超过了当时所有的部队。当时，包括冯将军在内的许多陆军十一师的高级军官（如李鸣钟、张之江、门致中、鹿钟麟、宋哲元等）也经常亲临学兵团授课。当年，冯将军的军事训练，假设敌首先就是日本兵。因为中日两国军队的武器装备质量相差甚远，所以，根据冯将军的军事教育思想，学兵团十分重视对每个学兵的体能、基本军事技能等训练与培养，无论是步兵、骑兵、炮兵、工程兵或其他兵种，单双杠、跳马、倒立等体育锻炼项目必须达标；对大刀、匕首等冷兵器的使用，必须熟练掌握，还有专门老师教大洪拳、小洪拳等“国术”。在学兵中间，经常举行各种技能的单项或多项比赛，优胜者登榜获奖，造成人人争先、紧张活泼的局面。也许正因为如此，学兵团的学员们成才率相当高，相当多的学员，在以后的军旅生涯中，都升到了将军。

**（二）马弁风波**

1923 年春天，学兵团随已升任“陆军检阅使”的冯玉祥将军开拔到当时的中国首都北京，驻防南苑。有一天，冯将军指令张自忠营长，要他在学兵团各连中挑选几名身体健壮、品端学优、口齿流利、智勇兼备的学员，到自己身边工作（主要是担任机要秘书、贴身警卫等职务）。我有幸被张自忠营长举荐，和同时被选中的张金瑞、陈天秩、魏凤喜、丁良俊、祁光远等人来到了冯将军的身边，从此，跟随冯玉祥将军转战天南地北、大河上下、国内国外达 25 年之久。

当时，凡在长官身边做机要、护卫、杂役等工作的人，统称“马弁”。那时，在军队中对这类人有个顺口溜：“护兵、护兵、小马弁，整天围着长官转，一日三餐吃剩饭，三天打来五天换。”人格低下，被人看不起，我非常厌恶别人喊我“马弁”。有一天，当着许多人的面，又有一个人大呼我“尹马弁”，我气愤之余，便联络了张金瑞、祁光远等人一起去找冯将军，我说：“报告先生（当时冯玉祥明令交代身边的人，要一律称他为先生，不许叫官职），我们是一支为国为民的军队，现在早就是民国了，还叫‘马弁’这个前清时旧军队留下来的老称呼，实在太不应该，我们也感到抬不起头。”冯将军笑着问我们：

“那你们说叫什么好啊？”我说：“我们的主要任务，是上情下达，传达长官的命令，我们几个已经商量了，可不可以叫‘传令员’？”冯将军听了以后很高兴，笑着连连说：“好，好！以后不准再叫‘马弁’了，就叫‘传令员’好了。”从此以后，“传令员”这一称谓，在冯将军领导的西北军中，一直沿用了 20 多年。

### （三）冯将军派我单独执行的第一次任务

记得刚到冯将军身边时，北京的天气已转入初夏。我们刚换完夏装不久，在冯将军居住的南苑军营仁字斋房前，冯将军把我叫到面前，开玩笑地说：“穿上新军装挺威武的嘛！派你个任务，到城里北京大学替我接位客人来。”当时的副官长石敬亭将军接着给我交代了去北大接一位教授，名叫余天休。

我按照石长官的交代，乘车前往住在北京城里东皇城根的余天休教授家。在我的想象里，当时的大学教授，大多是戴着眼镜、穿着长衫的老人，哪知，迎接我的却是一位个头不高、穿着西装、浓眉大眼、目光炯炯的“小伙子”，我怀疑地问他：“您就是余天休教授吗？”对方哈哈大笑说：“天下就我一个余天休，有假包换！”在回南苑的路上，余教授一开口就让我又吃了一惊：“你大概是河南人吧？”我很诧异地反问：“您怎么知道的？”余教授说：“你的河南口音告诉我的。”

后来我才知道，余天休教授是广东台山人，父亲是华侨。他从小就随父去了美国，在美国大学博士毕业后，应蔡元培先生的邀请，回国到北京大学任教授的。当年，余教授还不到 30 岁，仅比我大七八岁，但已经是很有名气的社会学教授了。他是我国近代最早倡导开发大西北的人，在 1922 年，他就在北京创办了“中国殖边协会”并亲任会长。他身体力行，大力倡导和推进“殖边运动”，为开发我国大西北做广泛宣传，冯将军请他到南苑来，就是要他给自己和手下的官佐上“殖边”课的。余教授的课，也是我最喜欢听的课之一（当年，有许多文人学者应邀来给冯将军讲各种内容的课，冯将军总是鼓励我们这些身边的人，随他一起上课。我至今仍然庆幸，当年能有这么好的机遇，陪冯将军一起学习），特别是余教授当时就明确指出中国边疆地区地大物博，但人口稀少，而我国大多数人口，却集中在东南沿海一带，这是很不平衡的结构，应该大力提倡“殖边”。按现代的

话说，就是“支援边疆、开发边疆”。

冯将军非常赞同余天休教授的观点，我想，这大概也是他后来同意担任“西北边防督办”一职的思想基础之一吧。说句实事求是的话，当时，如果没有余天休教授，没有冯将军和余天休教授的密切合作，可能也就没有以后的“西北军”。

余天休教授不仅影响了冯将军和我，也影响了我们家两代人。余教授不仅精通社会学，而且爱好广泛，知识丰富，对地理、历史、绘画等也均有很深的造诣，他不仅是北大的教授，也经常在北京其他院校兼课或开专题讲座。我的爱人赵冠中，当年就是受他的影响，进入北京汇文女子大学学习地理的。我的儿子尹家衡又受我们的影响，当年从北京地质学院毕业后，就直接到大西北去工作了。

## 二、“首都革命”（北京政变）前后

### （一）随冯将军参加“首都革命”（北京政变）

1924年10月22日夜，我跟随冯将军从热河前线班师回京，在胡景翼、孙岳部配合下，包围了总统府，囚禁了贿选总统曹锟。曹（锟）、吴（佩孚）政权土崩瓦解，成功地发动了震惊中外的“首都革命”（以下统称“北京政变”）。

促成冯玉祥发动“北京政变”的原因，我从亲历的几件事上得知：

一是冯与吴佩孚之间早有矛盾，且日趋尖锐。远在第一次直奉战争中，冯任陕西督军，吴佩孚任直、鲁、豫三省巡阅使，驻洛阳西宫。那年，吴佩孚大办50大寿，华北各地军政商学各界名士纷纷到洛阳给吴送重礼祝寿，而冯将军偏偏派部下担上装满清水的“酒坛”，带上冯玉祥亲书祝寿词“君子之交淡如水”给吴送去，把吴佩孚气个脸白，骂冯玉祥“大胆妄为”！

冯玉祥任河南督军时，吴佩孚曾令冯每月要向吴进贡40万大洋，冯将军就是不买他的账，分文不给。冯说：“我这个人生来就不会拍马屁，看他吴佩孚咋着？”就因为这个，吴佩孚在曹锟面前告冯的“黑状”，把冯从河南调出，给冯玉祥一个“陆军检阅使”的空衔虚职，驻在北京南苑。而冯玉祥就利用这个“闲居”北京的机会，和自己在河南一带的声望，多次派员回河南招兵买马，扩充实力，为后来发动“北京政变”准备了军事实力。

二是曹锟在帝国主义支持下，公然以 5 千元一张选票，高价收买国会议员，强奸民意当上了贿选总统，冯玉祥对此坚决反对。

曹锟上台后，北洋政府之小人专权、嚣张跋扈、贪污腐败、凶暴黑暗，更为国人不齿。当时，冯扩充的一个师、两个旅三万多人，急需武器装备，冯呈请曹锟同意到兵库去领，而曹锟手下管财政军需的李彦青却拖着不办，说：“兵库的武器弹药是用国库的黄金白银从德国买来的，谁要也得拿钱买。”这个李彦青（1886 — 1924），山东省临邑县李元寨村人，北洋直系官员，曹锟亲信，他和水浒传中描述的高俅（高太尉）一样，是个颇为典型的得志小人。李彦青原是一个替曹锟擦背搓澡的仆从，虽不学无术，但却擅长察言观色、溜须拍马，他不仅把曹锟伺候得很舒服，还会与曹锟周围信任的人（包括亲随、副官、姨太太、老妈子……）联络感情、相互利用。总之，靠厚黑功夫，竟然当上了有权有势的总统府军需处处长。

冯将军又派高参蒋鸿遇去交涉，李彦青还是坚持说只要拿来 10 万大洋，我马上就给武器，曹锟对此也是睁只眼闭只眼，佯装不知。冯为扩大实力，咬牙筹借了 10 万大洋派人送给了李彦青，才给了装备。冯看在眼里，恨在心里，曾多次在心腹们面前说，这样的坏人当道，这样的腐败政府，一定要推翻它！这些事成了促成爆发“北京政变”的导火线。

### （二）把李彦青当反面教员

“北京政变”后，冯将军还曾经不止一次地重提李彦青，以他为“反面教员”，教育我们这些在冯将军身边工作的人，向我们讲述“亲近君子、远离小人”之道，并说：“真正的君子，与小人水火不容，也不会重用小人；凡重用小人者，首先是自己对吹牛拍马这一套很受用，但却没想到‘拍马’者主要的目的是为‘骑马’。不识此理，日后必受小人之害。这虽是个浅显道理，但为什么还是有不少为官者，犯这种低级错误呢？那就要从自己身上找原因了。”

冯将军是这样说的，也是这样做的，他曾明文规定：上级可以给下级送礼，但下级

不准向上级“进贡”，不管是送钱送物，定罚不饶。

记得1925年冯将军与李德全女士从北京到张家口后不久，有一次，李陪冯外出途中，看到路旁有卖山楂糕的，鲜红可爱，李随口说了一句：“好久没吃山楂糕了。”此话被随行的卫士徐志奇听到，“言者无意，听者有心”，回到家后，徐志奇随即从外边捧了一大块山楂糕回来，请李德全女士尝鲜，冯将军知道后很不高兴。当晚，就把徐志奇和我们一起召去说：“我早有规定，不许下级给上级送东西，你们在我身边工作，更应该尊重我。徐志奇你为啥明知故犯？你先下去写个检查，我再酌情处理，这山楂糕大家分吃了吧。”不久之后，徐志奇就被从冯将军身边调走，随刘郁芬到甘肃去了。

“五原誓师”后，西北军偏居贫瘠之地，缺衣少食，冯将军和普通士兵一样，每日靠咸菜窝头充饥，日渐消瘦。时任五原县县长的刘必达先生看他生活太苦，特意弄了两只鸭子送到司令部，想请总司令改善一下。冯将军认为这是在“毁他”，不仅鸭子不收，还打了刘必达20军棍，以示警告处罚。其实，刘必达先生并不是一个溜须拍马的奸佞小人，他是个办事认真、关心百姓的好县长，他是真心地心疼冯将军，但还是挨了冯将军的棍子。

正因为如此，与冯将军合作一生、后来成了儿女亲家的余心清先生曾说过：“凡追随先生的人，没有不受到先生伟大精神熏陶的，以致有大刀阔斧、拼命实干的精神。”此肺腑之言，也代表了我的想法。这正是我一生尊重冯将军的原因之一。

### （三）“首都革命”（北京政变）中的几个历史事件

#### 1. 囚禁大总统曹锟

1924年10月22日，鹿钟麟到达南苑，与留守北京负责政变准备工作的高参蒋鸿遇等人见面，分配进北京城的任务。当晚，鹿钟麟派兵包围总统府，将总统府卫队缴械，并将大总统曹锟软禁于中南海内的延庆楼，负责看押“大总统”的人，便是冯将军的老部下、时任营长的张俊声。〖编者注：张俊声是著名抗日英雄张自忠将军的老上级。1937年“七七事变”爆发后，张自忠将军在一个时期内，曾被国人误解为“汉奸”，就在张自忠将军万分苦恼、有自杀念头的时候，张俊声曾及时开导他：真正的爱国军人，只有战死在抗日战场，才能证明自己的清白。由此，打消了张自杀的念头。抗战全面爆发后，张自忠将军以国民革命军第三十三集团军总司令的身份，英勇牺牲在湖北省宜城抗日最前线。〗

2．发布通电和布告

（1）通电

1924年10月23日，冯玉祥将军到达北苑，立即发出由他领衔的主和通电，电文如下：

“国家建军，原为御侮；自相残杀，中外同羞。不幸吾国自民九以还，无名之师屡起，抗争愈烈，元气愈伤，执政者苟稍有天良，宜如何促进和平，与民休息；乃者东南衅起，延及东北，动全国之兵，枯万民之骨，究之因何而战？为何而战？……玉祥等午夜彷徨，欲哭无泪，受良心之驱使，做弭战之主张，爰于10月23日决意回兵，并联合所属各军另组中华民军，誓将为国为民效用。……至一切善后问题请全国贤达急起直追，会商补救之方，共开更新之局，所谓多难兴邦，或即在是。临电翘企，伫后教言。冯玉祥、胡景翼、孙岳、米振标、岳维峻、李纪才、邓宝珊、李虎臣、李鸣钟、张之江、鹿钟麟、刘郁芬、宋哲元、孙连仲、孙良诚、蒋鸿遇叩漾。”（《冯玉祥等主和通电》，见《文史资料选辑》第四辑，附录1）

（2）布告

当天，冯将军还以原官衔“陆军检阅使”的名义在北京市城内外张贴安民布告，全文如下：

民国十有三载，干戈扰攘叠经。

士农工商各业，所受损失非轻。

推厥致祸之由，果为何人作俑？

本年旱干水溢，几至十室九空。

嗟我无辜同胞，何堪再罹兵戎。

用持主和停战，班师回驻燕京。

推重国内贤家，共同解决内争。

军人不干政治，义惟绝对服从；

凡我父老兄弟，定必悉表赞同。

所有市廛商民，其各安堵勿惊。

外人生命财产，更当保护安宁。

倘有造谣生事，定行拿办重惩。

为此剀切布告，仰尔商民敬听。

冯玉祥 中华民国十三年十月（印）

当时的我，对此布告十分欣赏，觉得写得很好。但后来的历史教育了我，使我认识到这个布告就预示了冯将军发动的“北京政变”是一定会失败的。原因很简单，首先，“推重国内贤家，共同解决内争”就说明了冯将军当时对发动“北京政变”的目的及预期后果是非常模糊的；再者，有史以来，军队就是政治的工具，孙子兵法开宗明义：兵者，凶器也，圣人不得已而用之。“政治是不流血的战争，战争是流血的政治。”哪有军人脱离政治的呢？

3. 一次错了大方向的军事政治会议

1924 年 10 月 25 日，冯将军在北苑召开军事政治会议，讨论有关政变后的军事政治问题，参加会议的主要人员有胡景翼、孙岳、王承斌、黄郛、贾德耀及冯、胡、孙各部的高级将领等。会上先讨论了政治改革问题，大家一致认为孙中山先生领导的国民革命是当前的唯一出路，决定电请孙中山先生北上来京，主持大计、打开更新局面。在孙先生未来之前，不容许贿选政府继续存在，决定请黄郛组织临时内阁，处理过渡时期的一切事宜。为表示大公无私，冯、胡、孙各部人员均不得参加内阁；在讨论政变后军队的名称时，大家一致认为孙中山先生是国民革命的领袖，应将参加这次政变的冯、胡、孙各部改组为国民军。会议当即议决，立即组成“中华民国国民军”，公推冯玉祥为国民军总司令兼第一军军长，胡景翼任副总司令兼第二军军长，孙岳任副总司令兼第三军军长。

就在会议进行当中，突然接到了吴佩孚回兵进攻杨村的紧急战报，为应付眼前军事上的严重形势，孙岳临时提议，请正闲居于天津的北洋系元老（皖系首脑）段祺瑞出山，拉拢时任山东督军的郑士琦等段祺瑞的皖系老部下联合抗吴。当时参加会议的（包括冯玉祥在内）多为军事首脑，对政治并不在行，认为此举确实是解决眼前军事困难的“好办法”（殊不知是一个铸成大错的馊主意），竟然一致同意了孙岳的建议，马上邀请段祺瑞出山主持军事。

**4．段祺瑞入京主政，冯将军天台山隐居**

1924年11月22日，段祺瑞由天津带着幕僚、侍从等来到北京。11月24日，“中华民国临时政府”宣告成立，段祺瑞为“临时总执政”，这是冯将军在政治上的幼稚所造成的一大恶果。

1924年11月26日，冯将军带领夫人李德全和他们的子女，搬上了京西天台山（又称天泰山，位于北京香山之西）慈善寺“隐居”。我作为冯将军的机要参谋，也随冯将军一家上了山。

天台山山清水秀，环境幽静，是冯将军十分喜爱的地方，他一生曾多次上山居住。这次冯将军上山后，有了更多的时间读书写字。记得在一块山石上，冯将军自撰并书“淡泊明志”四个字刻在上边。冯将军还让我们养了两头奶牛，有时，他还和我一起挤牛奶。那时，冯将军与发妻刘德贞女士生的小儿子冯洪志还年幼，和李德全住在一起，洪志性格倔强内向，冯将军和夫人便让我照顾他。我比他年长10岁，我俩亲如兄弟，我常把挤的牛奶让他喝。1990年，早已定居美国、78岁的冯洪志从美国回国访问，我们一起应山东泰安市政府之邀，去泰山参加“冯玉祥将军纪念馆”开馆仪式，后来，他还专程到南京我家探望，孩提之交难忘啊！

在天台山上，冯将军和慈善寺住持（是位道人，法号我忘记了）的关系也相当好，二人常在一起品茗、赋诗、论道、话家常。冯将军曾风趣地对我们说：“你们应该很好地向这位住持学习，他有很多长处：第一，虽是宗教人士，但没有什么宗教忌讳，养鸡养鸭，荤素都吃，身体健康，没有营养不良。第二，很能‘团结’各路‘神仙’，让‘神仙’们为老百姓服务。慈善寺本来是佛家的庙，但现在供的主神却是太上老君。老百姓要求健康平安，他就建个药王小庙；老百姓要求子，他就再盖个送子菩萨小庙。什么人上山都可以求到自己想求的神，满足自己的精神需要，这多好呀！第三，这位住持生活有规律，按

时起按时睡，自己不念经，却博览群书，也会点医道，对老百姓有实用，不像有些和尚道士，什么都不会，靠别人养着，我看他真是个活济公。”

就在天台山冯将军的寓所，我先后接待了来山上看望冯将军的徐谦、于右任先生。当时，在段祺瑞政府中担任国务委员的许士英和他的秘书黄伯度，是段政府中少数坚决主张欢迎孙中山先生到北京的人（二人都是同盟会会员），许曾派黄伯度上天台山，与冯将军商量赴天津迎接孙中山先生来京具体事宜。我也曾为冯将军传递密信，去过黄伯度位于北京市内景山西街的办公室。按照常理，当时，我作为一个小小的机要参谋、普通信使，是不可能见到身为国务委员秘书黄伯度的，但因为冯将军的密信信封上写的是“黄伯度先生亲启”，所以，我坚持一定要面交此信给本人（这是我担任机要工作后，冯将军反复强调过的事）。那次和黄伯度见面的情景，我至今历历在目：当时，我一跨进黄伯度的办公室，他便立即从写字台后面站起身来，双手向前平伸，很郑重地接过冯将军请他亲启的密信，然后才请坐寒暄，丝毫没有一般大官们常有的傲慢架子，这确实使我有“受宠若惊”之感。但当时做梦也不会想到，这位黄伯度，后来竟然成了我的“第二任岳父大人”。[编者注：尹心田在夫人赵冠中 1953 年去世后，于 1956 年续弦黄伯度的长女、时任南京师范学院教授的黄续汉。] 奉军首脑张作霖也曾派其子张学良带了一件名贵的貂皮大衣上天台山送给冯将军，还送给我们每个随员一双皮手套。那时，张学良年轻英俊，气度不凡，我让座后，张学良说：“我奉父帅之命来看望冯大叔（张作霖和冯玉祥也是互换过金兰的“把兄弟”），请禀报！”冯将军与张学良在山上单独谈了很久。

后来才知道，张学良这次上山，是张作霖为劝冯将军下山离开北京，接受段祺瑞的委派，去察哈尔省张家口，就任“西北边防督办”而精心安排的。关于就任“西北边防督办”的事，后面再说。

**5. 冯将军逐溥仪出宫**

冯将军就任“西北边防督办”后，通电全国，将“国民军”改名为“中华民国西北边防军”。此时，根据段祺瑞的建议，张作霖也将奉军改名为“中华民国东北边防军”。自此以后，中国近代史上方才有了“西北军”和“东北军”这两个名词。

冯将军领导的“北京政变”在政治上虽然失败了，但是，他将溥仪赶出了皇宫，彻底清除了存在于中华民国首都北京竟达 14 年之久的“毒瘤”（清室小朝廷）。此事永留史册，冯将军功不可没。

记得，当时（1924 年 11 月 5 日）冯将军叫我把鹿钟麟先生请来（“北京政变”后，冯将军任命鹿钟麟担任首都卫戍司令，司令部就设在天安门东侧的太庙，即今天的劳动人民文化宫内），面议去紫禁城驱逐清朝末代皇帝溥仪出宫事宜。冯将军高声说道：“辛亥革命已经成功，中华民国早已成立，牺牲了那么多仁人志士，可现在北京还有个国中之国，见了那个小皇帝还是三拜九叩头，山呼万岁！万万岁！每月还要给他们几百万两银子，供他们花天酒地，真是可恶可耻！”

鹿钟麟和时任北京市警察总监的张壁、社会贤达李石曾（中国国民党党员）等人乘车直奔神武门，威风凛凛地敲开了紫禁城的大门，指令清朝的保皇党和遗老遗少立即出宫，并指着北面的景山说：“如若有人坚决不走，顽抗到底只有死路一条，我就叫景山上的大炮把你们轰出去！”（其实，当时景山上连一门大炮也没架，只因溥仪等人百般狡辩、拖延时间、死赖在皇宫里不肯搬，鹿钟麟急中生智，才谎说景山上有大炮）说话间，打开宫门把千多名宫女、侍从放出，把废帝溥仪驱逐出了紫禁城。当时，还成立了有社会名流参加的保护故宫文物的一个委员会（清室善后委员会），处理善后事务。

这些前清的遗老遗少们，对冯将军驱逐溥仪出宫的革命行动万分愤恨，但又无可奈何，于是，便大肆编造谣言，说冯玉祥此举的真正目的是为了侵吞紫禁城内的大量财宝。有些谣言还编得有枝有叶，挺迷糊人。而事实上，参与清点故宫财宝的具体人员，都是从当时北京的各界名流、专家中选出的，他们为了避嫌，不仅不穿长衫、不带箱包，甚至在工作时，连袖筒口和裤筒口都用带子扎起来。

从驱逐溥仪出宫开始，到有序清点故宫文物，冯将军从未直接染指故宫事务，而是派兵把守故宫内外，由李石曾任委员长的“清室善后工作委员会”（成员共 14 人，包括清室代表在内）全权清理、处置故宫资产，直到 1926 年 4 月 9 日，“国民军”撤出北京城。

“谣言止于智者”，历史事实早已证实了冯将军的清白。

### （四）政变逸事

1．活捉李彦青

当时，冯将军亲派卫队团团长魏凤楼带领手枪营越墙潜入李彦青家，从热被窝里捉住李彦青，并把他押到旃坛寺总部。李彦青就囚在我住室隔壁的一间房子里，但这人很不老实，用自己随身携带的瑞士名表和金戒指等贵重财物，企图贿赂看守，放他逃走。看守当即揭发了李的无耻行径，冯将军和我们知道这一情况后，都说：“这个李彦青真是个不吃好粮食的坏蛋，凭他做的坏事真是死有余辜。”几天后，李彦青就被公开处决了，为民除了一害。而李彦青所贪污的大量钱财，都落入了他的几房姨太太之手，李彦青也是“辛苦一场，为他人做嫁衣裳”。

2．舍命不舍财的曹锐和死有余辜的王克敏

首都革命、囚禁大总统曹锟后，冯将军派人把曹锟之弟、曾任直隶（河北）省长的曹锐叫来，让他“报销”一笔军费；但曹锐宁肯舍命，也不肯舍财，竟然吞鸦片自杀了。冯将军还派人去捉负责财权的王克敏，但王逃脱了。“七七”事变后，王克敏在华北公开投靠日本人，当了汉奸。冯将军曾愤恨地说：“当初要杀了他，今天日本鬼子也就少了一个帮凶。”

3．廊坊惊魂

段祺瑞这个人，既是北洋系的老军阀，也是个老谋深算的大政客，他以“各方态度尚未尽明了，一时不便入京”为由，反邀冯将军和张作霖一同到他的老窝天津去“议事”。为催促冯将军尽快去天津，段祺瑞还于10月9日专派罗开榜到北京去“请”冯将军。冯将军竟然没有和摄政内阁总理黄郛等要人商量，独行其事，带着参谋长熊斌，高参蒋鸿遇、王乃模等人，就于11月10日去了天津，我和魏凤楼、陈天秩、丁良俊等人随行。

当时，专列只挂了四节车厢，第二节是头等车厢，是为冯将军等长官们准备乘坐的，第一、三、四节车厢都是闷罐车，是我们随行人员和卫队乘坐的。专列就停在丰台车站，冯将军进站后，和熊斌、蒋鸿遇、王乃模等人一起上了第二节头等车厢。但不知什么原因，可能是冯将军的“第六感觉”吧？临开车前，他一个人又上了我们乘坐的第三节闷罐车。因为车厢中没有座位，是大家临时在车站上找了几个帆布行军床和木凳放在车厢里当座位。冯将军先是靠着车厢壁坐在一只木凳上，开车后不久，他说有些疲劳，想躺一会儿，同行的丁良俊连忙脱掉自己的大衣铺在一张行军床上，我把自己的挎包塞在大衣的一个袖子下面，给冯将军铺好了一张临时的“床”，冯将军就躺下休息了。我们其他人有的靠车厢壁坐在行军床或木凳上，有的就干脆坐在地板上。火车开出廊坊站后，还没有到达杨村站，正当大家都在打盹时，突然，“哐当”一声巨响，列车突然加速，我们都被摔在地板上，向后猛滑，我撞在一个卫士身上，而那位卫士却成了我的“垫子”，重重地撞在车厢壁上，头部当即受伤，鲜血直流。挂在车厢壁上的马灯也摔在地下熄灭了，车厢内一片混乱。不知是谁，突然大呼：“先生！先生！（指冯将军）您怎么样？”这时，有人打开手电筒，照向冯将军睡的行军床，万幸！冯将军的睡姿救了他。他头朝列车前进方向，而脚部的床头又恰恰紧靠着后车厢壁，所以毫发未损。而坐在头等车厢中的熊斌参谋长就没有这么幸运了，他的头部、腰部和手指都受了伤，但伤并不严重，一到天津就送进了医院。

事后得知，这次专列后有火车头快速冲过来追尾相撞，是曹锟和吴佩孚的死党，因对冯将军发动“北京政变”极端仇恨而采取的报复暗杀行动。万幸的是，组织暗杀的人可能是计划不够周密，没能让火车头迎面撞上冯将军的专列，如是那样，后果就真的不堪设想了。

**4. 冯将军天津入瓮**

就在冯将军到达天津同时，张作霖也亲率两个师的精锐部队，从东北锦州如期而至。冯、段、张三人就在段家大院中秘密开会，列席的仅有卢永祥、梁鸿志、王揖唐等少数人。这次“会议”，在段、张的压力下，“决议”公推段祺瑞为“中华民国总执政”，并于11月15日发了通电。

在天津会议期间，张作霖野心全面暴露，他不仅贪“北京政变”之功为己有，还乘“旗开得胜”之威，入关扩充地盘，向南伸张势力。冯将军在被段、张包围的劣势之中，仍反复强调此次发动“北京政变”，本来的目的就是缩短战期，促进和平，若继续打仗，不仅违背自己的初衷，也更害苦了国家和老百姓，所以，坚决反对张作霖提出的冯、张分

别沿平汉、津浦两铁路线向南“扩大战果”的方针。此时，冯、张交恶已趋明显，但张作霖依仗自己兵强势大，已根本不把冯将军放在眼里，不仅对冯出言不逊，甚至粗野谩骂。他还公然违反与冯将军的事先约定的“奉军不入关”的庄严承诺，大批奉军如潮水般地涌进关内，短时间内就占领了大半个中国，势力直达长江流域。冯将军万万没有想到，自己发动的“北京政变”，竟然造成了如此糟糕的局面，几天几夜不吃不喝，长叹自语：“我为救国救民才发动政变，如果再起战事，还是百姓遭殃！”痛定思痛，毅然决定退让下野。

## 三、陪同李德全探望病中的孙中山先生

### （一）第一次探望

1924 年 12 月 31 日，孙中山先生在夫人宋庆龄陪同下从天津到了北京。本来就带着重病北上的孙中山先生，到北京后没几天，病情再次加重，从此卧床不起。已经下野的冯玉祥将军此时本来就十分羞愧，满肚子“咎由自取”的苦水，却再无颜面见孙中山先生诉说。在得知中山先生病情加重后，更是焦急万分。他一方面多次嘱咐时任首都卫戍司令的鹿钟麟，做好孙先生的安全保卫工作，一面请夫人李德全代表他去铁狮子胡同看望孙先生，冯将军要我陪着李德全女士一起去。

到了孙先生寓所，宋庆龄女士在客厅接见了我们。李德全拉着孙夫人的手，沉重地说道：“冯先生在山上（天台山）不便前来，让我代表他向孙先生和您表示敬意和慰问。”孙夫人向李德全女士转达了中山先生对冯将军发动首都革命的称颂和慰问，在座的还有汪精卫、孙科、孔祥熙等人。

这里我要说明一下：冯将军的发妻刘德贞女士，1923 年 12 月 15 日在北京市协和医院病逝后，曹锟为拉拢冯将军，曾打算招冯为婿，冯将军以“不敢高攀”为由拒绝；后来，冯将军的领洗牧师刘芳，通过北京市基督教男青年会干事刘堤泉，给冯将军介绍了李德全女士。她祖籍河北通州，出身于基督世家，毕业于美国教会在北京创办的“贝满中学”及“北京汇文女子大学”，（该大学后来合并入著名的“燕京大学”）。李德全女士大学毕业后，任北京市基督教女青年会干事。她是 1924 年 2 月 19 日在北京南苑军营内，与冯

玉祥将军喜结连理的，因为此时期我一直在冯将军身边工作，所以，我是李德全女士最早认识和熟悉的冯的老部下之一。

**（二）第二次探望**

1925年初冯将军正式就任西北边防督办后，我们就随同冯将军从北京天台山直接去察哈尔省张家口市履职。

1925年2月27日，冯将军再次派我陪同夫人李德全女士，持其亲笔信，乘专车从张家口去北京。在宋庆龄和陈璧君陪同下，第二次看望孙中山先生。因为中山先生此时病情已经恶化，医生已不允许孙中山先生多说话，所以，见面时间不长。孙中山先生吩咐其子孙科，将其带来的《三民主义》6000本、《建国大纲》1000本和《建国方略》1000本赠送给冯将军。

我们将这些书运回张家口后，冯将军如获至宝，立即起草了文件，连书一起分发到所属机关及各部队，作为各机关单位和国民军各部的重要学习教材使用，并明令必须认真学习。因为书不够发，后来，冯将军还在张家口印刷厂重新翻印了一部分。

**（三）第三次探望**

1925年3月8日（也可能是9日，我记不大清楚了），冯将军得知孙中山先生病危，第三次派我陪李德全女士到北京铁狮子胡同看望孙先生。在客厅后边的一间房子里，安静地躺着一代伟人——孙中山先生。孙夫人拉着李德全的手走到病榻前，孙先生此时说话已经很困难。李德全女士一双湿润的双眼看着孙先生，而拉着孙夫人的双手却一直在不停地颤抖，默默无声的慰问真是胜过有声。这一切我都看在眼里，心中也充满了哀伤，当时的场景，我至今历历在目。

在孙中山先生的病榻两侧，弯腰站着好几个人，轻声地和孙中山先生谈话。事后，李德全女士告诉我，站立在孙先生病榻两边的是汪精卫、孙科、孔祥熙等人，他们正在聆听、记录、整理“余致力于国民革命，凡四十年，其目的在求中国之自由平等。积四十年之经验，深知欲达到此目的，必须唤起民众及联合世界上以平等待我之民族，共同奋斗”的“总理遗嘱”。

1925年3月12日上午9时30分，伟大的革命先行者、推翻中国千年帝制、带领中国人民走向共和的伟人孙中山先生，因肝癌医治无效，在北京与世长辞，全国悲痛。

就在中山先生逝世的当天，冯将军在张家口下令“全体西北边防军将士带黑纱，服孝七日哀悼，各部队、各级政府、各机关单位下半旗致哀”。同时，助丧仪万元。

作为这段历史的亲历者、见证人，我在此说明一点：有人写文章说，冯将军曾亲自拜会过孙中山先生，这与历史事实不符，冯将军虽然十分崇敬孙中山先生，并在“首都政变”后亲自电邀孙中山先生北上主政，共商国是，但二人从未谋面。

# 第三章

# 冯将军就任西北边防督办

## 一、冯将军与李大钊交往密切

1925 年 1 月 4 日，冯玉祥将军在李大钊同志和苏联驻华大使加拉罕建议和帮助下，顾全大局，接受了段执政（祺瑞）委任他的“西北边防督办”一职，下了天台山。

1925 年 1 月 13 日，我随冯将军到了张垣（即张家口）。我先行一步，到了张家口城东的土尔沟，用一万二千大洋，从一位皮货商手里为冯将军购买了一栋建筑在土尔沟山坡下的、颇有些现代气息的民房小院和周边的一大块土地。为方便公务，冯将军将此小院亲题为“冯记小图书馆”，以后改称“爱吾庐”，供接待中外宾客之用，冯将军命我负责管理这个“图书馆”，并在此接待、安排客人食宿。冯将军全家先是住在张家口城内京绥铁路管理局，后移居到土尔沟的“老美通”饭店。后来，冯将军带领全家首先搬进了新修建成的土尔沟“西北边防督办署”（即土尔沟军营，当时大家简称为新村，是张自忠和冯治安等人领着士兵们自己修建的）。

在这期间，我先后在小图书馆（爱吾庐）为冯将军接待的中外知名人士有：李大钊、董必武、邵飘萍、苏联驻华大使加拉罕及夫人、蒙古人民革命党领袖巴丹土尔基、徐谦、李烈钧、黄郛、邵力子、吴雅晖、孙科、汪精卫、于右任、孔祥熙等人。

在我的印象里，仅李大钊同志就至少来过张家口四次。

第一次是 1925 年 2 月，冯将军派他的主任秘书毛以亨去北京同李大钊、徐谦会谈（李、徐二人的公开身份是代表中国国民党中央）。大约在两三天后，毛陪同李、徐一同来张家口，就住在小图书馆内，并在此和冯玉祥将军会谈，主要是洽商苏联给予冯将军援助的有关问题。

第二次大概是在 1925 年 3 月底，还是住在小图书馆，主要是与冯将军商量苏联援助的落实，以及国民党中央派遣组织工作与宣传工作人员到冯将军的部队开展工作的问题（李大钊同志当时的公开身份除北大教授外，还是国民党中央的领导人之一）。当时，张家口的天气还非常冷，冯将军交代我们必须照顾好李大钊同志的饮食起居，有些事还交代得特别细致入微。例如，冯将军怕李大钊同志受寒，除交代我们必须生好取暖的火炉外，还关照我们在李大钊同志晚上办公写字时，在屋里增加一个炭火盆，但这个炭火盆必须在李大钊同志就寝前端走，以免他煤气中毒；还有，李大钊同志饮水比较多，冯将军要求我们在他的房间里放个大号的“包壶”（当时，热水瓶还不普及，大家都是用传统的包壶，这种包壶结构很简单，就是在一把有活动提手的铜壶外面，包一层棉花和布做成的保温层，然后把铜壶和保温层一起放在一个特制的木桶里，只有壶嘴露在木桶外，桶上面还有一个加了保温层的木盖）。

李大钊同志第三次秘密来到张家口是在当年 4 月 10 日，还是住在小图书馆（因为我的生日是 4 月 12 日，李来的那天，正好有几位好朋友在我那里谈论要为我过生日，所以我记得特别清楚）。

李大钊同志第四次（最后一次）来张家口是主持一个重要会议。

冯将军对既有学问又有道德的李大钊同志十分敬重，多次面请李大钊同志到张垣来任高级顾问，然而，李大钊同志因肩负着革命重任而没有接受冯将军的邀请，李大钊同志后来委派地下党员、京报记者邵飘萍先生任冯将军的高级顾问。

邵飘萍是当时的名记者，又到过苏联，见多识广，他常给冯将军和我们讲解国内外大事，并经常在闲谈中给我们灌输进步思想。

## 二、冯将军与“黄埔奇人”宣侠父

就在李大钊同志第二次来张家口后不久，宣侠父、陶新畲、张存时等多名中共地下党员，带着李大钊、徐谦给冯将军的推荐信，以左派中国国民党党员的公开身份来到张家口，到国民军中工作。我也从此认识了宣侠父，并成了挚友，以后还成了党内同志，一起工作多年。

宣侠父烈士
（1899-1938）

当时，身为“西北边防督办”的冯玉祥，在认识和检讨了“北京政变”在政治上的失败之后，急切需要左派国民党人到西北军中去宣传孙中山先生的三民主义，所以，宣侠父等同志一到张家口，就被冯将军迎进他的司令部（土尔沟新村），住进紧邻小图书馆的新村五号平房，并委以重任，让他主管宣传工作。

现在的年轻人，知道宣侠父的人可能并不多，但在当时，他可是一个具有传奇色彩的风云人物。宣侠父同志是中共早期的著名共产党员，是黄埔军校第一期的学员。他敢于公开对抗当时的黄埔军校校长蒋介石，说“蒋介石是新军阀”。在1924年7月6日，黄埔军校成立中国国民党特别党部时，蒋介石被选为执、监委员，他以校长和特别党支部执、监委员的名义，命令党小组长每周直接向校长汇报党内活动及工作情况，宣侠父（时任军校三中队区分部党小组长）随即公开指责蒋介石的做法不合法。蒋介石知道后，曾以校长的名义召宣侠父到其办公室严加斥责，并命令他必须在三日内写出悔过书，听候蒋的处置。过了三天，蒋介石把宣侠父找来问道："悔过书写好了没有？"宣侠父理直气壮地回答说："学生没有错，也没有什么可悔的。"蒋介石大怒："我不愿意有违师抗命的学生。"宣侠父也义正词严地回答说："真理不可屈。"蒋介石恼羞成怒，立即撤销了宣侠父的党小组长职务，并再次限期要宣侠父写悔过书，否则开除。廖仲恺、白崇禧等人知道了这件事后，曾对蒋、宣二人分别做工作，让他们各退一步，息事宁人。但蒋、宣二人均不让步，坚持己见。三日以后，宣侠父便愤然离校，成了黄埔军校历史上唯一一名被"开除"的学员。

宣侠父不仅有传奇般的经历，而且还是个全才。不仅口才好，毛笔字也写得很漂亮；不仅善于吟诗、作赋、写文章，对打球、下象棋、围棋以及各类器械运动等也样样在行，再加上他对人热情诚恳，所以，很快就融入了西北军这个"大家庭"中。无论是士兵，还是中下级军官，都十分喜欢和钦佩他，冯将军也很器重他。他当年 26 岁，比我年长 4 岁，我像对待自己的亲兄长一样地敬重他；加之我们又住在一起，不仅相处融洽，我各方面也受他的熏陶，获益匪浅。

有一天，他指着建在新村中的"礼拜堂"（当时在西北军中，除冯将军外，不少中、高级军官也是信仰基督教的）问我："你信神吗？"我实话实说："小时候，我是信'老天爷'、'灶王爷'的。后来上学了，遇到的第一位老师是南阳有名的王焕然先生，他不信神，说所有的'神'都是人造出来的，人再信神很滑稽。但人应该敬祖宗、敬先辈，因为没有祖宗也就没有我们。所以，我敬祖先不敬神。"宣听罢表示赞同，并说："这位王老先生不简单，你从小遇到个好老师，是你的福分。"接着又对我说："咱们给总司令（指冯将军）提个建议，让礼拜堂多发挥点儿作用怎么样？"原来，他心中早就有了主意，打算学习苏联红军政治宣传工作的经验，在军队里，成立"俱乐部"，作为政治工作的阵地（其实，也是为了与军队内传教牧师争夺思想阵地）。他的想法，我很赞同，于是，他便鼓励我，要我把这一想法向冯将军身边的人广为宣传，争取大家一致拥护，还开导我说："干事情大有学问。有些事情要悄悄干，只干不说，才能成功；还有些事情，没干之前，就要先大造舆论，这样，事情成功的把握会更大。"果然，经过我们一番努力，冯将军对建立军中“俱乐部”这件事很支持。

宣侠父立即就领着大家干了起来，但是，这一改造“礼拜堂”的行动，却遭到了笃信基督教的张之江等高级军官们的反对，他们直接找冯将军抗议，说是“对基督大不敬”。冯将军和宣侠父商量后，略施小计，就化解了与军内基督徒的矛盾：将耶稣基督像重新挂回礼拜堂内的原地，但在挂像的墙壁前面，拉一道布幕，布幕上挂了孙中山先生的画像（开始时，是孙中山和冯将军两幅画像并排挂在一起，但冯将军坚持不让挂自己的像，所以，冯将军的画像很快就取了下来），从星期一到星期六，俱乐部活动；一到星期日，取下孙中山画像，拉开布幕，耶稣像依然在原处，基督徒照样做礼拜，这叫作“一地两用，各不相扰”。

在俱乐部里，宣侠父经常给官佐们授课，深入浅出地讲授《三民主义》和《帝国主义侵华史》。俱乐部也经常请其他人来讲课，据我的回忆，来讲课的人还挺多。如徐谦讲《辛亥革命史》、刘骥讲《滦州起义》、邓哲熙讲《军法概述》、何其巩讲《苏联见闻》、简又文讲《社会发展史》，等等。这些讲座丰富了官佐们的政治、军事、历史等各方面的知识，普遍提高了西北军军官们的整体素质。

宣侠父还不断从北京、上海、南京等地运来进步书籍，采购各种文体用品，组织各类比赛，丰富俱乐部的活动内容，增强了凝聚力，把俱乐部办得有声有色，整个新村大院的精神面貌大有改观。冯将军曾在一次会上表扬说：“这样，咱们才像个新军的样子。”

在以李大钊和徐谦为首的中国共产党、中国国民党（左派）和苏联的帮助下，冯将军让张家口也发生了很大变化：成立工人俱乐部（中共党员俞和卿任总干事）；在各街道建立劳工休息所；为禁绝娼妓，而筹设妓女习技所；为农特产品升值，还筹建皮革、皮毛、畜牧、地毯、毛毡、毛布六大加工厂，同时还添办了“盲哑院”、“疯人院”、“济良所”等社会福利机构。

## 三、冯将军与苏联的合作

1925年春末，由于张作霖的奉军已完全控制了天津、秦皇岛等华北地区的所有出海口，

西北军对外联络及原来购置军需用品的渠道完全被奉军切断，冯将军的西北军军火来源只能依靠苏联供应，于是，冯将军与苏联达成协议，接受了苏联提供的武器和弹药。此事被当时以张作霖为首的反对冯将军的人吵得沸沸扬扬，大骂冯是“全盘赤化”、“苏俄走狗”、“卖国贼”……然而，极具讽刺性和戏剧性的历史大笑话是，恰恰就是这个张作霖，却在两年以后（1927年4月6日），干了一件“搬起石头砸自己脚”的蠢事。他以非常特殊的手段，出乎意料地证明了冯将军既不是“全盘赤化”、“苏俄走狗”，更不是“卖国贼”，这是后话。

1925年5月3日，以任江为团长的苏联顾问团，在西北军中正式开展工作。苏联帮助西北军在张家口建立了兵工厂，除制造普通步兵轻重武器外，还能制造装甲列车等先进武器装备，并建立了军官教导团、陆军干部学校、交通教导团（培训电报、电话、汽车、装甲车、铁甲列车等专业人才），使西北军的战斗力和整体素质得到进一步提高。

冯将军还接受李大钊等人的建议，招收“五卅”运动后从全国各地涌向张家口的反帝爱国青年（主要是学生），让他们分别进入西北干部学校学习或到有关单位工作（其中包括了中共先后派来的刘志丹、高克林、安子文、方仲如等大批干部），为中国革命储备和培训了一大批宝贵的有生力量。

冯将军还委托简又文等人在北京开设“今是学校”，收容“五卅惨案”后被各个教会学校开除的爱国进步学生，让他们能够继续读书。

1925年10月底，李大钊第四次来到张家口，在张家口宝善街工人俱乐部内，主持召开“西北农工兵代表大会”（由中共北方区执行委员会与中国共产主义青年团北方区执行委员会联合主办）。大会通过了《和冯玉祥的合作关系》等决议，肯定了冯将军在张家口的一切有利于北方革命发展的作为，并表示全力给予支持。

此时的张家口，其政治气氛与仍被段祺瑞把持的北京，形成了鲜明的对照。

## 四、冯将军联合郭松龄

1925年10月，冯将军决定联合郭松龄，打倒把持段政权的奉系军阀张作霖（同年11月22日，冯、郭签署密约）。

1925年11月8日，冯将军密令鹿钟麟等率国民军退出北京，在南口一带备战。

郭松龄

受进步势力拥护、欢迎的冯将军和他所率领的国民军（即西北军），必然被以张作霖、吴佩孚（此时二人已在“讨赤”的名义下联合起来，矛头一致对冯）为代表的国内外反动势力仇恨和反对，二者之间已势同水火，南口大战的爆发已是不可避免了。

1925年12月24日，郭松龄倒奉失败被张作霖杀害。1926年1月1日，冯将军在张家口通电下野。

有人著文认为，冯、郭联合倒奉是“军阀混战”的一部分，但我不这样认为。以历史唯物主义的观点来分析，当年冯将军与以李大钊为代表的共产党和国民党左派联合，在中国北方推动民主革命进程，无疑是代表先进势力，是顺应历史潮流的。郭松龄与冯玉祥联合打倒当时的反历史潮流代表之一的张作霖，也应该是推动社会进步的正确行为（郭松龄倒奉失败的一个重要原因，是当时的日本帝国主义不愿意看到张作霖失败，从而出动其侵占我国东北的、臭名昭著的“关东军”参战所造成的）。我们不应该以今天人们的眼光和觉悟去评价古人、苛求古人，也不应该以后来的历史发展走向，来回避某些历史原貌。例如，现在有些回忆历史的纪念文章，用许多篇幅写了张学良、杨虎城发动的“西安事变”及其历史意义，这当然无可厚非。但是，不能因为张学良曾对中国近代史做出过巨大贡献，就淡化了其父张作霖在中国近代史上的许多倒行逆施、反动行为。

我还想在这里多说两句。郭松龄并无子嗣，但是，他有一个外甥，名叫盛世才，当年还是一个学生，其生活及学习，全靠郭松龄。郭松龄当年遇害后，盛世才生活无着，面临失学，曾写信向冯将军求助，冯将军慷慨解囊，一直供到他从国外大学留学归来。后来，盛世才在新疆“发迹”后，曾专门给冯将军写信并捎来礼物。冯将军收到后，淡淡地

说："其实，我对盛世才并不了解，我只是太为郭松龄惋惜了。"

## 五、冯将军捍卫民族尊严的几件往事

一生弘扬爱国主义精神，被后人誉为"爱国将军"的冯玉祥，在处理涉外事务时，有两项原则：一是无事时以礼相待，不卑不亢；二是有事时首先考虑维护国家和民族利益，据理力争。

20世纪20年代，冯将军在张家口出任西北边防督办时期，办了多件捍卫国家尊严、大长国人志气、大灭帝国主义分子威风的事，便是他实行上述两项原则的最好例证。

### （一）取消洋人在华特权

1925年，冯将军到达张家口后不久，就有人向他反映，在京绥铁路上，外国人不论是乘车还是运货，都享受特权，而咱们中国人自己，却往往成了"二等公民"。比如运货，外国人的货，随来随走，但中国人的货，却往往积压、滞运，常常给货主造成许多损失。冯将军派人调查后，证实了上述反映属实，于是，便以"西北边防督办署"的名义，给京绥铁路下达了"红头文件"，明令禁止歧视国人、外国人优先的陋习，这一政令得到了老百姓的普遍欢迎和赞扬。

当时，有个美国人，乘火车从包头来张家口，带了许多行李。驻军要开箱检查，他不仅拒不接受，还出言不逊，大吵大闹，这件事一直闹到冯将军处。冯将军不屑见他，便叫懂英语的秘书何其巩告诉他：这是冯督办的辖区，任何人都必须接受检查，外国人也一样，没有任何特权。

这个美国人自恃有来头，丢下行李，气呼呼地跑到北京，到美国领事馆告状说：自己乘坐的是中国交通部特挂的车厢，走遍中国，一向不受检查，却不曾想在归绥（今呼和浩特）这个荒僻的小地方，受此窝囊委屈，心中十分气愤，要领事为他"讨回公道，维护我们美国人的尊严"。领事告诉他："别的地方的中国人还都在睡觉，唯独冯将军是睡醒的，他定下的规矩，我们是改变不了的。"这个美国人碰了钉子，最后，还是乖乖地回到归绥接受了检查，方才带着行李走人。

### （二）痛斥日本驻华武官

当年，日本驻华大使馆的一个武官，带着时任日本众议院议员的岩井在内的几个日本人，从北京到张家口城西的赐儿山风景区游览后（实际上是刺探中国境内的军事、政治和经济情报），去拜见冯将军，冯将军在新村小图书馆接见了他们。寒暄中，冯将军问他们："赐儿山好不好玩？"这个日本武官竟然狂妄而阴险地说："好倒是好，遗憾的是，山上没有多少树，就和五十年前高丽（即朝鲜）的山一样，都没有树。但高丽归我们日本后，我们就在山上种了许多树。现在，你可以去看看，到处都是树了。"冯将军一听，他拿已经亡国的朝鲜来比中国，气儿不打一处来，马上毫不客气地对这种侮辱我国的言论进行反击，他把脸一沉，大声地训斥道："你这个人，小小年纪，却到我这里胡说八道！你知道你们五十年前的样子吗？五十年前，你们日本和印度一样！"这几个日本人中，有一个人懂中文，看冯将军动了气，还没有等翻译开腔，连连鞠躬道歉，说他的朋友说话太随便了，大大的没有礼貌，也不懂规矩，回去后一定好好教训他。

但冯将军并未解气，觉得这些日本人有意在他面前侮辱我国，实在可恶，不能容忍，就对着那个日本武官继续说："最近我有几个朋友从日本回来，和我谈起来，总说日本简直是个妓女国家，我倒不很相信。那几个朋友之中，有的寓所和你家是街坊，并且还和你家中人熟识，他也见过你母亲，说你母亲长得很好看，和窑姐差不多！"冯将军怕他不懂自己的意思，又补充一句："你母亲现在和妓女完全一样，虽然我知道她不是！"

冯将军说了这几句话后，翻译却不肯照译，说："这不得罪人吗？"冯将军说："他有意侮辱我们国家，我们就怕得罪他吗？何况我们不是为自己得罪他，我们是为国家得罪他，我们也不愿意得罪他，如果不这样做，自己就会良心难安。"

终于，翻译照着译了。

那武官说："你这是什么意思？"

冯将军说："你刚才是什么意思？"

"是不是因为我说赐儿山和高丽一样呢？"

"是不是，你自己想一想好了。"

冯将军说罢，对这些日本人连看也没看一眼，从椅子上站起来，高声地对我们（工作人员）说："送客！"

几个日本人垂头丧气地走了。

### （三）没收英国商人非法资产

1925年，冯将军就任西北边防督办后，因为是元旦后到达张家口的，当地天气奇寒，但因军饷拮据，很多士兵还穿不上足够御寒的冬装，冯将军对此十分着急。恰在此时，有人报告，在张家口北面的坝上，有英国人圈地开的大牧场，养的羊只有近两万头。冯将军问："牧场办过手续吗？"当得知该牧场从未在我国有关机构办过任何手续后，冯将军立即下令："封闭牧场，羊群充公！"当时，北京的英国领事馆得知此事后，为"保护本国侨民利益"，派了一个叫凯特的副领事，连夜从北京赶到张家口。这个副领事会说汉语，他一到新村门口，就对门口的卫兵大声嚷嚷道："我是英国副领事，是连夜从北京赶来的，我有要紧公事约见冯将军。"冯将军一听就知道了他的来意，派人将他带到了小图书馆，并叫来人悄悄交代我（我当时负责外事接待工作）："先生说了，这家伙是来找茬闹事的，叫你先晾他几个钟头。"我听后心里暗自发笑，因为早已领会了冯将军的意图，便马上把凯特让进了会客室，礼貌地给他端了一杯白开水，然后，一本正经地对他说："冯将军有紧急公务，请您稍等。"说罢，就离开会客室干别的去了。为怕这个凯特到处乱窜，我特地到警卫连叫了一位荷枪实弹的士兵，站在小图书馆门口监视他（小图书馆门口平时是根本不站岗的）。大约过了两个多小时后，冯将军才从他的办公室过来，在小图书馆会客室接见了这个英国副领事凯特。当我领着冯将军进门后，副领事拿出了一份打印好的"抗议书"要交给冯将军，冯将军根本不接，却给我使了个眼色，我快步上前，接过"抗议书"，也没交给冯将军，往旁边的桌上一扔，就站到一边去了。还没等凯特全部说完"抗议"，冯将军就冷笑着问他："贵国从发动鸦片战争开始，欺负、压迫我们中国人，你们在中国捞了多少银子？订过多少不平等条约？但是，就是这么多不平等条约之中，有哪一条允许你们不经中国许可，就深入中国内地圈地牧羊的吗？"凯特狡辩说："这是经过当地人同意的。"冯将军反问道："在你们英国，政府会同意老百姓在自家地里让外国人开牧场吗？

你家在哪里？我也到你家去开个牧场行不行？”凯特对冯将军的义正辞严、冷嘲热讽无言以对，灰溜溜地走了。过了不几天后，不仅缺冬衣的战士穿上了厚厚的老羊皮袄，西北军将士们也集体改善了伙食，饱餐了多顿肥美的羊肉。

**（四）办事讲原则，对苏联顾问也不例外**

冯将军不但对英、美、日等国的帝国主义分子寸土不让，就是对来帮助他的苏联顾问，也是很讲原则的。在张家口时，刘郁芬师中有位苏联顾问，不仅管他分内的事，还要管一些与他无关的事，例如人事安排、部队调动等。冯将军知道后，立即传令各师、旅的领导：“顾问者，就是帮我们出主意的人，他只能出主意，但不能参与和干涉我们的任何行政事务和决策。”这件事被苏联派来的总顾问任江知道了，很不高兴。冯将军便善意地同任江解释，说这是他自己的真实想法，请任江理解，自己过去对段祺瑞、张作霖等人的做法（即对日本顾问的话奉若神明，言听计从）是很反感的，现在绝不会那么做。

同样，在苏联时就给冯将军上马列主义课，后来又陪冯将军从苏联回国参加“五原誓师”，并和冯将军同时到达陕西的的顾问乌斯马诺夫，到西安后，有一次单独带着翻译出去打猎，当翻译替乌斯马诺夫给冯将军送猎获的猎物时，冯将军当即就把西安市政府主管外事的官员叫来询问：“乌斯马诺夫打猎，是你们批准的吗？”当得知乌斯马诺夫未向任何主管方面申请，是自己擅自出去打猎后，冯将军立即命令那位官员查出不准外国人擅自行猎的法令，去和乌斯马诺夫交涉，让他知道，国有国法，军有军纪，不可随便玩忽。乌斯马诺夫闻后，十分惭愧，主动去请教冯将军该怎样弥补过失。冯将军对他说了两条：第一，诚恳认错。第二，你虽是顾问，但也是我们军队的一员，我们是革命军队，没有命令不得擅自行动，此处万万不可大意。

**（五）揭露资本主义的虚伪民主，维护民族尊严**

当时，有一个美国大学教授，带领着学生们来中国参观游览，到张家口后，冯将军接见了他们。寒暄中，这个教授搬出了美国人习以为常的客气话（其实也是充分表现了美国人自以为了不起、高人一等的话）：“你们中国希望我们美国帮助你们什么吗？”当时，正值“五卅惨案”刚过，冯将军余怒未消，一听此言，满肚子悲愤之情顿时爆发，他回答

这个美国教授说："我们中国人什么也不希望你们美国帮助，只希望你们先帮助你们自己，先把你们自己恢复到一个正常人类的国家，这样，才能再说帮助别人。因为你们美国人总是嘴里说什么公道、正义，但是骨子里一点公道、正义都不讲。英国人、日本人在中国屠杀了多少次老百姓？你们不是不知道，但你们美国连一句公道话都没有说过。你们美国人是很富，我们中国人是很穷，但是，越穷骨头越硬。"

那时，冯将军对资本主义社会的虚伪民主本质，已有了如此朴素认识（当然，对美国统治者和普通老百姓是应该区别对待的），这对今天的年轻人来说，不是应该从中得到什么启示吗？

**（六）冯将军并不盲目排外**

冯将军对待外国人虽然很讲原则，但并不是夜郎自大、盲目排外的人，他对守法的外国侨民、帮助中国的国际友人，都是十分友好的。在张家口时，有一个叫梅顺生的德国人，工人出身，但很会做生意，也赚了一笔钱。他在张家口，娶了一个中国老婆，生了五六个孩子，并置了产业，大规模经营园艺，产品不仅满足了当地市场的需要，也带动了一方的农业进步。张家口的自然环境比较差，无霜期较短，中国人种的瓜果蔬菜质次量少，但梅顺生的园艺场中，无论是瓜菜还是水果，都长得既大又好。梅顺生在对待家庭、讲究环境卫生、教育子女、在生活和工作中讲科学等，有许多值得中国人效仿和学习的地方。他不为成见所囿，努力与自然斗争的精神，很受冯将军赏识。冯将军将梅顺生送给他的各种优良品种，分送给很多人，并多次讲，我们中国人应该警惕、努力、痛自鞭策，以求迎头赶上先进国家的文明。

# 第四章

# 陪同冯将军访问苏联

## 一、冯将军访苏历史背景

1926 年 1 月 1 日，为避免内战爆发，冯将军再次忍让，在张家口发表下野通电，指定张之江代替自己，就任“西北边防督办”一职，并带着我们从张家口去了平地泉（即今内蒙古自治区二连浩特市），考察了解从中国经蒙古去苏联的一些具体情况，还派陈继淹先期到库伦（今蒙古国首都乌兰巴托）建立办事处，与外蒙古和苏联联系具体事宜（因为，当时东北地区仍由奉系军阀张作霖势力控制，在他的把持下，无论是冯将军的国民军系统，还是国内的共产党、国民党方面，来往苏联的陆路通道主要就是经过蒙古。陈继淹的办事处，也就成了我国国内各派政治势力以后多批来往中、苏人员的中转站）。

1926 年 1 月初，苏联驻华大使加拉罕，约请冯将军的外事处长唐悦良先生到北京，研究冯将军访苏行程及其他各项有关事宜。在会谈中，加拉罕大使表示：苏联政府热烈欢迎冯将军去苏联参观访问，并表示，为了避开帝国主义者和段祺瑞、张作霖的注意，以免发生不测和产生不必要的麻烦，决定通过外交途径，由唐悦良先生亲赴外交部，请时任部长的王正廷到张家口商谈（为此，我们又陪着冯将军从平地泉返回张家口）。王部长到张家口后，冯将军在小图书馆接见了他，说自己已经“下野”，是“平民老百姓”了，打算以普通老百姓的身份，向外交部申请出国护照，到欧洲（主要是法国）去考察国外民主政治和实业开发情况。王正廷接受了冯将军的请求，回京后报请段祺瑞批准，由外交部出面给冯玉祥及其家人颁发了出国护照。同时发护照的，还有冯将军向外交部申报的六名正式随员：魏凤楼、陈天秩、张金瑞、尹心田、彭秉钧、丁良俊。

当时，冯将军挑选出国随行人员，条件还是相当严格的，不仅注重基本素质（文化

及修养程度、办事及人际交往能力、突发事件发生时的反应速度，等等），也很注重相貌、仪表。在我们6个人中，除陈天秩个头比我们几个稍矮一点外，其余都是1米8的个头、面目清秀、不胖不瘦、体格健壮的棒小伙子，可以说个个“仪表堂堂”。

我们所办理的都是访问法国、途经苏联的护照，当时，北京、天津、上海、广州等地的各大报纸，均作为头版头条新闻，报导了冯将军即将出国，去西欧考察的消息。

冯将军出国前，唐悦良还在北京专门为他做了一套十分讲究的西服，但冯将军在苏联期间一直没穿过。我们随行人员也是“量体裁衣”，在北京前门“瑞蚨祥”成衣店，每人订做了西服、中山服各一套。

1月9日，段执政公开发表任免令：“……特派冯玉祥前往欧美各国考察实业事宜，准予免去其西北边防督办兼甘肃军务帮办一职。”当时，冯将军还收到了蒋介石、汪精卫等人从南方发来的挽留通电，冯将军一概表示“不再出山”。而实际上，冯将军此时正在加紧做访苏前的各项准备。

冯将军虽然以“出国考察”来表明自己的主动退让，避开国内政治漩涡，以图缓解紧张局势，避免再开战端，但张作霖、吴佩孚仍然步步紧逼。冯将军出国后，他们认为，此时正是消灭“国民军”的最好时机，于是，直、奉联手，调动50万兵力，开始进攻“群龙无首”的“国民军”。1926年4月15日，历时4个多月的南口大战终于爆发，这是后话。

## 二、访苏途中见闻

1926年3月26日，我们跟随冯将军及其眷属，分乘多辆汽车（冯将军乘林肯牌大轿车），从平地泉（二连浩特）启程赴苏。陪同冯将军赴苏的，还有苏联顾问任江、苏联驻蒙古大使康格拉里及夫人妮娜一行。

1926年3月27日，我们到达蒙古境内，夜宿乌德电报房（这里说是蒙古境内的一个边境小镇，但实际上只是在大戈壁滩上，有那么几间小房子和一口宝贵的水井）。从乌德电报房向北上千公里，基本上都是戈壁和荒漠，所谓的“公路”就是沿着电线杆伸向远方的一条年久失修的便道，虽然有些地段挺好走，但更多地段凸凹不平、颠簸不堪，十分难行。这对我们这些年轻人来说倒没有什么，但对已身怀六甲的李德全女士来说，无疑是一场灾难。

1926 年 3 月 28 日，至蒙古库伦（即现在的蒙古国首都乌兰巴托），受到蒙古人民革命党和军队领导人的热烈欢迎。冯将军原打算尽快赶往苏联，但因为除冯将军（包括其家人）和我们六个正式随员有正式出国护照外，其他人员（包括司机、随行卫队等）都没有出国护照，需要陈继淹和苏联驻蒙古大使馆（那时，只有苏联一个国家承认蒙古独立，并建有大使级关系）恰办冯将军的其他随行人员的护照。为此，一行人在库伦休整月余。由于旅途颠簸劳累，李德全女士身怀的第二个孩子（取名冯洪光）流产、夭折。

冯将军在库伦的一个月中，利用休息时间，学习俄文，考察蒙古国情，我们也由一位懂俄语的先生（陈继淹请来的）教我们学俄语。冯将军与先期到达的徐谦、顾孟昱、于右任、史可轩和在广东革命政府担任顾问的鲍罗廷将军（苏联人）等人，一起研究中国革命的前途问题。就在这里，冯将军决定正式加入中国国民党（介绍人是徐谦）。

当时，我们一行的大多数人，对蒙古的独立，都感到不能接受。我曾经和一个蒙古人民革命党人聊天，问他怎么看待蒙古的独立问题，他对我说，如果中国不是像现在这样腐败、这样糟糕，我们是可以考虑取消独立的。

1926 年 4 月 29 日，我们陪冯将军一起离开库伦。从库伦向北，直到苏联边境，公路都修得相当好。越往北走，森林也越多，风景也很优美。我们 30 日晚抵达苏联境内的上乌金斯克市，该市的火车站是西伯利亚地区最大的车站。苏联政府在该站特为冯将军准备了一节车厢，挂在旅客列车最后面，随列车向莫斯科进发。

5 月 3 日，火车从上乌金斯克出发，一直向西，穿行在西伯利亚茂密的原始森林之中。每到一站，烧木柴的蒸汽机车头需要上水、加柴，我们和其他乘客一样，提上水壶、水具下车，到车站上专供旅客饮用的开水房打水。当时，苏联的列车上，是没有餐车的，冯将军和我们一样，在车上喝开水、吃干粮。我在下车打开水时，看到乘车的苏军将军、士兵和普通百姓，不分职务高低和“贵贱”，都是有秩序地自觉排队打水。这

种没有特权、一律平等的景象，使刚刚踏上苏联国土的冯将军和我们这些随员都十分感动。冯将军当时在车上曾多次深有感触地说："苏联实行的不分贵贱、穷富一律平等的制度，很值得我们学习"。

列车经过贝加尔湖、乌拉尔山一直向西行，当火车沿着贝加尔湖绕行时，我们望着一望无际的湛蓝湖水和湖边的茂密森林，纷纷感慨风景的美丽。这时，冯将军轻声吟道："苏武，留胡节不辱，雪地溜冰天，牧羊北海边……"然后，转身对我们说："这就是当年苏武牧羊的北海啊。诗中所说的胡，就是现在蒙古人的祖先，蒙古人也是我们中华民族的一部分"（那时，蒙古虽然还没有正式独立，但包括贝加尔湖在内的一大片土地已经正式划入了苏联的版图，并成立了一个什么"共和国"，这些原属于中国的土地，就是这样一片一片地被沙俄和斯大林蚕食了，包括后来蒙古的独立，完全是当年的老沙皇和以后的斯大林一手策划的。当年，由斯大林一手导演的"蒙古人民全民公决"，在 40 万参加投票的蒙古人中，仅有 21 万多人、以微弱的多数，投票赞成独立。这是每个炎黄子孙的切肤之痛，也是每个中国人不应该忘记的历史）。乌拉尔地区是苏联有名的重工业区，这个地区的地下储藏有多种矿产，其中有一种类似南京雨花石的乌拉尔石（又叫乌拉尔墨玉），乌黑发亮，很是可爱。车站上有不少卖乌拉尔石的小摊，列车行至该地后，我们一行不少人都下了车，在站台上买了留作纪念。但当时，万万没有想到，就是一块小小的乌拉尔石，在我进入基辅军官学校学习后，竟然差一点闹出一桩大大的人命案来，这是后话。

## 三、抵达莫斯科

经过六昼夜的漫长行程，我们一行于 1926 年 5 月 9 日上午，到达苏联首都莫斯科。当时，苏联的红军总参谋长普加切夫、莫斯科卫戍司令雅可夫烈夫、外交人民委员会远东司司长米尔尼科夫等多名苏联军政官员，率红军乐队、骑兵、步兵仪仗队，在火车站为冯将军举行了隆重而热烈的欢迎仪式。尤其出乎冯将军意料的是，莫斯科东方大学、中山大学等学校的四五百名中国留学生（这些学生来自中国各地，主要是由中国共产党、中国国民党和冯将军领导的“国民军”集团派来的留学生），高举着“欢迎国民军领袖——中国工农运动的捍卫者”的标语，高呼着：“中国人民万岁”、“国民军万岁”的口号，热情迎接冯将军访苏。冯将军当时非常激动地对我们说：“有这么多青年学生留苏，我们中国大有希望！”

冯将军当时确实没有说错，这些包括了邓小平、王明、刘伯坚、蒋经国、左权、萧明、张存实、邓文仪等人在内的数百名留苏学生，后来很多人都成了在中国近代史上叱咤风云的人物。“大浪淘沙、鱼龙混杂”。他们之中，大多数人归国后，投入了中国伟大的革命洪流，用自己的实际行动，书写了自己与时代一同前进的、光辉壮丽的历史篇章，但也有少数人，逆历史潮流而动，下场并不光彩。

当时，我们陪同冯将军一起，下榻在莫斯科欧罗巴大旅馆。当日，苏联外交委员会委员长（即外交部长）齐切林到冯将军住地作礼节性拜访。第二天，冯将军在徐谦的陪同下，回拜了齐切林。

1926 年 5 月 11 日，冯将军参加了由中山大学学生、该校中国共产党支部负责人朱务善，中国共产主义青年团支部负责人陈绍禹（王明）、周达文（中山大学校长拉狄克的中文翻译）等人主持的在中山大学礼堂举行的欢迎大会。冯将军发表了简短讲话，表示：“我们要团结起来，共同为实现中山先生的三民主义而奋斗！”

冯将军访苏期间，正值斯大林在黑海休假。之后，冯将军先后拜访了苏联党和政府的主要领导人加里宁、阿里科夫、伏罗希洛夫、卢那察尔斯基以及苏联教育委员会副委员长、列宁夫人克鲁普斯卡娅和列宁的妹妹、莫斯科中山大学校长、第三国际东方部部长、中国问题专家拉狄克等。冯将军还接受列宁夫人赠送的一套《列宁全集》，列宁的妹妹赠给李德全女士一支小手枪。

冯将军夫妇会见列宁夫人克鲁普斯卡娅时，我曾陪同前往，有机会幸运地聆听了他们之间的友好谈话。当列宁夫人得知冯将军有 6 个子女［刘德贞女士生育的冯洪国、冯弗能（女）、冯弗伐（女）、冯洪志、冯弗矜（女）和李德全女士生育的冯理达（女）。李德全女士早产在乌兰巴托的儿子冯洪光当时已经夭折，李后来又生了冯颖达（女）、

冯晓达（女）和小儿子冯洪达]，特别是有4个女孩时，他们的谈话便转到了子女教育问题。列宁夫人说：“教育好一个儿子，你为社会培养了一个合格公民；而教育好一个女儿，你就是为社会培养了整个一个合格家庭”（这段话，好像列宁夫人还在其他不同场合重复谈过）。当时，我虽然还没有恋爱、结婚，但我却牢牢地记住了列宁夫人说的这段名言。

目前，我国政府和有关部门，正在实行的大力帮助和支持失学女童（特别是农村中的困难失学女童）入校学习的政策，确实体现了列宁夫人的思想，它不仅正确，更有深远意义。

我今年88岁，已是耄耋之年。我和我的爱妻赵冠中女士，此生共生育了8个孩子（6男2女）。如今，他们个个成才，服务社会，这是我此生的最大欣慰之一。

现在，为适应我们国家的现实状况，提倡一对夫妻只生一个孩子。当然，对国家来说，此举并非长远之计。但当我看到不少“小皇帝”在溺爱中长大时，实在担心这种状况将会给整个社会带来许多不必要的负面影响——但愿我的担心是多余的。我希望更多的为人父母者，都能知道列宁夫人的那段名言。

5月中旬，共产国际代表、中共党员、正在莫斯科东方大学深造的刘伯坚等人，多次到欧罗巴旅馆拜访冯将军，冯和刘畅谈了国际国内形势，刘伯坚对时局的精辟分析和许多高明见解，给冯将军留下了很深的印象，这也为以后冯将军与以刘伯坚为代表的中国共产党的密切合作及“五原誓师”奠定了政治、思想和感情的基础。

当时，正在苏联的中共领导人蔡和森等，也常到冯将军住地，畅谈十月革命，对中国革命的各种问题交换意见。

之后，苏联政府应冯将军的请求，调原列宁格勒军区司令、曾担任过加伦将军（当时苏联派往中国大革命根据地广州的军事顾问团团长）参谋长的乌斯马诺夫为冯的首席顾问，克拉夫为翻译，专门给冯讲辩证法、唯物论、马列主义与中国革命。冯将军对我们这些随员说，这是他“研究新兴哲学的开始”。

记得有一天，中山大学学生陈绍禹（王明），经校长拉狄克同意，在中山大学礼堂集会，邀请冯将军一行参加，请冯将军讲中国国内革命斗争形势。不巧，冯将军已与苏方约定去会见加里宁，不能参加中山大学的集会，他令我们随员参加联欢。联欢会有项临时议程，要请冯玉祥将军的原手枪营营长、卫队团团长、战斗英雄魏凤楼讲“奇袭奉军李景林”的战斗故事，魏凤楼不善言辞，毫无思想准备，很窘迫，下不来台。这时，魏凤楼拉拉我的手，小声求我发言，替他解围。面对亲人们的期待目光，我欣然站出来说：“同学们，英雄魏凤楼事先没准备，我是他的战友，由我来介绍他的事迹。”接着，我把魏凤楼在天津杨村夜袭奉军主力李景林的战斗经过和他英勇机智斗顽敌的事迹做了介绍。同学们热烈鼓掌，表示敬佩之意。

魏凤楼后来军衔升至陆军中将，抗战全面爆发后，任一战区游击一纵队司令。经中共地下组织工作，该纵队后来接受八路军领导。1945 年 10 月，该纵队并入解放军十八军。魏以后任解放军某部副司令员，他是我共患难一生的好朋友、好同志。

具有讽刺意味的是，就是那个志大才疏、当年在莫斯科热烈欢迎冯将军的王明，居然很受第三国际赏识，成了中国近代史上有名的“二十八个半布尔什维克”的头头。他在第三国际的支持下，于数年后竟然执掌了中共临时中央的领导大权。他在国内不联系中国革命实际情况，照搬洋教条，推行“左”倾冒险的“王明路线”。他甚至公开把冯玉祥、李烈钧、李济深、蔡廷锴等国民党左派，当成“中国革命最危险的敌人”。在他把持中共临时中央期间，排斥、打击执行正确路线的共产党人，给中国革命事业造成了莫大的损失。在国内混不下去了，王明又跑回苏联。最后，客死莫斯科，和赫鲁晓夫葬在同一个墓园，成了“邻居”。

冯将军自 1926 年 5 月 19 日抵达莫斯科，直至 1926 年 8 月 17 日秘密离开回国，共逗留了三个月时间。这三个月的实践，影响了冯将军的后半生。在苏联期间，冯将军虽然数次恳切表示，想会见当时苏联的最高领导人斯大林，但均被苏方以各种借口婉言拒绝了。冯将军当时也真的以为斯大林确实太忙，仅表遗憾而已。冯将军回国后，苏联顾问乌斯马诺夫随行。“五原誓师”后，苏联按协定供应的各种军火，也通过蒙古源源不断地运来。但令冯将军不解的是，每批军火数目都与原订合同不符，打了“折扣”。直

到 1927 年 4 月 6 日以后，这个“谜”才被冯将军的对头张作霖“帮助”解开了，这是后话。

## 四、冯将军命我留在苏联学习

1926 年 5 月 13 日晚，是我一生难忘的日子。冯将军在翻译周达文的陪同下，到克里姆林宫，与中山大学校长拉狄克进行了长时间的友好谈话。就在这天晚上，冯将军在拉狄克的建议下，决定为中国革命培养骨干力量，把我和陈天秩、张金瑞、彭秉钧、丁良俊、赵亦云（摄影师）六名随员都留在苏联，进入不同学校深造。他的司机张国珍，也被留了下来。同时，临时改变主意，把原准备送法国留学的儿子冯洪国、女儿冯弗能送中山大学学习，二女儿冯弗伐（因为当时年龄还小）留在莫斯科工厂学习。

后来，进入了中山大学学习的冯弗能，还和其同班同学、蒋介石的大儿子蒋经国在异国发生了一段短暂的恋情。

1926 年 5 月下旬，苏联当局来了正式通知，同意我和张金瑞、彭秉钧、丁良俊、张国珍等五人进基辅军官学校深造，随后不久，赵亦云进莫斯科艺术学校深造，陈天秩则进了莫斯科中山大学。

# 第五章

# 从五原誓师到徐州会议

1926年9月，冯将军从苏联回国后，投入了大革命运动，领导了举世震惊的“五原誓师”，西北军从偏僻的宁夏、甘肃一直打到河南。因为这一阶段我都在苏联，没有介入这段历史，所以本节所述主要是根据我和我的老战友苏进（原中国人民解放军炮兵副司令员）及其他一些亲历这段历史的老同志交谈中的回忆所撰。

## 一、五原誓师

在这里，为使一些年轻同志了解当时的具体情况，我先将冯将军的《“五原誓师”宣言》全文照录于后：

“玉祥本是一个武人，半生戎马，未尝问学。唯不自量，力图救国，无奈才短识浅，对于革命的方法不得要领，所以飘然下野，去国远游。及至走到苏联，看见世界革命起了万丈高潮。中国是世界的一部分，受国外帝国主义与国内军阀双重压迫，革命运动早已勃兴，又受世界的影响，民族解放的要求，愈加迫切。孙中山先生的三民主义与所领导的国民革命，即由此而生，于是我明白了救国的要诀已经由他开辟了道路。中山先生说得好，行易知难。我既是知道了，自然是刻不容缓地马上干起来。又因最近中国的国民从国民军退后，受压迫比以前更厉害。我的热血沸腾起来，情不获已，遂赶快回国，与诸同志上革命前线，共同奋斗。我这是没有办法而去，有了办法而来。走的时候，不是洁然鸣高；来的时候，不是什么东山再起。现在当归国之始，有些必要的话，特掬诚以告国人。我是生长在工人的家庭中，父为瓦工，贫无立锥，完全是无产阶级的人，自幼失学，及长入伍当兵，逢着庚子年八国联军攻打中国，结下辛丑条约。我受了极强烈的刺激，愤政府失败，改革的思想于是萌芽。后来受了革命的影响，也形成推倒满清（政府）的志愿。辛亥

武昌起义，我与张之江、李鸣钟、张树声、韩复榘诸同仁，同王金铭、施从沄、白稚雨诸烈士，举兵相应，而有滦州之役。不幸为王怀庆所欺，功败垂成。王、施、白诸烈士即时成仁就义，我和张、韩、李均被褫解回籍，仅以身免。民国以后，我又出来治兵，苦力经营，以成陆军第十六混成旅。袁世凯叛国称帝，我在四川与蔡松坡联络，并助成四川独立。民六张勋复辟，我去正职，养病西山，疾到廊坊，先马厂誓师而起兵；进攻北京，击溃辫兵。民七南北军战于长岳，第十六混成旅停兵武穴，牵制南下之军。民十三年曹锟贿选窃位，吴佩孚骄纵横暴，用武力统一政策，以乱川扰粤，而直、鲁、豫、鄂受其直辖，为祸更烈，并呈其凶残，惨杀工人、学生，尤为国人所弃。后来又动全国之兵，攻打奉天，穷兵黩武，涂炭生灵。我与胡景翼，孙岳，均痛心疾首，不能不取断然行动，遂率师回京举行首都革命，倒曹败吴，并驱逐帝制余孽溥仪，以完辛亥革命未竟之功。这一次的意义，一是讨伐贿选，为中国争人格；二是反对武力统一，用免兵祸；三是铲除帝制祸根，免得再闹复辟的乱子；四是开远东民族解放的局面。当时段祺瑞以革命政府相标榜，我们看着他遭过失败，养晦多年，当有觉悟，所以请他出来当临时执政，以便做解放民族的事业。不料他出来以后，仍是引用私人，败行失政，解决金佛朗案，使国家受莫大的损失，国人至今痛恨他的革命政府完全是假的。对于民众，不但不解放，而且严重地压迫。弄到后来，演成“三一八”的毒杀案子，枪击学生，出了极暴烈的惨剧。政府成了杀人政府，岂有再拥护他的余地？所以又有倒段之举。以上这些事实，都是从革命的路线上而做的。他人不知，乃斥为几次倒戈，责我为惯于逼宫；这是由于不明白革命，所以我特写述出来，好使国人对于我有明确的认识。有人骂孙中山先生，说孙中山真有点革命癖，无论走到什么地方，就是要革命；若是他的儿子孙科做了大总统，他也要革命的。在他人以为这是在骂孙先生，其实孙先生的伟大，正是在此。一个革命者，只要看见统治者做得不对，就得要革命。无论他是亲戚也好，长官也好，站在民族的意义上，这些个人私情，一概都顾不得。吴佩孚张口闭口所提的纲常名教，尽可由学者们放在故纸堆里保存，不能拿到20世纪民主国里害人。但是有一层，我虽然做过几点革命事业，我却没有鲜明的革命旗帜。因为我对于革命，只有笼统的观念，没有明确的主张。革命的主义，革命的方法，在以前我都没有考察，所以只有一点两点改革式的革命，而没有彻底的做法；我也赤裸裸地说出来，好使国人知道我所做的忽而是革命，忽而又不像革命，其缘故到底是怎么一回事。就革命的观点上说，过去若说是一个中国革命者，是一个中山主义者，我都不配。至于马克思主义、列宁主义与世界革命的话，更是说不上了。不意当时有人说我是赤化了，现在看起来，真是惭愧！当时的冯玉祥，哪里够得上赤化！不但骂我的，不知赤化是什么；就是我自己，也不知道什么是赤化。骂我的人，也说不出根据来，只说不该与苏联亲善。我想世界各帝国主义者，用不平等条约压迫中国，致中国的死命，只有苏联自动取消不平等条约，以平等待我们民族，自是引起我国的好感，使我们彼此亲善。若对于以平等待我的人而不与之亲善，反去巴结以奴隶待我的国家，这是何等亡国的心理？这是要请国人明白的！至于吴佩孚乱造谣言，说我与苏联结了什么密约，尤其是荒唐之语！我向来是痛恨卖国贼与外国人结密约，岂有躬自蹈之之理！苏联把种种不平等条约自动地取消了，哪有再结不利于中国条约之理！况且我个人的性格所在，绝不肯做这种鬼祟的事。如果有什么密约，也不能久瞒于人。什么密约，什么条件，何以绝无所闻？若说苏联帮助中国革命，有所怀疑，要知道苏联是以解放世界上被压迫者并扶助弱小民族为己任。主义在此，什么不利于人的事都做不出来。吴佩孚肚子里，比谁都明白；他明白冯玉祥不是一个结密约的人，无论如何做不出这种事来。他又明白离赤化离得很远，够不上戴赤帽子。而他偏要说什么密约，又是什么讨赤，完全是骗人来共同反对国民军，以泄他自己的私愤。大家不知道，随声附和，实在是上了他的大当！吴佩孚先是号召的所谓讨贼战争，后来忽然一变而成为反对国民革命军的战争。国民军退天津，退北京，一再让步，谁知你越让他越攻。军阀何以如此呢？军阀本身实在无力量，乃是帝国主义在背后主持。因此我们知道要想战胜军阀，必须先打倒帝国主义，帝国主义在中国压迫之甚，几使中国不能生存。工人农民及一切受苦受难的人，为什么这样穷？这样苦？就是帝国主义所给的。帝国主义的各国，强迫中国定下了许多不平等条约，于是在中国有租界，有租借地，有海陆军驻扎权，有航行权，有领事裁判权，修铁路，开矿山，把持中国的海关，强制中国行协定关税。压迫剥削，不一而足。例如抽关税，只能值百抽二五，使中国国库少收入，整理财政

无从着手。而最大的害处，是在阻碍工商业之发展，致中国经济之死命。使他们的货物尽量输入，使中国的原料贱价输出。于是中国每年进口货超出出口货，其价值在三万万两银子之谱。赔款及外债，本息偿还，单是在关、盐两税拨付的，每年就是九千八百万元。至于他们在中国经营的矿山、轮船、多种工厂，各地银行纸币所吸去的大批现金更是无算。又因关税不自主，不能保护国货发展，致使洋货遍中国，吸去的银钱又不可胜计。如此，中国只得穷困，而且穷到死的地步！帝国主义经济的侵略，把中国弄穷了；又用政治的侵略，陷中国于危境。东交民巷的使团，是何等的强横！稍微明白中国的政局，没有不知道的。他们对于中国的内政，动辄加以干涉，如上年大沽事件，干涉国民军，即是一例。其最厉害的，是利用中国军阀压迫民众；又唆使军阀互相战争不已，以巩固其在华之权利，遂使民国成立十五年，年年都有战祸。已经被他弄穷了的中国，又加上十几年的战争，于是农民、工人、商人、学生、机关职员、新闻记者、士兵及一切民众，穷的穷死，其原因都在于此。痛苦的来源，已经求出来了。我们要解除这深切的苦痛，惟有推翻帝国主义的压迫。因此，我就投袂而起，与革命同志们，共同担负这个使命。现在我所努力的，是遵奉中山先生的遗嘱，进行国民革命，实行三民主义。所有国民党一二两次全国代表大会宣言与议案全部接受，并促其实现。今后将国民军建在民众的意义上，完全为民众的武力，与民众要结合。军队所在的地方，工人组织、农民组织，均当帮助，并联合其他民众之团体，共负革命之责任，同时对于学生、教员、商人、机关职员、新闻记者各阶级之利益，均极力顾全。意义是解放被压迫之中国民族，以与世界各民族平等；解除军阀之压迫，使工人不受剥削，农民不受劳苦，商人不破产，学生有书读，教员及机关职员有薪水发，新闻记者不发生生命的危险，以及其他人民的痛苦，均为解除。至于政治主张，我是一个国民党党员，是国民政府委员之一，一切由国民党决定，国民政府主持。我惟有与诸同志集合全体的力量履行就是了。谨此宣言。”

誓师通电发出后，冯将军组织了国民联军司令部，自任总司令，任命鹿钟麟为总参谋长，何其巩为秘书长，李兴中为参谋处处长，陈连富为副官处处长，徐廷瑗为军务处处长，宋式颜为军械处处长，过之瀚为军需处处长，张吉墉为军法处处长，张允荣为内防部部长，薛笃弼为财政委员会委员长，石敬亭为政治部部长，并委任一路陪他从苏联归来的共产党员刘伯坚为政治部副部长，邓小平（邓希贤）为政治部宣传科科长。

“五原誓师”后，中共中央关于冯玉祥国民军配合北伐的战略意图是：“得陕西后，可望东出潼关，沿陇海线之下河南，与北伐军连成一气，……以准备将来与南方北伐军夹击奉军。”（中央档案馆编《中共中央政治报告选集》1922——1926，第63页）

这一战略意图，经李大钊派人送密信给冯，冯将军回忆道：“李大钊先生派人送给我密件，建议我们出长安会师郑州，我们加以研究，乃决定采用李先生的计划，当定方针为‘固甘援陕，联晋图豫’八个字。”（《我的生活》下，第495页）

1926年10月，冯将军将国民联军分兵十路，由宁夏进入陕、甘。

1927年1月，冯将军进驻西安。

1927年5月1日，冯将军在西安就任国民革命军第二集团军总司令，并在西安“红场”宣誓就职。

## 二、李大钊同志牺牲

1927年5月6日，冯将军由西安进驻潼关。冯将军在潼关督师时，惊悉张作霖在北京冒天下之大不韪，悍然包围、查抄苏联大使馆，并逮捕在苏联大使馆避难的李大钊等20余位共产党人，旋即将李大钊等人残害于北京。

1927年5月9日，冯将军下令为悼念李大钊全军将士佩戴黑纱，戴孝三日致哀，并召开追悼大会。会后冯将军写下了《吊李大钊等二十位同志》并刻碑永存，诗碑全文如下：

吊李大钊等二十位同志

何故被绞杀兮为革命

何处被捕兮于苏联大使馆所在之北京

何物残忍置诸同志于死地兮帝国主义的刽子手张作霖

何人主谋凶杀兮是帝国主义倡首为日与英

我方率大军东来兮黄河流水为之呜咽

三军齐下泪兮万众号咷

为最大多数被压迫民族而痛苦兮非为同志之寿夭

死我同志兮增我消灭敌人之决心

革命潮流终不被绞杀兮将更为之激荡而高涨而奔腾

人孰不死兮死有异同

二十位同志之死兮为全世界农工

革命者的肉体虽可死兮其精神永留于被压迫者之心中

后死者之责任兮起来起来向贼猛攻

继续死者之志愿而奋斗兮达到革命成功

冯玉祥一六.五.九于潼关

（石碑现存于潼关县文化馆，无标点。见芦森《大革命时期冯玉祥及国民革命联军在潼关的革命活动》，《潼关文史资料》第四辑，1989 年，第 12～13 页）

张作霖查抄苏联大使馆的一些秘密文件披露后，社会上方才知道，冯将军既不是“苏俄走狗”，也不是被“赤化”，更不是“卖国贼”；在斯大林的眼中，冯将军只不过是一个“可以利用的军阀”。这确实有损冯将军的尊严和威望，也使冯将军心中原有的疑问（如斯大林不接见、援助军火打折扣等）有了答案。

## 三、郑州会议与宁汉合流

1927 年 6 月 10 日，冯将军与汪精卫等在郑州陇海花园举行“郑州会议”，共开了两天，双方在“清党”（即在国民党内清除共产党）问题上达成一致，但在“讨蒋”问题上，冯将军不同意武汉国民政府的意见，劝汪精卫与蒋介石双方息争，主张宁汉联合北伐。

1927 年 6 月 16 日，冯玉祥由郑州到达河南省会开封，致电蒋介石：“未知大驾现到何处，请即飞电指示，以便早日趋候，而倾渴望，临电神驰，敬候德音。”（《党史研究资料》，1983 年 1 期，第 17 页）随后，当冯得知蒋已抵徐州，便派李鸣钟、毛以亨二人代表自己前去联系，老谋深算的蒋介石，深知第一印象的重要性，他对冯将军派来的代表李、毛二人尊敬有加，“礼贤下士”，“诚恳”向他们二人“请教”冯将军的一切喜好，为和冯将军第一次见面做足了各种准备。

1927 年 6 月 19 日，冯将军由开封乘火车赴徐州，当日，蒋介石率领李宗仁、白崇禧等人乘专车由徐州西上，至黄口车站迎冯，当冯将军的专车徐徐进站时，蒋率领所有在站台上迎接冯将军的人员举手敬礼，场面隆重异常。冯当时大受感动，不好意思下车，蒋竟然一直举手敬礼达数十分钟。蒋、冯二人首次在黄口见面后，二人同坐一车，且走且谈，到徐州后，下榻花园饭店。

1927年6月20日至21日，“徐州会议”在花园饭店举行，会议在吴稚晖的主持下，蒋、冯就“清党”和继续北伐问题达成协议。

1927 年 6 月下旬，冯将军从徐州回到郑州后，开始“清党”，他命令部下，把在军队和地方工作的已公开身份的共产党员，都调到郑州，宴请之后，给刘伯坚一千元，科长以上每人一百元，其余每人五十元，“礼送出境”。

## 四、两位历史亲历者话当年

改革开放以后，我于 20 世纪 80 年代初正式离休。1988 年，与我同时在 1922 年加入冯玉祥部，并同时进入学兵团炮兵连学习的老战友苏进（1931 年参加宁都起义的开国将军，原中国人民解放军炮兵副司令员，也于 20 世纪 80 年代正式离休），到南京考察游览。在宁期间，他专程到我家拜访叙旧，我们几乎畅谈了整整一天。我们相聚时，我的三儿子尹家衡一直在场陪同，并对我们谈话中的一些重要内容做了记录，下面这段对话就是引自他的记录。

尹心田：“我是 1926 年 3 月陪冯先生出国的。冯先生回来后你接了我的班，到了冯先生身边。1928 年底我从苏联回来时，你已被冯先生派到日本留学去了，我又接了你的班。有个问题想问你，冯先生从苏联回来后，出潼关时还全军戴孝，隆重悼念李大钊同志牺牲，但怎么那么快就和蒋介石、汪精卫这些人混到一起去了？”

苏进：“对这个问题，我认为有三个原因：第一，当时的冯先生还没有真正认识共产党和共产主义，他对李大钊戴孝致哀，只能说在一定程度上表示他对李大钊个人的尊敬，并不

冯玉祥与蒋介石于徐州1927年初次见面合影

能完全说明他当时对中国共产党的政治主张和孙中山的三大政策有完整的正确认识。而且，他当时由于政治上不成熟，对蒋介石和汪精卫的真面目也没看清。第二，他受到了大量假象、谎言的蒙蔽。比如，出潼关之前就有不少部将不断向他密告，攻击共产党到处组织工会、农会，宣传抗捐、抗税，特别是当提到影响军队粮秣军饷供给时，更使冯先生恼火。由于对‘革命必须发动群众’不理解，思想开始起变化。到郑州后，冯先生和从武汉方面来的汪精卫、谭延闿、孙科、何健、唐生智、张发奎等人开‘郑州会议’时，这些人的发言几乎是众口一词地大谈共产党‘破坏国民革命’，这些不能不对冯先生产生极大的消极影响。第三，与当时‘共产国际’对华执行的‘左’倾冒险主义指导政策不无关系。当汪精卫告诉冯先生，已有‘确凿情报’证明共产党在共产国际指示下，准备在武汉等地组织暴动，推翻‘国民政府’时，引起了冯先生的极大震惊，这一消息在客观上促进了宁汉合流。”

苏进又说：“1927 年，冯先生就是派我把近两百位共产党员送出境的。那时，冯先生经济也很困难，但还是给每个共产党员都发了旅费。冯先生特别对刘伯坚同志盛赞有加，认为他是一个真正的革命者，并常在我面前说：‘刘伯坚虽然是共产党员，和我们政见不同，但他的为人是无可挑剔的，很多方面都是值得我们学习的，我是非常尊重他的。’邓小平同志主持改革开放以后，我常想，如果当年冯先生真的听了蒋介石的话，把邓小平等共产党员全杀了，今天会如何呢？从这个意义上说，冯先生还真的对改革开放做出了‘很大贡献’呢！”

说罢以后，他们两人相视哈哈大笑。

当苏进和我告别时，我的儿子尹家衡为我们这两个耄耋老人摄下了这张有意义的合影（见照片）。

尹心田（左）和老战友苏进 1988 年合影于南京

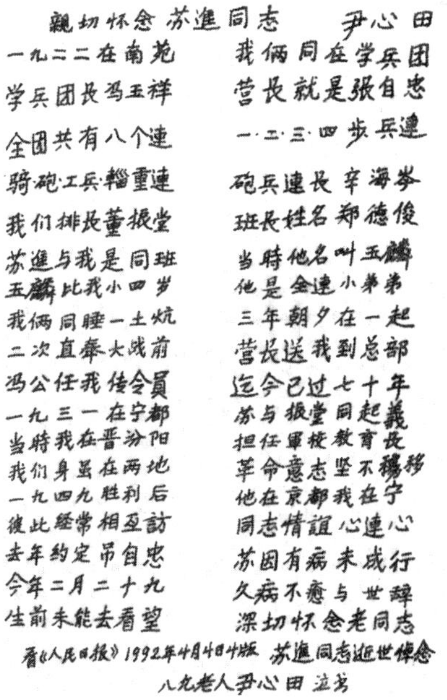

親切怀念苏進同志　　尹心田

一九二二在南苑　我俩同在学兵团
学兵团長冯玉祥　营長就是張自忠
全团共有八个連　一·二·三·四步兵連
騎·砲·工兵·輜重連　砲兵連長辛海岑
我们排長董振堂　班長姓名郑德俊
苏進与我是同班　当時他名叫玉麟
玉麟比我小四岁　他是全連小弟弟
我俩同睡一土炕　三年朝夕在一起
二次直奉大战前　营長送我到总部
冯公任我传令員　迄今已过七十年
一九三一在宁都　苏与振堂同起義
当時我在晋汾阳　担任軍校教育長
我们身虽在两地　革命意志坚不移
一九四九胜利后　他在京都我在宁
彼此經常相互訪　同志情誼心連心
去年约定吊自忠　苏因有病未成行
今年二月二十九　久病不愈与世辞
生前未能去看望　深切怀念老同志

看《人民日报》1992年4月4日4版　苏進同志逝世悼念
八九老人尹心田泣书

尹心田亲笔致苏进悼词（1992 年 4 月）

# 五、冯将军与鲍罗廷

## （一）鲍罗廷其人

现在的年轻人，对鲍罗廷这个名字，可能会感到很生疏，但对我们这代人来讲，鲍罗廷可是一个大名鼎鼎的人物。他在我国大革命时期，曾担任过孙中山先生的首席政治顾问，是帮助孙中山先生制定和贯彻“三大政策”的主要人物之一，但他也是一个悲剧人物。冯将军在中国革命的重要阶段，与他有重要交往，所以我在这里专辟一节来介绍一下我所知道的冯将军与鲍罗廷的故事。

鲍罗廷是俄罗斯人，出生于 1884 年，冯将军年长他两岁。他是当时共产国际中最活跃、最能干的职业革命家之一，早在1903年，他就是列宁的忠实追随者，从1904年开始，列宁就曾多次派他到世界各地发展共产党组织。1923 年 1 月，孙中山先生和苏联外交家越飞，在上海共同发表了《孙文越飞宣言》，《宣言》的主要内容有两个：（1）中国当前首要而紧迫的目标，是实现国家的独立与统一。（2）苏联人民最热心、最同情中国，中国人民能指望得到苏联的援助。此后不久，第三国际便委派鲍罗廷于 1923 年 10 月到达中国的革命中心广州，并很快成了孙中山先生的首席政治顾问。

1925 年 4 月，苏联驻中国第一任大使加拉罕，派鲍罗廷代表苏联到张家口与冯将军会谈双方合作事宜，这是冯将军认识鲍罗廷之始。冯将军在他的自传《我的生活》中，曾这样写道：“鲍罗廷和加拉罕也先后由人介绍相识，常来找我谈话……我们的接触，越来越亲密，越来越接近，于是我的思想与政治方面的见解，也慢慢起了变化。”由此可知，鲍罗廷对冯将军的世界观转变是有影响的。此后，鲍罗廷和冯将军达成了苏联向西北军提供武器装备、接纳苏联政治顾问和国民党政工人员的有关协议。

而在此时期，由于孙中山先生的逝世，蒋介石得到了国民党的领导权，他表面上也是非常尊重鲍罗廷的，他在黄埔军校公开演讲曾说：“总理（指孙中山先生）虽然去世了，但总理的政治顾问鲍罗廷先生还在这里，这就和总理活着时我们尊敬总理一样，要诚心诚意地服从鲍罗廷顾问。”那时，由于蒋介石羽翼未丰，为了争取苏联对他的支持和鲍罗廷对他的信任，蒋介石不仅以“左派”面目出现，还仿效我国古代“遣子入质”的老办法，把年龄只有十几岁的儿子蒋经国送到苏联去留学。

北伐开始后，鲍罗廷随国民革命军进军至武汉。

1927 年“四一二”以后宁汉分裂，蒋介石在南京另立“国民政府”后，露出了真面目，他悬赏叁万美元的高价，取鲍罗廷的人头。当时，印着鲍罗廷留着标准俄罗斯式小胡子的照片的通缉令，贴满大街小巷。不久以后，宁汉合流，鲍罗廷被汪精卫正式免去了政治顾问的职务，他只有回国一条路了。

但是，鲍罗廷当时回国也很困难。因为，从上海出境，经日本至海参崴回国的路被蒋介石把持着，而从中国北方乘火车回国的路，被张作霖把持着，这两条路他都不能走。只剩下一条路，也是最艰苦的路，就是走大西北，经过冯将军的防区，越过沙漠戈壁回国。

就在鲍罗廷万般无奈时，冯将军友好地表示，愿意帮助他回国。

在鲍罗廷准备离开武汉前，有位叫克拉鲁普·尼尔森的西方记者采访他，鲍罗廷曾说了一段很有名的话：“我来中国是为了一种信念，通过解放东方人民，而完成世界革命的梦想，把我带到这里。但中国本身，以其古老的历史、无数的人民、巨大的社会问题和无限的容纳能力，使我震惊并征服了我，渐渐地，我的世界革命理论也不再是至高无上的了。中国的革命和为中国争取自由的斗争，完全变成了目的，已不再是达到某种目的的手段。我的任务是抓住时机，让这个巨大的车轮开始转动。随着时间的推移，它已经带着我一道前进了，我自己已成为这架大机器上的一个齿轮。”但没有想到，就在此后不久，他就被汪精卫下了逐客令，他在中国大革命中的作用也就算结束了。

1927 年 7 月 27 日，鲍罗廷偕邓演达、陈友仁和美国名记者安娜·路易斯·斯特朗等 30 余人，离开武汉经郑州回国，而更令他没想到的是，他人还没走，汪精卫给冯将军的电报已经到了郑州，电报中说：“鲍罗廷即将从武汉经郑州回国，请扣留并将其除掉。”

冯将军接到汪的电报后，曾笑着对时任其交际处处长的简又文说：“汪精卫是学曹操借刀杀人的把戏，当年，曹操想假借刘表之手杀祢衡，刘表没上他的当，又把祢衡送给了黄祖，我今天也不会上汪精卫的当。”

### （二）冯将军与鲍罗廷的论战

1927 年 7 月 28 日，鲍罗廷一行到达郑州，冯将军热情欢迎，并连着两天同鲍罗廷会谈，他们的会谈均由简又文担任翻译。

下面是我的老友简又文在台湾发表的《冯玉祥传》中描述的冯将军与鲍罗廷的一段谈话，全文照录于下，以供史学研究者参考。

（29 日会谈时）鲍先发言："苏俄用了三千余万巨款，我个人费了多少心血精神，国民革命才有今日之成功，而今则人人皆迫我去。我失望之极，伤心之极了。"

冯答："我国所需要的是国民革命，不是共产革命。你们在两湖横行无忌，使铺伙打店东，佃户打地主，学生打师长，尤且焚杀抢掠，行同土匪，您须认罪。"

鲍言："连您也通电驱逐我，尤令我大大的失望。大约是环境迫您，旁人劝您，说我坏话，故而如此。"

冯答："武汉诸同志，汪、顾、徐、孙等来此，均说你们不是，我所以发电请你回国。"

鲍言："起初，我们对您有很大的期望，期待您入豫之后，出兵由徐州攻南京，一举而打倒蒋介石，即推您为全国总司令。可惜我当时因病未能来郑州晤面而劝您，而今则机会已去，但何故您要去徐州与蒋联合呢？"

冯答以理由甚多，请其猜猜。

鲍谓："第一，因饷械之补充，须仰仗宁方。第二，杂牌队伍及山西阎锡山之牵制，使您不敢助汉攻宁，是否即此理由？"

冯答："你所猜得都对，不过尚有一要点，您所不知。蒋已联络岳维俊（旧国民军二军），使其攻陕，袭吾后路。我举动稍一不慎，全军即被截为数段。蒋已又着我的咽喉（言下，以手做势，自扼喉部），我怎能不到徐州呢？"鲍乃表示了解。

翌日，鲍又谒冯，仍由余传译。是次谈话范围，多关于革命方法之讨论——不，其实是辩论。鲍明确表示意见，主张民众——农、工直接行动，认为这才是彻底的革命方略。冯谓不然，驳之曰："如果在军阀或专制政府之下，实行秘密革命工作，则此类行动，很为合理，借以推翻他们。然而在革命政府之下，此时可以按轨道，而且必须按轨道，否则不特社会秩序破坏，兼是自己革自己的命了。”

鲍质问其有何具体例证，冯氏乃一一数出陕西党部及民众运动之胡闹行为，或随意杀人，甚有持铡刀杀人，铡至颈上则又缩手收回，致令其人饱受惊吓，宛转啼号，方被害死者。

鲍乃强辩，谓：“在革命时期，过火举动，在所难免。此辈冤死者，乃为革命不可免的牺牲；俟革命成功后，举国将以花圈纪念之。”

冯氏听了，有些儿焦急，亦有些愤恨，力驳云：“那是另一问题，目前最要的问题乃是：我们承认此类行动是对抑或不对——是非问题。”

鲍又问：“党怎样说？”

冯氏答：“最可痛的就是：党以为是对的。”

鲍似乎自鸣得意，欣然答曰：“既然党以为是对的，那么，一定是对的，党权高于一切，我们还有什么可说？”

冯氏高声云：“然而并不是全党，或大多数都说是对的，不过那是少数几个执行委员的主张罢了。”

鲍即为之开解说：“那么，不成问题，少数应当服从多数啊，多数应惩罚那少数啊。”

冯氏辗然而笑，面现得了全胜的颜色，答道：“对了，对了。那大多数都是国民党员，那少数就是共产党员啊。”

好厉害的辩才！一步一步地紧迫，使鲍推到屋隅，无可转身。一层一层的逻辑，使其感到理亏词穷，辩无可辩。我那时，看他一眼，见他面色骤然苍白，张口瞪眼，半晌不能发一言。这场雄辩，唇枪舌剑，针锋相对，极为有趣。而称雄逞智，纵横一时的鲍罗廷（原是律师出身的犹太种人）竟为一个大兵出身、未曾受过学校教育的冯氏所难倒！此情此景，距今且 40 年，仍深铭余脑中，不能忘也。

鲍既无可答辩，乃转问冯：“然则依您的办法，便应该怎么做呢？”

冯氏很高兴地答道：“依国民党的办法，即是我主张的办法。土豪、劣绅、贪官、污吏应由革命政府依法惩治，社会种种的腐化、恶化，或农工之不平等待遇，应由革命政府制定法律制裁、改善或创新。如是，革命乃有进步或成功之可言，而三民主义乃可实现。例如，兵工厂如何改良？农田怎样改革？只是立几条法律便可实行，又何必残民以逞呢？”

鲍驳覆道：“如此，只是上层工作。要革命之成功，非从下层工作入手不可。”

冯氏则莞尔而笑，反驳曰：“中国还有宣统皇帝吗？还有贵族吗？还有专权独裁的总统吗？那真是上层阶级了。我们革命党人都是下层人物，我是泥工之子，无产阶级出身。我们执掌了革命政权，订定和厉行革命法律，以为大多数同胞谋幸福，那种不是下层工作吗？”鲍亦无言以对，这是鲍氏在中国最后一次所打的败仗。（引自简又文著《冯玉祥传》下册，285—288 页。传记文学出版社 1982 年 6 月版）

从上述这段谈话中，我们亦可大致了解冯将军当年的政治态度和表现。

### （三）鲍罗廷的悲惨晚年

鲍罗廷于 1927 年 7 月 31 日，在张允荣、李连海（冯将军的内弟）的陪同下，离开郑州，绕道西北，经外蒙古归国。但鲍罗廷回国后的日子并不好过，他遭到了斯大林的遗弃，坐了 20 年的冷板凳。1949 年 1 月，就在中华人民共和国诞生前夕，当美国记者斯特朗在苏联发表《中国解放区见闻》一书遭拒时，再也沉默不下去的鲍罗廷，力挺该书出版，他主持正义地说：“中国人不是在节节胜利吗？因此，他们的理论不可有错。”哪知这句话，触怒了对中共和毛泽东都抱有成见的斯大林，于是，鲍罗廷以“苏维埃政权的敌人”的罪名被逮捕，并于 1951 年 5 月 29 日惨死在苏联雅库茨克集中营，享年 67 岁。

# 第六章

# 中原大战

## 一、留学归来，我回到冯将军身边

### （一）到家了

留学海外三年，思乡的心情可想而知。当我们乘坐的轮船还在东海中航行时，不知是谁，首先发现了西边天际的地平线，他狂喜地高喊：“到家了，到家了！”大家一起涌出舱外，向西眺望。这时船旁的海水，也开始变了颜色，在一片蓝色的海水中，从远方伸来了一条淡黄色的“带子”。随着轮船向前航行,“黄带子”的颜色越来越深、越宽。原来，这条“带子”就是流入东海的长江水。

从长江口到吴淞口，海轮走了两个多小时。当我们的船驶进黄浦江后，从吴淞口起，就开始见到两岸停泊的外国军舰，有日本旗、英国旗、美国旗、法国旗……刚才进长江口时的欢快心情，骤然被这些外国旗扫去了大半。作为一名中国军人，当我看到自己祖国的内河，竟然成了“万国军港”，真是感到莫大耻辱。

船到十六铺码头时，我们站在甲板上，一眼就看到了冯将军派来接我们的韩复达（韩复榘之兄，时任冯将军的副官处处长），他带着一行人，正撑着一幅大标语，站在船桥旁，标语上写着“热烈欢迎从苏联留学归来的弟兄们”十五个大字。这条标语，使我们倍感亲切、温暖，一生难忘。

1928 年年底时，蒋介石的“清党”运动仍未结束，但已近尾声，处理共产党人的具体政策，也有了新的规定。1927 年“四一二”开始“清党”时，执行的是“宁可错杀，不可漏网”，到 1928 年年底，已改为“顽固分子，从严惩处；脱离关系者，概不追究”。

我们这批从苏联归来的留学生，有冯将军亲自送去的，也有国民军一军、二军、三军分别选送的，还有国民党选送的。韩复达并不了解所有人的情况，但为了免除我们这批

留学生归国后，在政治审查中可能遇到的不必要麻烦，便利用政策空间，以“中央社新闻稿”的形式，在上海的《申报》上发了一则消息：“尹心田等若干人赴苏留学后，于今日学成回国，他们宣布和共产党脱离一切关系云云。”这是一则典型的搪塞政治审查的官样文章，因为，在我们这批人中，没有一个人在苏联参加过共产党。这条在报纸上只有一寸多宽的消息，不仅我们这些从苏联归来的人不知道，恐怕连当年订阅《申报》的人，也未必有谁能注意到。韩复达当年虽是“好心”，但恐怕他做梦也不会想到，就是这条消息，使我在 40 年后的“文化大革命”中，被我所在单位的“造反派”打成“大叛徒”，几乎命丧于逼供之中，这是后话。

我们在韩复达处长的带领下，乘火车回到南京，集体到“军政部”报到。报到后，我即被冯将军任命为军政部传令队队长（冯将军时任国民政府行政院副院长兼军政部部长），张金瑞、祁光远、魏凤喜等人也同时分配到传令队工作。在传令队中，后来还有从开封军校补充来的张公干、李平一、郭永照、常永明、王继贤、王寰平、周茂藩、白英振等 20 多人。

### （二）归国后的“第一课”

报到的当天下午，冯将军就接见了我们，并说：“你们在苏联穿着红军的呢子军服，脚蹬大皮靴，住着洋房，吃着面包过了三年。但是，你们知道国内现在是什么情况吗？我请赵亦云（冯的随行摄影师）在励志社布置了一个中原地区灾民现状展览，我请韩处长先带你们去看看这个展览，给你们上‘回国后的第一课’，等你们看完了，咱们再聊。”

我和一同回来的张金瑞、张培哲、任子勋、魏凤喜、祁光远、彭秉钧、李啸仓等同学立即去看了这个展览。该展览以照片为主，真实反映了当年河南、陕西、安徽等地旱灾灾区的实际情况，当看到饿殍遍地、孤儿独坐墙头、垂暮老人绝望的眼神、被插着草标当“货物”卖的年轻妇女……大家都感受到了极大的心灵震撼。不仅如此，该展览还展有大量灾民充饥的“食物”：树皮、草根、蝗虫、蝎子、厕所里捞出来晒干的蝇蛆、观音土、各种叫不上名字的野菜……大家沉默不语，心情沉重。

第二天，冯将军意味深长地对大家说：“现在已经是民国十八年了，政府叫‘国民政府'，咱们是'国民革命军'，但灾区的老百姓虽然是那个样子，而首都南京的大官小官们，每天却是过着纸醉金迷、歌舞升平的'太平'日子！这还是什么'国民政府'！你们回去好好想想吧。"

### (三)浦口擒贼

1929年元旦，李德全女士的老同学、好朋友、著名的妇幼科专家王敏仪女士，从北平到南京看望她和冯将军。王敏仪元旦后回北平时，冯将军命我送她上火车。

那时，长江上不仅没有铁路桥，就连火车轮渡也还未正式开通，津浦（天津——浦口）和京沪（南京——上海）两条铁路被大江阻断。去上海、杭州等南方各地，要从南京下关火车站上车。去北方各地则要先到下关中山码头乘轮渡过江，然后再从浦口火车站上车。

那天，王敏仪女士穿着一件时髦的深蓝色长毛绒大衣，手袋就是与长毛绒大衣配套的深蓝色长毛绒护手。她耳朵上还挂着镶金的珍珠耳坠，珠光宝气，一看就是个有钱的贵妇人样子。我们从位于三牌楼的军政部出发，很快就到了下关中山码头，随即登上了过江轮渡。

由于旅客很多，船上已没有座位，好在过江的时间不长，我们就随便站在栏杆边，认为这样下船也方便一些。轮渡离开中山码头后，没几分钟，就到了对岸。就在船准备靠岸的时候，一件意想不到的事发生了：一个早就站在王敏仪身旁的年轻人，突然抢过王敏仪的手包，纵身越过栏杆，准备待船离码头再近点就往岸上跳。我见此景，来不及多想，便也纵身越过栏杆，打算捉住那个抢包贼。可能抢包贼也没料到我会这么迅速跳过来，他惊恐地看了我一眼，就隔着近两米宽的江水，纵身跳上了岸。说时迟，那时快，我也紧跟着一个箭步跳上岸，飞跑了一段距离，便一把抓住了抢包贼。哪知这家伙会两下拳脚，他扭头就给我来了一招"黑虎掏心"，但他可能万万没有料到，我是冯将军的贴身近卫，他那"三脚猫"的功夫玩错了地方。我身子一侧，顺势来了一招"仙人指路"，就迅速将他按在地下。我将抢包贼交给了赶来的警察，拿着手包回到王敏仪身边时，她还没从惊恐中缓过神来。看到她那受惊吓的神态，又想到她是李德全女士的贵客，我顿感自己失职，没尽到护送的责任，心里自责道："还是冯将军的传令队队长呢，怎么连王敏仪身边站个小偷都没发现？太大意了，丢人！"所以，回到军政部后，对谁也没说这件事。

几天后的一个晚上，冯将军突然派人找我。我到他的卧室后，只见他和李德全女士面对面站着，李手中还拿着一张信纸，冯将军板着脸问我：“那天送王敏仪发生什么事了吗？”

“抓住个抢王敏仪包的小偷。”我不敢隐瞒，淡淡地如实回答。

“回来怎么不向我报告？”

“包又没丢，东西也没少，再说，这是件丢人事，我没好意思说。”接着，又把我当时的想法重复了一遍。还没等我说完，李德全就笑着打断了我的话：

“快别说了！这不，王敏仪这封信上全是感谢你、表扬你的话，说你临危不乱、当机立断、擒贼勇敢，为了个手包，隔着两三米宽的江水，就敢往岸上跳……”

“她信里写得太夸张了，哪有那么宽，顶多一两米。”我连忙说。

这时，冯将军也笑着说：“你小子这次表现不错。不过，不能冒失，该注意安全的地方还是要注意。”

从这件事后，我可以感觉到，无论是冯将军还是李德全女士，对我的好感和信任度，都有所增加。但我当时没有想到的是，这件小事，竟然促成了我的美满姻缘，这是后话。

## 二、中原大战前夕，冯将军在南京的几件往事

1928 年在南京新成立的国民政府，由蒋介石、谭延闿、冯玉祥、阎锡山、李宗仁等 16 人为国民政府委员，其中，蒋介石任国民政府主席，谭延闿任行政院院长，胡汉民任立法院院长，王宠惠任司法院院长，戴季陶任考试院院长，蔡元培任检察院院长，冯将军任行政院副院长兼军政部长，阎锡山任内政部部长，李宗仁任军事参议院院长。

### （一）“豪华庄园”真相

冯将军是陶行知先生的好朋友。陶先生 20 世纪 20 年代在南京北郊晓庄创办乡村教育，冯将军一直给予同情和支持。

当时，陶行知先生将自己位于晓庄附近的住所命名为“五柳村”，意即向陶渊明学习“不为五斗米而折腰”，隐于南京市远郊，以摆脱世俗烦扰。但是，当年的晓庄确实是过于

偏僻了，加之国民政府初迁至南京，江浙地区连年战乱、盗匪横行的局面尚未完全改观，所以，晓庄师范和陶先生的家也时常受到坏人的骚扰。冯将军知道这一情况后，便在“五柳村”的附近盖了几排竹篱茅舍，隔三岔五带领着“军政部”的部下们以拉练行军的方式来此居住，通常是晚上来早上走，这样，对附近的坏人也起了震慑作用。冯将军不仅与晓庄师范，也与附近的农民弟兄建立了良好的关系。当地的老百姓也将冯将军盖的竹篱茅舍称作“冯村”，就这个“冯村”，后来“中原大战”时，也成了冯将军的一大“罪状”，南京的小报造谣说：“冯玉祥在晓庄广置田产，修建豪华庄园。”

不过，冯将军在南京市北郊确实曾经拥有过一座占地 200 多亩的“庄园”，但那已经是 1935 年以后的事了。1936 年，在“华北危机”爆发之前，宋哲元将军领导的国民革命军第二十九军，孤居北平、天津等华北地区。面对咄咄逼人的日军侵略扩张的压力，为备战需要，二十九军在扩充兵源、积极练兵的同时，派专人赴欧洲采购武器，并派人赴外蒙古采购战马、良驹。这些战马从外蒙古购回以后，宋将军特地挑选了数十匹良马，派专列运至南京，分赠给蒋介石、冯玉祥、何应钦、程潜等政要，冯将军大概也得到了十匹左右。

当时，冯将军就任军事委员会副委员长，居住在中山陵园中的“韩复榘公馆”，办公厅在中山东路头条巷，这两个地方均很狭小，没有可以养马的地方，确实给冯将军和我们都出了个难题。这件事被冯将军的老部下梁冠英将军知道了，他便主动派人与时任冯将军副官长的潘蕴玉联系，说自己在中山陵北麓的尧化门附近，有一处原二十六路军（中原大战时，梁投蒋后部队改编的番号）的兵站，约有 200 多亩地，现已荒废，只有几个老兵在看守着，为首的一位程连长原来就是骑兵。此处正可养马、遛马，梁冠英将军愿意将这块地送给冯将军。

潘将此事告诉冯将军后，冯便将我叫去说：“你是交际课课长，这件事就由你去办吧。”梁将军确实是诚心将这块地赠送给老长官，所以当我找到他时，他把该处的地契连同程连长等一帮人一起交给了我。我又亲去当时的民政机构办理了地契过户手续，将户主改成了“冯玉祥”。冯将军本来就喜欢骑马，我们这些人当年随冯将军驰骋西北、中原、华北时，也多是“人不离鞍”。自从有了战马和“马场”以后，尧化门“庄园”就成了冯将军和我们常去的地方，不仅加大了战备锻炼力度，也为我们在南京这段生活带来了不少快乐。

事情至此还未结束，此“庄园”还引来了两个后续故事。

**第一件：**

1937 年 7 月，抗战全面爆发。当年 11 月，日寇大军压境，进攻首都南京，悲壮的南京保卫战开始。我们是 1937 年 11 月 21 日随冯将军乘火车北上离开南京的，火车经由蚌埠、徐州、郑州、许昌等地转赴武汉。看管“庄园”的程连长等人是骑马随着国民政府从陆路西撤的大军，经芜湖、宣城向皖南撤退的。程连长他们到达宣城后，暂住在一个公园内，被当地潜伏的汉奸发现。汉奸见有许多战马，以为一定是一个军事领导机关，便召来了日本轰炸机对该公园和宣城其他地方一阵狂轰滥炸，程连长和这批战马就这样一同殉国了。

**第二件：**

1945 年，抗战胜利后，国民政府从陪都重庆开始还都南京，冯将军于 1946 年 5 月也从重庆返回南京。当时，陶行知先生由于遭到政治迫害，避居上海，他所创立的“南京晓庄师范”也处于最困难的时期，师生不仅不能维持正常教学条件，连生活也难以为继。他们听说冯将军在尧化门有 200 多亩地，便请陶行知先生给即将出国的冯将军写信，请冯将军将这块地交给晓庄师范代管，以便师生利用这片土地生产自救。恰巧，此时我也从徐州来南京为冯将军送行，冯将军便交代我说：“这块地原来就是你办的，现在你再代表我去给晓庄师范说，这块地不要他们代管，送给他们了！”我按冯将军的指示找到了当时晓庄师范的负责人胡同炳，办妥这件事后，才离开南京回徐州。

冯将军虽身为高官，但保持了普通老百姓的本色，从不忘穷苦大众，自己一生生活简朴，不奢侈，不敛财，这件事仅是真实反映他品德的一例而已。

**（二）“请别临渴掘井”**

由于思想进步，敢说真话、实话，陶行知先生当年得罪了不少权贵，屡遭迫害，后来，陶先生被迫离开晓庄。但冯将军听说晓庄又办起了儿童自助学校，他很高兴，也时常惦记着。

一天上午，冯将军由我和魏凤喜俩人陪着来到晓庄儿童自助学校参观，儿童自助学校的负责人、陶行知的学生胡同炳热情接待了我们。冯将军鼓励他们说：“你们学校有陶先生的办学精神，孩子们自己的事自己做，很了不起。”接着又关切地问胡同炳等人：“你

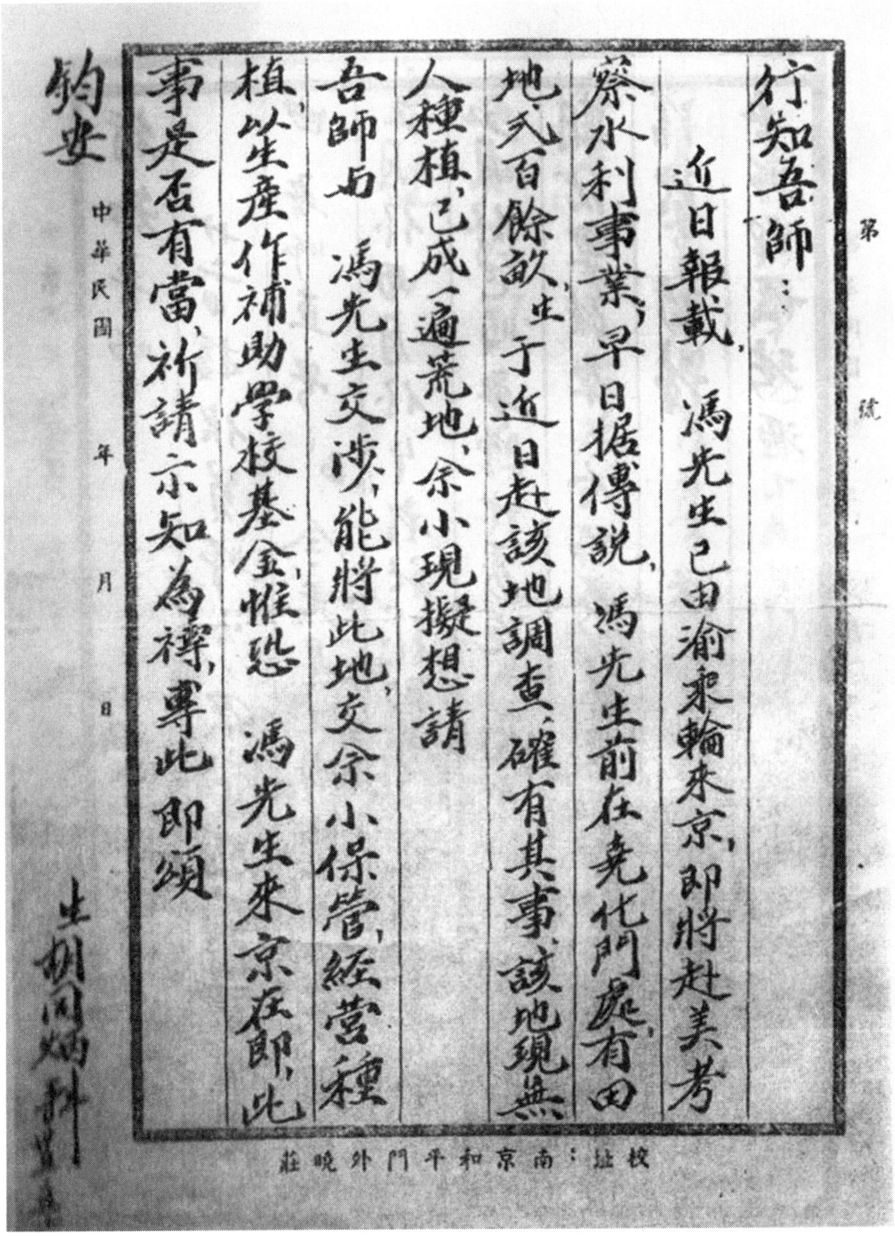

第 號

行知吾師：

近日報載，馮先生已由渝乘輪來京，即將赴美考察水利事業，早日据傳說，馮先生前在堯化門處有田地弍百餘畝，生于近日赴該地調查，確有其事，該地現無人種植，已成一遍荒地，余小現擬想請吾師向 馮先生交涉，能將此地交余小保管，經營種植，以生產作補助學校基金，惟恐 馮先生來京在即，此事是否有當，祈請示知為禱，專此即頌

鈞安

生胡同炳

中華民國 年 月 日

校址：南京和平門外曉莊

晓庄师范胡同炳给陶行知的书信

们知道这些小孩子生皮肤病的为什么这样多吗？”胡同炳一时答不上来，心中十分惭愧，他没想到，冯将军在短短的时间里观察情况竟如此细致。

因冯将军在晓庄住过，深知附近老百姓吃的都是池塘里的水，很不卫生，就对胡说：“这都是因为吃的水不干净才引起的。”接着又说：“要想办法改变水源。”说完之后就和大家告别了。

几天以后，陶行知先生的长子陶宏高兴地对大家说：“冯将军要为我们学校打口井，给我们解决吃水问题，要我们赶快报个计划。”附近农民听到这个消息，都高兴极了，奔走相告。

不久之后，工程完工了。新井就位于学校的东侧，在一位丁姓农民的桑园边。冯将军还特地来新水井看看，并叫人取水样送卫生部门化验，看看水质是否符合饮用卫生标准要求。他还应当地老百姓的请求，兴奋地提笔为水井题词，写了“请别临渴掘井”六个大字，同时又亲笔写了一副对联“要收复咱们失地，别忘了还我河山”，送给在挖井中出力最大的唐凤荣先生。

遗憾的是，这口从20世纪30年代到80年代一直造福当地老百姓的古井，在80年代后期拓宽道路时，被填埋了。当地老百姓曾在拓宽道路时上书有关部门，要求保留这座既实用又有纪念意义的古井，一位负责人竟说：“这口井又不是毛主席打的，有什么保留意义！”

**（三）公务员加薪风波**

1928年“国民政府”定都南京以后，许多国民党人认为“政权到手，大局已定”，可以开始享受了，骄奢淫逸、贪污腐败之风，开始弥漫南京官场。具有北方农民淳朴感情和率直性格的冯将军，不仅对这些看不惯，还用自己独有的方式进行抵制。

冯将军到南京后不久（1928年8月4日），就曾在国民党中央党部和国民政府联合召开的大会上说：“国民党人不应当对自己太宽恕了，我以为，党员稍有过错，不但不应当减轻罪名，而且应当（比普通老百姓）加倍惩罚，这样做才可以把党的信仰（和威信）建设起来。现在党内因为（假革命）分子的复杂，有许多的假革命派窜进来了，他们的目的是在借国民党升官发财……因为少数假革命分子的卑污，人家就当我们国民党就是个人升官发财的一个党呢，几乎变成了国官党（谈话记录原件现存于南京第二历史档案馆）。”

在生活作风与工作作风上，冯将军与当时国民政府其他部委的官员们也是格格不入。比如，别的部长们竞相坐名牌豪华小轿车，他出门则乘军用卡车，自己和司机坐在驾驶室，随员们站在车厢里。别人大修豪华“衙门”，他主持工作的“军政部”盖竹篱茅舍。不仅如此，还把省下来的基建费用买了大量树苗，亲自带领我们这些军政部的部下们，把这些树苗栽遍南京大街小巷（“前人栽树、后人乘凉”，今日南京引以为豪的、遮天蔽日的行道树，就始栽于20世纪二三十年代）……这些还不算，终于，在一次“国务会议”上，他公开发作了。

当时，“财政部”拟了一个公务员加薪草案，提交“国务会议”讨论。加薪的幅度挺大，级别最高的公务员，月薪可达大洋800元。当时，因为冯将军的官职是“行政院副院长兼军政部长”，按照新规定，不仅可以拿到超过800元的工资（有兼职），还可以每月享受1000元的公务补贴。

由于是给自己加薪，参加“国务会议”的多数人纷纷踊跃发言，大谈这次加薪是必要的、合理的……但为表明“清正廉洁”，一些委员们也提出了一些正确的意见，如政务官不得兼薪，事务官不得兼职，等等。而坐在一边的冯将军，却始终认真听大家说，没吭一声。当会议主席蒋介石询问大家是否还有意见，没意见就付诸表决时，冯将军突然从座位上站起来，大声地说：“我有意见！”接着，便声色俱厉、慷慨陈词。他从当时弥漫首都南京的骄奢淫逸之风谈起，说到官场的贪污腐败日盛，说到灾区人民的疾苦，说到普通老百姓生活的艰难，说到大批伤残退伍军人的安置无着，说到北伐死难烈士及家属的抚恤远未落实，说到百废待兴的国民经济……最后说，总理（指孙中山先生）早就教导我们说，我们是“人民公仆”。总理遗嘱“革命尚未成功，同志仍需努力”到处挂着，但我们不能挂羊头卖狗肉，哪有主人还在受难，“公仆”倒先加薪享受的道理？总之，“坚决不同意公务员加薪”！并公开声明说：“我虽是行政院副院长兼军政部长，但我认为，我的工资给两百块就够多了。”刚才还是在一片“欣然同意公务员加薪”声的热闹会场，一下子鸦雀无声了。隔了片刻，李烈钧、于右任等人发言，表示“焕章说的有道理，公务员加薪之事，应徐图之”。至此，已显尴尬的会议主席蒋介石，“就坡下驴”，提出“此案缓议”，这次“国务会议”便草草收场。

1929年2月5日（农历一九二八年十二月二十六日），冯将军从“编遣会议”上洞悉蒋介石壮大自己、排斥异己的阴谋后，便辞掉“行政院副院长兼军政部部长”的官职，带着我们这些部下回河南了。

在冯将军辞职离开南京后，在另一次“国务会议”上，“公务员加薪案”还是一字未改地高票通过了。

### （四）给刘纪文送“贺礼”

1928年时，担任南京市市长的是宋美龄的老同学、留美归来的刘纪文。由于此人与宋美龄关系非同一般，所以，他做事顾虑较少，有一番大刀阔斧的样子。为推进南京市政建设，刘纪文想了不少办法，也身体力行，出了不少力。但其工作方式方法比较简单，以致在工作中捅出了一些娄子，其中，最典型的就是修建“中山大道”。

中山大道是由著名建筑设计师吕彦直设计的，是中山陵的配套工程。这条路北起南京下关长江南岸的中山码头，进挹江门，经三牌楼、山西路、鼓楼、新街口、大行宫，出中山门后直达中山陵博爱广场。这本是一件从根本上改善南京市内交通的大工程，是件好事。

在施工之初，冯将军就曾善意地给刘纪文提出过：一定要向老百姓广泛宣传修建中山大道的意义，这既是恭迎中山先生奉安，也是改善南京城市交通，一定要让老百姓从心眼里支持这项工作，并要制定对拆迁户的妥善安排方案。但刘纪文却不以为然，没有重视冯将军早就提出的建议，以致在具体拆迁过程中，只注意工程进度，却严重损害了南京市民利益，弄得民怨沸腾。因为老百姓们都知道冯将军是非常爱护老百姓的“大官”，所以，告状的状纸如雪片般飞向“军政部”。恰巧，时逢刘纪文大婚，冯将军便将这些状纸放在一个大盒子中，当作“贺礼”，派其身边的工作人员给刘纪文送了去。这件事，轰动了当时的南京舆论界。不少媒体纷纷为冯将军做的这件事叫好。

## 三、艰难的“兵马未动，粮草先行”

### （一）冯将军辞职离宁

1929年1月1日，“国民政府全国编遣会议”正式在南京开幕，参加会议的人，除国民革命军四个集团军的总司令、总指挥外，还包括国民党中央执行委员和监察委员，其中有蒋介石、阎锡山、冯玉祥、李宗仁等60多人。这个会一开就将近一个月，从头到尾，争吵不休。冯将军提出的精兵方案被否决，老牌滑头阎锡山提出的四个集团军平均编遣的方案获得通过。各派系的矛盾不仅没有解决，反而大大地加深了，直到元月26日会议宣告结束时，也没有解决任何问题。只是说，关于编遣如何进行，等待以后再开“编遣实施会议”决定。会后，冯将军曾对方振武等人说：“天下事不平则鸣，余深为时局前途抱隐忧也。”其实，他已打算辞掉国民政府的一切官职，回河南自保。

1929年2月5日下午三时，冯将军面见蒋介石和谭延闿请假，回河南“休养”，当晚6时半，就带着我们一起渡江至浦口乘专列北上，于2月6日凌晨到达开封。

### （二）艰难的“兵马未动，粮草先行”

冯将军到达开封后，即召见了他自己任命的河南省民政厅厅长邓哲熙，了解大灾之年的河南实况。邓哲熙向冯将军详细汇报了河南的灾情，并说明了情况的严重性。而此时，冯将军领导的第二集团军数十万部队大部分驻扎河南，粮饷成了大问题。

2月11日，冯将军令邓哲熙召集河南省各县县长会议，布置有关工作，并对县长进行考核。恰在此时，发生了一件大家都没有想到的事。原来，陈留县有位县长，名叫朱彤，是从日本留学归来的，平时为人正派，工作也很认真，他长期废寝忘食，以致弄坏了身体，得了严重的胃溃疡，非常痛苦。由于1928年至1929年，正是中原地区大灾之年（前已所述），工作担子重，再加上身体的严重疾病，最终精神被完全压垮，自寻了短见，此事对冯将军的震动很大。冯将军当时虽然还在生病，但仍抱病参加了县长会议，除对朱彤表示哀悼外，还强调大家必须保重身体，想法完成工作，积极为有可能即将到来的战事筹措粮草，未雨绸缪。为此，冯将军和大家也想了不少办法。

#### 1. 魏凤楼“打土豪”

当时，魏凤楼已升任军长，驻防许昌。在许昌南面的临颍县，有个姓刘的大地主，县城里有豪宅，乡下有庄园，而且还有自己的武装，平时独霸一方，作威作福，欺压百姓。他的一个儿子因为强占民女，闹出了人命案子，受害方写了状子，把这个人告到魏凤楼那里。魏向冯将军请示该怎么办，冯将军气愤地说：“这个土财主，连李鸿章都不如，李鸿章的弟弟霸占了民女，李鸿章还知道把自己的亲弟弟毒死，将民女归还给受害者。而这个恶霸，竟然纵容他的儿子干坏事，对这样的人一定不要客气，要先缴他的械，重罚他的财，包括粮食，然后再重办害人的人。”魏军长根据冯将军的指示，办了这件事，不仅大得民心，也为军队筹措了一批粮饷。后来，魏凤楼风趣地对我说：“我们这是向共产党学习，先打土豪，以后还要想办法分他的田地。”

2. 废除“圣旨”和行使“冠名权”

1929年2月15日，冯将军乘专列经郑州到达新乡，当天上午，又乘汽车赴辉县的著名风景区百泉休养，我和张金瑞、陈天秩、张文彬、张公干、王继贤等人陪同前往。当时的百泉，是名副其实的百泉，在大泉池北面的山上，有无数的泉水淌出来，泉水清甜可口，泉池周围与山上山下有数不清的古木大树，风景确实优美。但当我于1982年重返百泉时，虽山、池全在，但已滴水全无，实在令人遗憾。

在泉山西段，冯将军当年曾亲掘一泉，流水颇丰，自成一景。后人曾在此泉边，竖碑一方，上书“冯公泉”三个大字。我1982年重返百泉时，此碑虽在，泉已干枯，实可叹也。

为筹措粮饷，冯将军在百泉确实动了一番脑筋。

（1）废除“圣旨”

当时，百泉县的县长刘永亨，在拜会冯将军时谈到，在辉县征粮相当困难，这除了是因为大灾之年外，当地许多殷实人家虽不缺粮，但借口辉县是康熙皇帝早就下令免征粮赋的地方，所以，也抗着不交，并说康熙的圣旨碑就立在辉县的苏门山上。冯将军听后，训斥刘永亨说：“你是大清的七品知县吗？现在已经是民国十八年了，康熙皇帝的话，还管用吗？”说的刘永亨哑口无言。接着，冯将军命令刘永亨，立即派人将苏门山上的“康熙免粮碑”原字磨去，另行刻文，树立为革命纪念碑，至于粮草，还要照征不误。

（2）行使“冠名权”

当时，新乡北面的安阳，有位实业家，名叫李鸿伯，安阳县阜城村人，是位前清举人出身，在政界和商界都有一定地位。他靠经营棉花生意起家，家产颇丰，很想与冯将军相识，就托人来见冯将军，说他想专程到百泉来拜见冯将军，并向冯将军求字。冯将军连说“欢迎，欢迎”。没两天，那位李鸿伯就来了。相见时，冯将军给他写了一副对联（可惜内容忘了，大概意思是人要爱国，爱国才能留名），并说：“咱俩交个朋友，对联是我送给你的，你千万笑纳。但我的十几万弟兄目前正缺吃少穿，请你能意思意思。”结果，那位李鸿伯也确实捐出了一部分军费。临行前，冯将军又对他说：“我不能让你白捐钱，我给安阳县政府说说，请他们考虑，把安阳有名的文峰塔‘捐’给你，让你留名。”（实际上等于今天的“冠名权”）

## （三）游子首次返故乡

我是1922年离开南阳老家到开封投军的，到1929年初，已经有七年没回家了。加之当时河南大旱，我更是挂念家里的情况。趁冯将军在百泉养病，我考虑再三后，向冯将军提出想请几天假回老家看看，冯将军爽快答应了，并嘱咐我到家后替他问候乡亲们。

我从百泉回到郑州，将我出国留学期间由韩复达处长替我保管的三年间的薪俸共500块大洋全部提出，拜托副官处的陶彦彪给我全部购买成面粉（大约有四百袋），然后用军用火车运到许昌，请许昌的魏凤楼军长代为保存。我又写信至老家，让我的哥哥尹甫田带领我老家龙虎庄的数十位乡亲，赶着牛车，推着独轮车运回，分给家乡父老，为在死亡线上挣扎的父老乡亲们尽了一点绵薄之力。稍后，我自开封启程，经许昌、方城回到家乡南阳。当时，石友三军长正率部驻在南阳县城里，

我在石的军部里住了一夜，石友三念及我在冯将军身边工作，很给我“面子”，不仅给了我一点钱，还送了我一匹马，我也算“衣锦还乡”了。

因为当时家乡的生活实在是困难，我返队时，便将我的父亲、寡姐尹心传、我哥哥的女儿尹家秀（尹平）、儿子尹家庆（尹志云）、我大姐的儿子任国璋一起带出来，在开封市十二座庙街，与我的老战友张金瑞（他也将老父及新婚爱人阎淑性接了出来）两家合租了一个小院，在一起过日子。不久以后，我的结义兄弟薛绍仁与李文女士结婚后，也搬来与我们同住，三家在一起，其乐融融。

这次探亲，我既有与亲人久别重逢的喜悦，也有无奈和遗憾。最大的遗憾就是，我的父亲尹振铎，对我这个年已26岁但却未结婚的儿子，表现出了超出常规的关心。他抱孙心切，事先没和我商量，就在我到家之前，将南阳县城南赵营村一位朱氏姑娘提前接至家中，等待我回来完婚。我的哥哥和姐姐们，都认为此事老人家办得不妥，最起码应该先和我商量一下。但父亲却坚持己见，认为我是个孝子，是不会违反父命的。但是，这确实是我难以从命的事，故我回到家中后，始终不与朱氏同房，而朱氏也自认已进入尹家之门，就是尹家之人，坚决

不再离开。以后的数十年中，虽然她的生活费是我供给的，但直至她70年代病故，我们也没有在一起生活过一天。值得她欣慰的是，我的爱妻赵冠中，十分明事达理，抗战期间，赵冠中曾在老家南阳与朱氏共同生活过数年，我的哥嫂和赵冠中对朱氏均十分敬重照顾，我的侄子和孩子们，对她也十分尊重友好，她是封建包办婚姻的受害者。

在我假期结束返回部队时，带上包括我的外甥阎宏亮在内的一批南阳知识青年，赴开封报考冯将军的“西北军校”。其中有不少人，以后均走上了革命道路，阎宏亮也于1948年随廖运周将军在淮海战场起义。

## 四、中原大战记事

### （一）大战未起，“壮士断臂”

一向把自己一手培养提拔的战将当儿子一样看待的冯将军，总以为以他自己的意志和以身作则的人格魅力，便可以在西北军内长期实行其“家长式”的管理方法。但是，他并不理解，随着军队的扩充，权力的增大和地位的改变，他的这些战将，在新形势下，思想和观念也会跟着变的。中原大战尚未全面爆发，便发生了韩复榘、石友三的“甘棠东进”之变，使冯将军惨遭“壮士断臂”之痛。

1930年4月，中原大战前夕，蒋介石在借主持中央工作之机，以“编遣”为名，行排除异己、扩充自己势力之实，在施加军事压力的同时，又四处以高官厚禄收买瓦解以李宗仁、白崇禧为首的第四集团军（桂系）和冯玉祥的第二集团军（西北军）。老蒋先用重金收买了桂系在江西的一个军，导致桂系全面溃败，蒋桂战争结束。接着，蒋介石又亲自出马，“礼贤下士”，把冯部韩复榘夫妇请到汉口，热情招待。老蒋开口一个“向方”，闭口一个“向方”（韩复渠的号为向方），送礼送钱，封官许愿，总算把“韩向方的方向喊转向了”。与此同时，驻防在南阳一带的石友三部，也被老蒋收买过去，韩、石通电主和拥蒋。同时，在蒋介石的“政治攻势”下，曾跟随冯将军从学兵干起、被冯将军送往苏联留学的郝鹏举也投蒋了，外号“三雪公”的河南省主席刘镇华（号雪亚）、湖北省主席何成浚（号雪竹）、安徽省主席陈调元（号雪喧）也先后投靠了蒋介石。老蒋实施的收买策略，对冯将军大为不利。在突然接到韩、石阵前倒戈投蒋的情报后，冯将军如雷击顶，几乎气昏过去。他连做梦也没想到，世人皆知的心腹干将韩复榘、石友三，会在此时反戈，投靠老蒋。突变的形势使冯将军措手不及，那几天，他闭门谢客，自我反省，他常常闭目自语，责骂自己："我混蛋，我冯玉祥瞎眼了！"在此形势下，冯将军以退为进，宣布"下野"，将第二集团军的指挥权交给了宋哲元将军。

此时，宋哲元将军根据冯将军的意图，果断地把部队开往陕西潼关。潼关居中，地势险要，能攻能守，又有大西北可退的大后方，宋将军调兵遣将，加紧布防。

## （二）随冯将军入晋

### 1. 落入阎锡山的圈套

1928年5月23日，由蒋介石把持的国民党中央常务委员会通过决议，将冯将军"永远开除党籍"，革除一切职务。在蒋介石公开发表的《告西北将士文》中，给冯将军扣了两顶帽子："勾结苏俄"和"叛国叛党"。而冯将军也公开发电报回复蒋介石："余已通电下野。决游青藏，军民皆为国家所有，若能平等待遇，来日方长，私交可仍旧也。"

就在这个时候，八方说客纷纷来到潼关，求见冯将军议事。桂系李宗仁、白崇禧派高参黄某曾拜见冯将军秘议联合反蒋；山西阎锡山派老同盟会员李书诚先生（中共"一大"代表李汉俊同志的哥哥，湖北人，冯的好友），代表阎锡山请冯将军到山西太原晋祠休养。意在拉冯，促成冯、阎联合。

山西老财们本来就精于算计，阎锡山更是一位老奸巨猾、精通权术、纵横捭阖的高手。一年前还在"编遣会议"上大唱"四个集团军平均裁军"，同冯将军的"裁弱留强"主张大唱反调、大捞好处的他，在蒋介石收拾了桂系并宣布要武力讨伐冯将军的西北军后，立刻意识到，蒋在收拾完桂系和西北军以后，自己便是蒋的"盘中餐"了。阎锡山十分清楚，自己单枪匹马绝不是蒋介石的对手，蒋一口就能将晋军全部吃掉。

所以，在蒋介石宣布武力讨伐西北军的当天，阎锡山便公开致电南京政府，大张旗鼓、冠冕堂皇地宣称"倡导和平，不要再打内战"，并声明："决心与冯玉祥将军共进退，准备携手出洋，远赴日本考察。"出身贫寒的冯将军，哪里有阎锡山的城府深！他被阎此

宋哲元

时的“仗义行为”感动，不顾众多部下反对，欣然接受了阎锡山的赴晋邀请。

1929年6月21日，我和杨懋、雷季尚、陈国梁等人跟随冯将军及其全家，自陕西华阴县启程，从风陵渡渡过黄河进入山西，在运城休息后启程北上，途经介休时，阎锡山等人亲自从太原来迎，于25日到达太原，住在晋祠。冯将军虽名义上在晋祠休养、看书、写字，还请王瑚（王铁山）老先生给他讲学，但实际上以此做掩护，派员与陕西宋哲元部、南京鹿钟麟（鹿此时在南京名义上仍任军政部长）等取得联系，密议反蒋，但对外则宣称准备和阎锡山一同出国游历。

7月，蒋介石为探听冯将军的虚实，派他的连襟、心腹同时也是阎锡山老乡的孔祥熙，到晋祠拜访冯将军。我先接待了孔先生，冯将军和孔祥熙互道寒暄之后，孔为了表示尊崇冯将军的书法，当面请冯将军给他题词扇面。冯将军沉思片刻，便提笔在孔的扇面上题写了一首“丘八”诗：

红日炎炎似火烧，

田中稻禾半枯焦。

农民心中如刀割，

大人先生把扇摇。

题毕，送给了孔祥熙，孔双手接过了扇子，但看罢后却面红耳赤，自讨了个没趣。

这年夏天，冯夫人李德全在晋祠生下了聪慧的女儿冯颖达。

**2. 密谋反蒋之战**

在经过多次秘密谋划之后，1929 年 8 月 15 日，冯将军和阎锡山决定联合讨蒋，阎锡山向冯将军保证第二集团军的粮饷全部由他负责，并约定等到冯部（即第二集团军）在洛阳集结完毕便发布联合讨蒋通电。9 月，国内时局十分紧张，全国各地掀起反蒋活动，反对内战，宋哲元、鹿钟麟秘密和冯将军商讨联李（宗仁）、阎（锡山）反蒋大计。

1929 年 10 月 10 日，冯部借庆祝“双十节”之际，由宋哲元等 27 名将领联名通电，宣布蒋介石六大罪状，并公推宋哲元为总司令，向蒋介石把持的河南省进攻。

就在此时，蒋介石派说客暗去太原，以名利相诱说服阎锡山附蒋讨冯。蒋介石还亲自出马，到北平面晤阎锡山，委任他为“全国海陆空军副总司令”，并赠送两千万大洋。如此一来，阎锡山的态度来了个 180 度的大转弯，从“联冯反蒋”变为“联蒋反冯”。但老奸巨猾的阎锡山慑于西北军的军事实力，也不敢公开加害已在自己“瓮中”的冯将军。

当时，由于我们还不知情，阎锡山便假惺惺地请冯将军到他家乡五台县建安村“叙旧”。耿直的冯将军爽快地答应了，便从晋祠移住建安村。到建安村以后，阎便派晋军宪兵以“警卫”为名，把冯将军和我们的住所全包围起来。开始，我们还没有看出落入圈套，直到有一天，冯将军让我把小汽车备好，要到太原去（联络）。然而，执行“软禁”任务的阎部警卫师长杜春沂却再三“好言相劝”，要我们不要去太原。冯将军执意要去，这位宪兵司令竟下令，让他的部下把我们乘坐的汽车轮胎全部刺破。后来，我们又得知，从建安村到五台县直至雁门关的公路上，都设了路障，此时，真相大白。冯将军猛然省悟，知道自己已是笼中之鸟。而沉着冷静的冯将军，强忍怒火，不动声色，嘱咐我们不可生事，以免发生事端，引起与晋阎不和，坏了大事。

由于阎锡山已暗中投向蒋介石，并在北京就任蒋介石加封的“海陆空军副总司令”

之职，所以，冯蒋之战爆发后，阎锡山食言违约，既不对冯军接济，更拒绝发表反蒋通电，故使冯军无法展开战局，进退维谷。被软禁的冯将军更是气愤焦虑，向阎的手下公开表示，前方将士面临绝境，自己也饿死算了。于是，率领我们大家从 10 月 23 日起在建安村开始绝食，向阎锡山表示抗议。

这时，原来代表阎锡山邀请冯将军来晋的李书诚老先生等人，也对阎锡山背信弃义、出尔反尔扣留冯将军的行为极为不满，便从太原搬来五台建安村，与冯将军同吃同住，以示抗议。后来，在李书诚、王瑚等老先生的再三劝说下，冯将军才终止绝食。

**3. 硝烟未起，谍战正酣**

当时，冯将军由于自己被阎锡山软禁，行动不便，便在太原市设立了一个“办事处”，由李炘、陈继淹（希文）、陈天秩、张金瑞、孔祥祖等人负责迎来送往、对外联络、搜集情报信息等工作。

一天，陈继淹突然来向冯将军报告，说我们与外界联系的密电码出了问题，宋哲元与上海办事处往来的密电已经被蒋介石破译。冯将军细问是怎么发现的？陈说，宋哲元为联络各方反蒋势力，从陕西给戈定远发密电，让他转告在上海的张允荣，委任周凤岐为第 13 路总指挥。蒋得知这一秘密后，立即给其亲信、在北平主管军事的何成浚发报，告知此事。何看过电报后，便将其撕碎，扔在废纸篓内。但是，何万万没有料到，自己身边的侍从，竟然是阎锡山派来的密探。该侍从将被何撕碎的密电从废纸篓内取出，拼接完整后，急把此信息告知太原阎的特务机关。陈继淹又通过自己的内线，及时得到了这个消息。经冯将军与宋哲元通讯后，核实确有其事，宋哲元将军所发电报内容与陈继淹打听来的消息完全一致，于是，冯将军便及时做出了两项决定：

1. 因为我和雷季尚都曾经学过密码学，并都担任过冯将军的机要参谋，所以，冯将军命我和雷季尚两人，立即研究我们所使用的密电码中的漏洞，并及时进行修正，会同有关人员更换密电码。

2. 冯将军特别指示，今后对外联系时，凡是涉及绝密的信息，尽量派可靠人员及时送达，并说：“保密的事太重要了，宁可派信使，也要尽量慎用电报、电话，以减少泄密事件。”冯将军虽然及时进行了“亡羊补牢”的工作，但是，这并未引起部分行武出身的西北军指挥官的高度重视，泄密事件还时有发生。在中原大战期间，因为泄密，西北军还吃过大亏，但是，西北军也因为及时截获敌方机密而占过便宜，这是后话。

此时，冯将军为瓦解蒋介石的势力，扩大反蒋力量，决定派我带上孔祥祖、王鸿林赴河南郑州，策反当时的河南省代主席万选才（原刘镇华部属），万选才曾向冯表示过联合反蒋的意向。我和孔、王等到郑州后，通过关系，很快就见到了万选才代主席。那天，万正躺在床上抽大烟，我说明了来意，并转告了冯将军的意图。万表示即令他的部队从郑州西开，向潼关方向靠拢。当万部行至郑州西南约卅里处的一个寨子时，万选才住在一座窑洞里。第二天，在郑州至新郑的路上，我突然遭遇蒋嫡系胡宗南部，该部正急行军开往登封方向，准备在登封一线阻击东进的宋哲元部。当时，我着一身学生装，胡部怀疑我是冯军的密探，便把我抓了起来。但我坚持说我是在郑州上学的学生，并说的有鼻子有眼，还报出了一些学校“老师”的姓名……扣押我的人，从我的谈话中找不出破绽，但又没有完全解除怀疑，便把我关在一所小学校里软禁起来。万代主席听说我被抓以后，把他吓呆了，立即派人向冯将军报告了我被胡宗南部扣押的消息，但因胡部确实找不出继续关押我的理由，所以，第二天又把我释放了。与此同时，冯将军得知我被扣押后，马上又派余心清来郑营救。因为无法越过战线，我只得返回郑州，躲在我的同乡、同学、结义兄弟郜士林在郑州经营南阳丝绸的“同盛公司”的仓库里，得到了士林兄和“同盛公司”经理张相亭先生的保护和关照。在士林兄的仓库里，我用密语书信向冯将军驻太原办事处简单报告了郑州一带的战况，同时，也向冯将军报告了我的义兄郜士林（汉卿）在豫西南一带（南阳等地）组织民军，准备迎接冯将军带兵打回河南等情报。

从郑州脱险后，我回到山西建安村，向冯将军做了详细的口头汇报。接着，我两次奉冯将军之命，到潼关给鹿钟麟、到西安给宋哲元送冯将军的亲笔信，内容均是重整旗鼓，计谋反蒋。

1929 年 6 月投蒋的韩复榘、石友三（原是鹿钟麟的部属），对西北军还是有老感情的，此时，韩、石二部又开始向西北军靠拢，与西北军鹿钟麟、宋哲元等各部之间密议联

合行动，打算先除掉失信、多变的阎锡山这个老滑头，然后共同倒蒋。冯将军曾多次谈到老奸巨滑的阎锡山，风趣地一面学着阎的腔调：“好！好！”一面在桌下伸出一只脚摇着，口中连说：“不算！不算！”巧的是，各方往来的密电，也被阎锡山破译（韩复榘、石友三给鹿钟麟和宋哲元的往来电报也包括在内），阎生怕引火自焚而惊慌失措，他亲自回到老家五台建安村，借过 1930 年春节的机会，向冯将军重新示好，再议联合反蒋。冯将军从大局出发，宽宏大量，再次原谅了阎锡山。至此，冯将军在山西，已被阎锡山软禁了一年。其间，阎锡山还曾亲自陪同冯将军游览佛教圣地五台山，在游览时，冯将军曾即兴赋诗一首明志：“五台高处最清凉，唯恐寒意损热肠，本是人间庸俗骨，从来不惯住仙乡。”这首诗，实际上也表达了冯将军对阎锡山将他软禁于五台的不满情绪。

### （三）中原大战

#### 1. 反蒋心切，冯将军一语成谶

1930 年 3 月 10 日，我随冯将军一行浩浩荡荡返回潼关，如鱼得水。黎明时分赶到潼关县城，这时，城内西北军总部及守城官兵还一无所知，是我第一个赶到城门下告诉守城弟兄：冯将军回来了。刹时间，全城军民一片欢腾，西北军官兵的喜悦之情溢于言表。冯将军看到自己的老部下们对自己这样的亲热，也感到非常欣慰和感动，并对我们说：“我以后一定要对得起他们。”但遗憾的是，由于种种原因（其中也包括冯将军自己的失误），中原大战惨烈的结局，给包括全国老百姓，特别是战火所及地区的老百姓，和包括冯将军在内的所有西北军将士，都带来了终生的难言之痛。

3 月 11 日，冯将军就在潼关召开了西北军旅长以上的军官会议，他首先说：“我这次回来是和你们大家的努力和反蒋实际行动分不开的，我们决心联合阎锡山，打倒蒋介石。”但是，冯将军并没有真正考虑到当时的实际情况和广大西北军官兵的心态。当长官们在开会时，鹿钟麟的一位副官曾对我说：“自从韩复榘、石友三这些人离开团体后，咱们西北军现在的人心远没有前年出潼关时团结，困难也不少，先生（指冯将军）回来了，真是应该好好整顿整顿咱们内部，固守潼关，养精蓄锐。”

就在这次会议上，冯将军决心倾西北军之全力，与蒋介石决一死战。冯将军连原

定固守西北大后方的孙连仲总预备队也悉数调来潼关（仅留下雷中田一旅人马在兰州），冯将军在会上斩钉截铁地说：“这一仗我们打赢了，我们就按总理（指孙中山先生）真三民主义治理中国，叫南京那帮假革命全滚蛋！这一仗我们打输了，我们自己滚蛋！”

遗憾的是，冯将军竟然一语成谶。中原大战的惨败，使拥有数十万人马的西北军武装集团，从此淡出历史。

### 2.“统一号”钢甲列车的故事

几天后，冯将军在潼关召开动员西北军倒蒋誓师大会，阎锡山的晋军从河北石家庄一带沿津浦路向南挺进，我随冯将军东进，打通豫西到了郑州。

当时，国民党的第二号人物汪精卫也是反蒋的，汪在北平与阎锡山联合起来共同反蒋，汪还从北平派他的秘书来郑州随冯将军当参军。这时，北方大半个中国已经被西北军和阎锡山的晋军占领。各路军政要员、各界知名人士纷纷来到郑州与冯将军晤面，商谈联合倒蒋事宜。我被冯将军任命为总部交际处主任，主要负责对外联络及接待工作。

就在此时，占据北平的阎锡山，在长辛店平汉铁路机车厂，利用沙皇俄国流落到中国的白俄军工专家、技工造了一列钢甲列车，并把它当作“贵重礼物”送给冯将军。

这列钢甲列车不仅造型新颖，动力充足，车头、车厢无缝连接，都有装甲防护，非常适合当时战争的需要（因为当时主要战事都是沿着平汉、陇海、津浦等铁路沿线展开的），装甲列车的火力也十分强大，除配有山炮、迫击炮、重机枪等常规火力外，还装备有带旋转炮塔的85毫米加农炮，可以在铁路沿线数十里范围内进行快速机动火力支援，在当时这列钢甲列车真可算是中原战场上的一支“威慑力量”。

装甲列车开到郑州后，冯将军如获至宝，立即对我说：“咱们以前是穷光蛋，哪里有这么好的装备呀！你在苏联就专门研究过钢甲列车，你送给我看的论文我现在还记着呢，现在你可有用武之地了！把你手头的事交给张金瑞，快去把这列钢甲列车接过来，尽快形成战斗力。”

西北军倒蒋是为了实现全国真正统一，所以，冯将军便把这列钢甲列车命名为“统一号”，又任命我为钢甲列车大队长，主要任务就是在战区内沿平汉路、陇海路一边巡视，

一边参战。陇海铁路沿线大战正酣时，冯将军就将指挥部设在车上，并以开封与兰考之间的兴隆小站为基地，在运动中亲临前线指挥作战。

有一天，我到开封以东的鲁旺车站，到张自忠将军的指挥部了解战况，正巧，张自忠将军和他的参谋长张克侠将军刚送走一位蒋介石从南京派来的说客，说老蒋送给张自忠一个铁壳暖水瓶。因为，我是张自忠将军多年前的学兵，又与张克侠将军十分要好，平时进出他们的司令部都很随便，我就随手把那只水瓶盖子打开了。一看，水壶里边竟然装着一张蒋介石颁发给张自忠将军的亲笔“委任状”，蒋企图用高官厚禄把张将军从冯将军身边拉过去。张自忠将军看过“委任状”后，哈哈一笑，没买老蒋的账，便把这张“委任状”交给了冯将军。

蒋介石用高官厚禄收买张自忠将军虽未奏效，但他这招在瓦解西北军的过程中，还确实起到了作用。当年，曾为蒋介石出过大力、立过大功的何成浚，就曾公开说过：“西北军不是在战场上被打败的，战场上谁也打不过西北军，西北军是总司令（指蒋介石）用洋钱打败的。”事实也的确如此。

很多人都知道，当年吉鸿昌将军投蒋时跪接冯将军电话的事，但冯将军当时为何在第一时间就得知吉投蒋呢？这又要从“统一号”钢甲列车说起了。

在吉鸿昌将军决定投蒋后，因他的在平汉线之东的大部分部队，基本在“统一号”的大炮射程之内，为避免倒戈时不必要的损失，他向冯将军谎报军情，说正在（平汉）路东与蒋军激战，急需“统一号”进行火力支援。冯将军对吉的“告急电话”深信不疑，令我火速出发，前去支援。当晚七时许，当钢甲列车风驰电掣般从郑州向南急驰至谢庄（平汉路上的一个小站）时，站外和站内的红色信号灯同时大闪，列车急速紧急刹车停下。我刚下到站台上准备探寻究竟，只见手提红色信号灯的站长陪着吉鸿昌将军的手枪团团长智文宪，正快步向我走来。我们互敬军礼后，智文宪说：“吉师长正在候车室里等你呢！请快随我来。”说罢，他在前带路，我跟着他，我的警卫员刘华臣紧随我之后。进入候车室大门，候车室内一片昏暗，在我正纳闷里面为啥没灯的瞬间，突然从门后蹿出了六七个彪形大汉，将我和刘华臣拦腰抱住，并快速下了我俩的枪。我是在毫无防范的情况下，突然被“自己人”缴械了！待我再次被智文宪押出候车室走上站台时，智文宪的手枪团已将失去指挥员的“统一号”团团围住，并解除了武装。此时，我才恍然大悟：这是早有预谋的夺车行动（后来听说，“统一号”成了吉鸿昌将军送给陈诚的“见面礼”）。智文宪“客气”地对我说：“这仗吉师长不想打了，但又怕吃你的炮弹，所以，叫我先来请你。”我当时虽然十分愤慨，但也无可奈何，只能随智文宪摆布，被他押走。而我的警卫员刘华臣，因为是个“小兵”，并不被智文宪重视，所以，在我被抓住之后，就立即把他释放了。

刘华臣是河南省方城县人，当时，方城县属南阳府管辖，所以，我们俩算是真正的老乡。他为人忠诚，和多数西北军普通士兵一样，对冯将军一向十分崇拜和敬重。他被智文宪释放后，立即设法跑回郑州，并及时向冯将军报告了前线事变经过。但此时，冯将军还不愿完全相信吉鸿昌将军之变，便又派陈天秩乘汽车赶到前线，了解情况。智文宪把“送上门”的陈天秩也扣了下来，并把我俩一起带回吉鸿昌将军司令部的后院里，关押起来。我们曾多次要求面见吉鸿昌将军，也均未获允许，但我们除了失去人身自由外，也未曾受到任何虐待。

大约两三天后，智文宪命我和陈天秩随他的手枪团一起向河南太康方向转移。在转移途中，我们看到陈诚的部队，正在向开封方向运动，与我们反向而行，我们已感到战局对西北军越来越不利。

行军途中，手枪团一位押送我们的士兵悄悄对我俩说：“我们是当兵的，走到哪里都是吃粮，跟着谁都是当兵，你俩就不同了。我听说，万选才被捉住后，蒋介石亲自命令要把他押到南京去枪毙呢！你们放机灵点吧！”言下之意，是暗示我们找机会赶快逃跑。我和陈天秩一边走一边密议，趁智文宪不备时，尽快逃离，否则，到太康就难办了。就在这天傍晚，在部队经过一个村庄时，我俩佯装小便，从路边的简易厕所翻墙进入一片庄稼地，拼命跑了一阵，在一个瓜庵里藏了起来。待部队走后，我们朝着来路方向逃去。我记得在前几天被羁押的地方，房东有个十来岁的孩子在上小学，我曾问过这个孩子，他上的学校叫庙东陈小学，他的老师叫袁咸甫，恰是我在南阳五中上学时的同

班同学、好友。我对陈天秩说："我们可以去投奔他，他一定会帮助我们的。"我们俩找到了庙东陈小学，说来也巧，那天正是1930年中秋节，学校放假，袁咸甫正在家中休息。果然不出我所料，咸甫兄热情接待了我。他也是一位冯将军的崇拜者，对我们的遭遇非常同情。他帮我们俩脱掉军装，换上便衣，饱餐一顿，住了一宿。第二天，咸甫兄亲自陪同我们俩回到郑州，还是到我义兄部士林经营的"同盛公司"落脚。

这时的郑州，已被上官云湘和陈诚的部队占领，白天满街有人搜查，晚上戒严，气氛十分紧张。

3. 小人可坏大事

当年，中原大战结束后，赞扬蒋介石"英明"的文章铺天盖地，把蒋介石吹得神乎其神，特别是在谈到"八月攻势"时，大赞蒋介石能在形势极为不利的情况下，"英勇顽强"、"干练果断"地在柳河顶住西北军的强大攻势，扭转战局，转败为胜。而事实是，促成蒋介石在柳河顶住西北军进攻的真正原因，是两个背叛冯玉祥将军的小人坏了大事。

一个是冯将军曾重用过的原西北军总参谋长曹浩森，他在中原大战开始时叛冯投蒋。当蒋介石在冯将军的凌厉攻势下准备全线撤退时，他向蒋力陈冯将军的一贯作风和作战方式，认为"八月攻势"不过是强弩之末，绝不能在此时撤退，因为一退即溃，一溃必一败涂地，所以，要蒋一定要"坚持最后五分钟"。

另一个是石友三的机要秘书许竟尊。此人是石友三的小老乡，是石一向信任之人。石友三在随同韩复榘"甘棠东进"叛冯投蒋后不久，又叛蒋投阎（锡山）。早在石友三随韩复榘叛冯之前，许就染上了吸食鸦片的恶习，并被蒋介石手下一个叫宋崇仁的特务发现，在宋崇仁的教唆下，许竟尊又"升级"吸食白面（海洛因）。当宋用毒品将许完全控制后，许就成了供应宋情报的"机器"。

中原大战前，石友三便与把兄弟韩复榘商妥，石叛蒋投阎，韩仍留在蒋阵营。这样，无论哪方取胜，两位把兄弟都能相互有所照应。而令韩、石万万没有想到的是，正是这个许竟尊，将石、韩间相互联络的密电码本，早就通过宋崇仁交给了蒋介石。因此，在整个中原大战期间，蒋介石对韩、石间的秘密联系，一直是了如指掌的。

就在蒋介石准备从柳河前线全线撤退的关键时刻，他及时截获了石发给韩的“联张（学良）反阎（锡山）”的绝密电报。蒋断定石（友三）一出此招，冯、阎联军必定阵脚大乱，这才下达了“全力顶住西北军进攻，凡坚守住阵地者，晋升两级，赏银五万”的命令。

中原大战后，冯将军曾意味深长地对我们说：“小人可坏大事啊！”

**4. 刘松泰义释老同学**

当年，蒋介石在占领郑州后，蒋军各部受蒋介石“捉住西北军大官有重赏”的许诺鼓舞，市内哨卡林立，处处搜索盘查，特别是严查向西和向北的人。我和陈天秩就是这时在袁咸甫的陪伴下回到郑州的。我们俩考虑，光躲在“同盛公司”的仓库里是不行的，还是要尽快离开郑州这个是非之地。好在当时我和陈天秩俩人的家都在开封，是向东走。在“同盛公司”经理张相亭的建议下，我们决定扮作商人，买了两张从郑州到南京的头等车票，从火车站离开，先混出郑州回到开封再说。

到郑州火车站后，我们竟然在进口处与冯将军的南路军总指挥张维玺不期而遇。他也是一身阔商打扮，还有两个伙计随行，也是买的郑州至南京的头等车票，真是“英雄所见略同”。我们心照不宣，装着相互不认识。

负责盘查的蒋军士兵看了我们的一身行头，翻了我们事先准备的道具——装满丝绸料子样品的小箱子，倒没费什么周折。但正当我们收拾箱子准备进站时，麻烦来了！迎面来了两位蒋军纠察队的军官，其中一人竟然是我在苏联留学时的同班同学刘松泰！

当年，我是国民革命军第二集团军的赴苏留学生，而刘松泰是国民革命军第一集团军的赴苏留学生，我们俩都是 1903 年生，但他的生日是 5 月，比我小 1 个月。我们两个都是在水边长大的农村孩子，我生长在汉江上游，他生长在湘江上游。我们两个都是 1926 年进入基辅军校，同是该校中水性较好的学生，又同在第聂伯河里救过人，为此还同受过军校表彰。1928 年，我们又同时从苏联回国……我再也没想到，两位老同学此时以对立阵营的身份，竟然在郑州火车站这个尴尬的地方和尴尬的时刻巧遇。我心惊之余，将头一低，假装整理箱子，打算装着不认识蒙混过去。但刘松泰偏偏眼尖，一眼就认出了我，他快步向前，大声直呼：“正庵兄（我名心田，字正庵）！这么巧！在这里遇到你了！”我也装出很突然、很高兴的样子：“松泰兄，快两年不见，你还是这么精神呀！”刘松泰上下打量着我的装束，看来心中早已有了答案，但当着他的同事，并未戳穿我，而是装着很关心地问：“你这是干什么去呀？”我回答说：“我们家乡南阳盛产丝绸，但郑州这边生意不好做，准备带点货样，和这位朋友（我用手指指身边的陈天秩）一起再到南京、上海跑一趟。”刘松泰身边的另一位蒋军军官在我们说话时，一直用眼睛打量着我和陈天秩，这时，他以怀疑的口吻问刘松泰：“刘团副，咱们都是头一次来郑州，真巧啊！你一来就碰见熟人了？”刘松泰笑着回答：“无巧不成书嘛！我太太穿的料子，就是这位尹老板送的呢！”听到这句话，我一直悬着的心才算放下了，他这是替我圆谎打掩护呢！便连忙接着说：“自家人嘛，不必客气。二位需要什么料子，尽管吩咐。我是郑州、南京常来常往的。今天要赶火车，不能多叙，改日一定登门请教。”寒暄之后，我们就告别了。从此以后，我与刘松泰再未谋面。不过，还有巧事相同：1940 年，我们同时被国民政府授予少将军衔，而在委任状上签字的也是同一人——时任国民政府主席的林森先生。后来，听说刘松泰随陈诚去了台湾。

刘松泰老同学，你现在何处？

我和陈天秩进站后走向开往南京的火车，这列车只有一节头等车厢，进车厢后，我目光一扫，发现张维玺竟然也坐在这节车厢里，我马上想到了刚才刘松泰说的话：真是无巧不成书了！但为了安全起见，我们还是装着不认识。

好在火车很快就到了开封车站，我和陈天秩出站后，便分头回到各自家中，但发现开封也不安全，到处都有搜查队抓人。这时，听人说，冯将军已经渡黄河北上了，但是，也不知去了哪里。于是，我和陈天秩商量，一起去北平找李德全女士。第三天，我们又乘上东去的火车，经徐州、天津到达北平，并立即赶到西城祖家街 7 号冯夫人李德全的住处。从李德全女士的口中，我们才确知，冯将军已从豫北前线，随部分西北军残部退至山西太原，现在太原西郊天龙山的一座古庙中落脚，李德全女士正准备带着孩子们从北平到山西去和冯将军团聚，她正发愁，身边没有打前站的人。我和陈天秩当即表示，我们也想尽快见到冯将军，就由我俩去打前站吧！李德全听后既高兴又感动，她连连说：“整个西北军都垮了，难得你俩对先生还如此忠心。”并从手提兜里掏出钱，给我和陈天秩各200元作为盘缠，我俩很快便回到了山西。

**（四）我在北平安了家**

1930年11月，我离开北平前向李德全女士告别时，又在她家里发生了一件关乎我终生的大事、巧事。

那天，我刚进祖家街7号大门，便看见李德全、王敏仪和另一位从未谋面的年轻女子站在院中，李德全正准备送客。王敏仪一见到我，便对着李德全大笑着说道：“你看！说曹操，曹操到。”接着，又对着我说：“刚才李校长（指李德全，她时任北平求知学校校长）还说，你们就要去山西，这次，不但我医院里忙（王敏仪时任北平麒麟碑妇产科医院院长）还要替李校长兼管求知学校的事。所以，我不能再去山西陪你们了。”在她说这话时，我立即想起，就在一年前，王敏仪专程到山西去，一是为了陪伴遭阎锡山软禁的冯将军和李德全，二是去和冯将军的保健医生陈崇寿先生完婚的往事（当时，李德全的外甥女张兰芝和张岚峰也是同时在建安村结婚的）。这是我们当年在山西遭阎锡山软禁期间“苦中作乐”的两件喜事，所以，我一直记得很清楚。

王敏仪接着说：“去年，在建安村我和老陈完婚时，就曾答应过你，一定要给你介绍一位好姑娘，今天，你不请自来，真是太巧了！我和李大姐要向你兑现诺言了！”说罢，指着她身边那位年轻女子对我说：“来，我给你们介绍一下，这位就是我们求知学校的赵毓珍老师（后改名赵冠中），是我和李校长的小师妹（她们三人都是先后毕业于北平贝满中学和北平汇文女子大学。而汇文女子大学以后并入了燕京大学，燕京大学解放后又与北京大学合并，合称北京大学）。”接着，又指着我对赵毓珍女士说：“这位就是我常向你提起的在南京浦口抓小偷的尹心田。”

赵毓珍女士身高1.7米左右，身材匀称，留着短发，端庄大方，是标准型的北方女子，她第一眼就给我十分美好的印象。这时，李德全女士也接着说：“真是来得早不如来得巧，今天你们都别走了，就在我这里吃顿便饭吧。”于是，我们四人还有冯将军的几个孩子，在一起共同吃了一顿晚餐。这顿饭虽然很简单（主要是烙饼加稀饭），但却让我终

生难忘。席间，我进一步了解到，这位赵毓珍女士，出身可真不简单呢！她不仅是旗人，还是“正牌”的皇亲国戚。她满姓“肇”，民国后改为“赵”，是爱新觉罗家族中溥、毓、恒、启四代中的“毓”子辈，她比宣统皇帝溥仪低一辈，比当时还尚未成名的文学、书法大师启功长两辈，是启功的“姑奶奶”。

我与赵毓珍女士相识突然，相聚短暂，虽说不上是“一见钟情”，但相互感觉却均是十分良好。她虽是清皇族后裔，但思想进步，拥护共和，并不像当时一般的满族同胞那样，对冯将军将溥仪逐出皇宫那样反感，相反，对冯将军十分敬佩，这也许是她长期和李德全、王敏仪两位“师姐”一起共事、亲密接触的结果吧？

我虽然接着就去了山西，但也许是冯将军和李德全女士有意照顾我，在接下来的那

尹心田、赵冠中结婚照，1931 年摄于北京

段时间里，经常派我去北平出差，因此，我就有了进一步与赵毓珍女士相互了解、接触的机会。“有情人终成眷属”，我和赵毓珍女士很快便步入神圣的婚姻殿堂，并在北平西直门内小乘巷 43 号安了家。当我的爱妻赵毓珍在婚后得知我的父亲、寡姐、侄儿、侄女、外甥还在开封居住时，她便立即要我将他们一起接来北平同住。于是，1932 年春节，便成了我有生以来过的第一个最欢乐、最热闹的大团圆年。就在这一年，我的大儿子尹家齐在北平出生了。接着，1933 年，二儿子尹家显出生，1937 年，三儿子尹家衡出生。他们三人的接生者是同一人——妇产科专家王敏仪。

小乘巷 43 号是一个三进的宅子，住房十分宽敞。在我的父亲等人从河南开封迁来北平的同时，我也邀请了在开封就和我父亲同住一院的张金瑞全家，一起来到北平还和我们同住，我们一直共同生活到 1937 年“七七”事变发生。

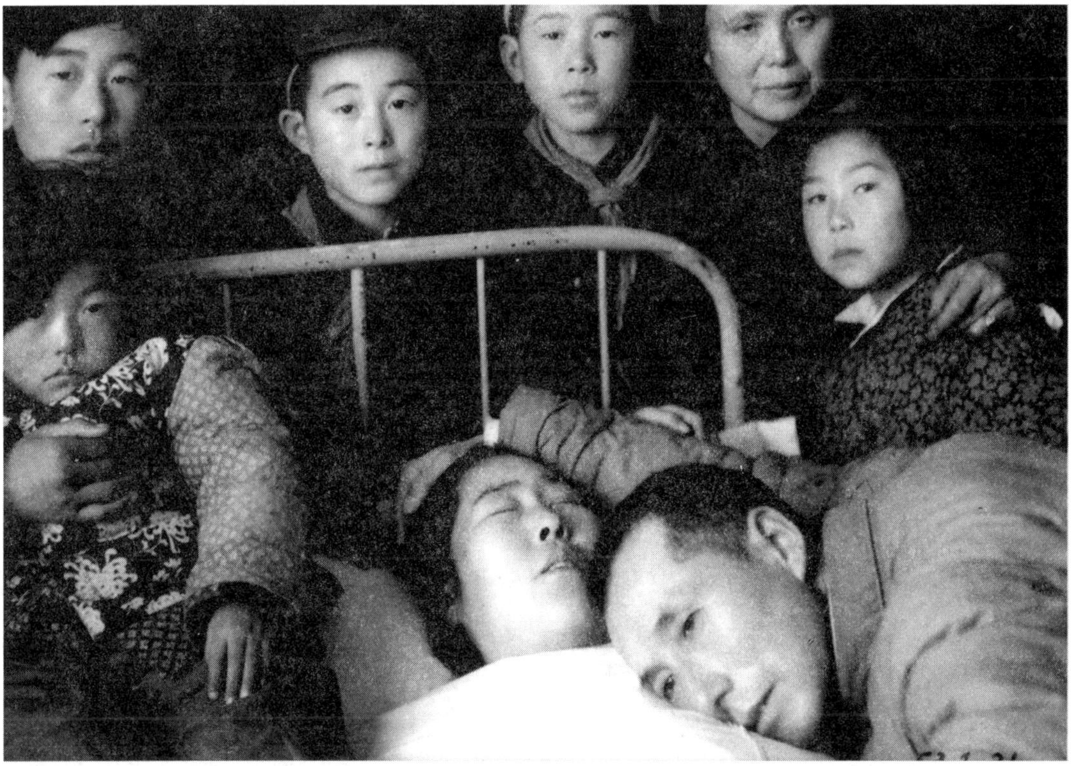

赵冠中逝世，1953 年摄于南京大学医学院

注：1953 年 1 月 21 日与尹心田生活了 22 年的赵冠中女士不幸逝世于南京，当时，留下的八个子女中仅有长子尹家齐、次子尹家显成年。

# 第七章

# 冯将军隐居峪道河

## 一、报国志难酬 迁坟尽孝心

我们回到冯将军身边不久，李德全女士便带着孩子一起来到天龙山。由于在我们的驻地附近，连续发现可疑的人，我们害怕蒋介石暗地派人来加害冯将军，便很快迁居至汾阳峪道河。因为，在汾阳住着有从河南前线退下来的西北军校、刘田步兵团、张岚峰炮兵团等余部数千人，这些都是忠于冯将军的武装，和他们在一起，我们会增加安全感。

这时的冯将军，由 40 万大军的统帅，一下子变成了隐居于山西省汾阳县峪道河小山村中的“普通平民”。如此巨大落差，使他心理上一时难以适应，不仅心情苦闷，脾气也变得暴躁起来。而更令他心神不安的，是恰在此时，从河北保定传来消息：驻守当地的东北军，正在策划刨平冯将军父母的坟地。

冯将军的祖籍虽然是安徽省巢县竹柯村，但因家境贫苦，又遇灾荒，其父亲冯有茂，年轻时便流落他乡，靠做泥水匠和给人打长工谋生。“四海为家”的冯有茂，在流浪途中，结识了同样是贫苦出身的山东济宁姑娘游氏，并结为夫妻，但因生活饥寒交迫、贫病交加，他们先后生的 7 个子女中，竟有 5 个夭折而亡，仅存活了长子冯基道和次子冯基善（后改名冯玉祥）。

清朝末年，在当时农村破产的大环境下，冯有茂为生活所迫，加入清政府新军中的淮军谋生。后虽升为哨官（相当于现在的排长），但终因军职太低、薪俸微薄、入不敷出，遂于 1885 年从淮军退职，定居于保定城东康格庄。

1882 年 9 月 26 日诞生于河北省青县兴集镇的冯将军，3 岁时便随着父母在康格庄定居。冯将军 11 岁丧母，是在贫困中依靠哥嫂抚养，在康格庄长大。其父母的合葬坟墓就在康格庄村外，冯将军一直视康格庄为心中圣地、第二故乡。

早在 1927 年北伐时期，冯将军的祖坟就曾遭过一次劫难。当年，在冯将军的第二集团军凌厉攻势下节节败退的吴（佩孚）张（作霖）联军，用刨祖坟来发泄他们对冯将军的刻骨仇恨。此事虽然受到当地百姓和外国传教士（冯当时是著名的“基督将军”）的抵制和阻止，但溃兵们还是不仅砍掉了墓园中的许多大树，连坟堆也被溃兵用手榴弹炸了一个洞。事后，冯将军曾以唐朝中兴名将郭子仪自勉，说郭子仪当年在外领兵打仗时，其山西老家被安禄山的叛军占领，郭子仪父母的祖坟也被叛军毁了。郭子仪听到消息后说：“我在外领兵打仗，免不了毁坏别人的房屋、田产、坟茔，现遭此报应，是我不孝，连累父母。”

现在，听说驻在当地的东北军，也要毁坏自己的祖坟，冯将军心情十分沉重地对我说：“我的作为，真心为国为民，我问心无愧。但是，因为我而连累了九泉之下的父母，这是不孝，实在令我寝食难安。保定地处京畿附近，交通便利，虽然是我的第二故乡，但我却无能为力保护父母的坟墓，心中着实惭愧。峪道河这里地处偏远，又不是交通要道，僻静得很。我决定将我父母的坟墓迁来此地，让二老在九泉之下也有个安定环境，这算是我这个儿子对他们能做到的一份孝心。我不愿声张此事，想请你去保定，悄悄把这件事办了。另外，峪道河虽然地处偏僻，但咱们也要想好一旦发生紧急情况时的退路。我想过了，有两条应急退路可选。第一条路，是向西过黄河到陕北去，这条退路我已派人去和刘志丹联系了。第二条路，是向东经冀中乡间到天津出海，你这次可去专门考察一下。”

我带着冯将军亲自交代的两项秘密任务离开峪道河。但是，我这次去河北，却没有完成冯将军交代的任务。

我到达保定后，根据冯将军的交代，找到了那位姓刘的在保定工作的康格庄乡亲。他告诉我，现在不适宜迁坟，原因有两条：第一，驻在康格庄附近的军队只是砍了冯将军父母墓园中的树，并没有刨坟，他们现在还驻在那儿。第二，现在正是寒冬腊月，不宜动土。听完他的话后，我又悄悄到康格庄侦查了一次，实况与刘姓乡亲说的相同，所以，迁坟的事我就暂停了。

当我后来回到峪道河向冯将军汇报后，冯将军说：“天寒地冻，暂不动土也好。但这坟是一定要迁的，不然，我内心总是不安。”冯将军心中一直挂念此事，直到 1933 年初

夏，他才请邓鉴三先生办好了为父母迁坟这件事。邓鉴三先生是个仔细人，他在峪道河亲选了墓地，灵柩入土立碑后，还遵照冯将军的嘱托，买了数百棵松柏树苗遍栽于山坡上。

1980年冬，我应山西省政府之邀，赴太原参加黄樵松烈士骨灰重新安葬仪式后，还专程回到峪道河，凭吊冯将军的双亲。见到坟茔、墓碑均在，当年栽的松柏已长成参天大树，但可惜的是，由于墓园年久失修，地面已被雨水冲成大沟小壑，树木也是零零落落，一片破败景象。我当即向汾阳市有关领导提出了建议，希望他们能对冯将军的祖坟善加维护。令我高兴的是，据说，汾阳市政府现在已将冯将军双亲墓列为汾阳市级文物加以保护。汾阳市政府从善如流，采纳我当年的建议，不但我高兴，我想，冯将军若泉下有知，也一定会感谢和欣慰的。

冯将军交给我的第二项秘密任务，我也认真执行了。我从保定出发到石家庄，然后向东，经乡间的简易公路直达沧州，又从青县北穿越津浦铁路，经齐家务，直抵渤海之滨的歧口。但这段路实在太难走了，特别是过了津浦铁路以后，河港交错，道路泥泞，不要说汽车了，有些地段连马车都很难通行。从天津回来，我又选择了北线，走东沽、信安、霸县、容城、徐水，回到保定。但这条路也不理想，道路年久失修，坑洼不平，有些桥梁还是危桥，加之沿途人烟稠密，很难做保密工作。此程虽未能达到我预期目的，但使我进一步对当时中国农村现状有了深入的了解，增强了一个革命军人对祖国前途的忧患意识。

## 二、“你是楚霸王，但我可不是虞姬”！

在初到峪道河后的那段日子里，每当冯将军情绪激愤时，他常会说：“我是个无产者，上无片瓦，下无寸土，银行里没存款，租界里没洋房，我怕什么？谁要骑到我头上拉屎，我就同他拼！”冯将军身边的一些人听惯了，也就习以为常。

李德全到峪道河不久，有一天，冯、李两人在谈论，声音很高，大家都听得见。冯说：“我是个无产者……”话还没说下去，李德全马上接了他的话茬，直截了当地说：“你算什么无产者？你根本不是无产者，你是楚霸王！但我可不是虞姬，你失败了还不知道原因在哪里。”因为李德全说话的声音也很高，所以周围的人都听得很清楚。

后来，每天为冯将军记日记的李平一（当时叫李景合，1908 年生，1927 年参加中国共产党，长期在冯玉祥将军身边从事地下工作）找了个机会单独同李德全谈话，问她对冯说“楚霸王”是怎么回事？李德全说：“这些天我说的很多。我说，自从南口大战失败后，你的部下降的降了，散的散了。反动军阀吴佩孚、张作霖等人的气焰又是那么嚣张，阎锡山抄你的后路，捞你一把。那时你困处西北，走投无路。在陷入穷境、困境、危境、绝境之时，中国共产党和苏联派出自己最优秀的分子，帮助你的部队忘我工作，是他们为你的部队指明了奋斗方向，给你的部队增添了精神力量。就凭着这深入细致的政治工作，克服了官兵意志萎靡、缺衣少食、械弹不足、粮秣不继的种种困难，出现了将士奋勇，战无不胜，解围西安，东出潼关，会师郑汴的新局面。没有中国共产党人的政治工作，你的所谓《九．一七新生命》‘新’在哪里？那不是一句空话吗？打到郑州以后，兵员增加了，势力扩大了，局面打开了，你的部下这个当了军长，那个当了主席，可是共产党人接受过你的奖赏吗？接受过你的物质待遇吗？你参加徐州会议、和蒋介石拜了把兄弟后，回到郑州就把辛辛苦苦帮助你的共产党人‘礼送出境’了。当时我就不同意你的做法，可是后来我想了想，即使当时我在你的身旁，我的话你能听的进去吗？那是不可能的。1928 年，你拥蒋复职，而今天逼得你这里躲躲，那里藏藏，落到这个地步的不就是你亲手扶上台的‘把兄弟’蒋介石吗？不仅如此，我还提出一个问题，咱们今天共同冷静地思考思考。五原誓师后，和中国共产党合作，当时兵少，武器也不好，就那么几个将领，可是士气旺盛，每战必胜。这次中原决战，由于和中国共产党分了手，你的兵比从前多几倍，武器也比从前好，将领还是原来那一班人，可是败得那样惨！你是熟读《三国》的，刘备、诸葛亮还知道‘取西川为家’，后来六出祁山就是仗着这个‘家’，而你把所有人马全押在中原战场这个赌注上，连潼关大门、洛阳咽喉都不管了，结果，你就丢掉了自己的‘家’。时至今日，咱们不得不跑到阎锡山的老巢里，这里躲躲，那里藏藏，这究竟是什么缘故呢？‘无产者’考虑问题就是这个样子吗？这难道不像‘楚霸王’吗？我知道楚霸王把失败的原因归之于‘天’的。……总之，这些天我说的主要就是这些。”

## 三、影响冯将军后半生的两次重要会谈

冯将军隐居峪道河，是他人生中的最低潮。但也正是从峪道河开始，他在李德全、张金瑞、李平一、赵彦卿等同志的帮助下，重新和中国共产党取得了联系并建立了真诚的友好关系。

李平一的情况，我在上节已有交代。张金瑞（后曾用名张启东、张韬）是1922年和我同时投军，同入学兵团，1923年同时到冯将军身边，1926年我俩又一起同随冯将军赴苏访问，并被冯将军派往苏联军校留学的最亲密战友。1929年，他又接替我，担任了冯将军的传令队长。整个中原大战期间，他一直在冯将军身边，中原大战失败后，他又跟随冯将军一起退入山西。

中原大战的失败，使包括冯将军和张金瑞在内的所有西北军人都在沉思同一个问题：今后的出路在哪里？当时，张金瑞充分利用冯将军派他和赵彦卿担任对外联络工作的便利条件，首先与我们在苏联留学时的老同学、时任中共北方特科兵运负责人的肖明同志取得了联系，并成了肖明同志在冯将军身边工作人员中发展的第一位中共特别党员。接着，肖明同志又通过张金瑞，相继发展了我和陈天秩、周茂兰等同志入党，我们成了直接受肖明同志领导的中共北方特科的秘密成员。

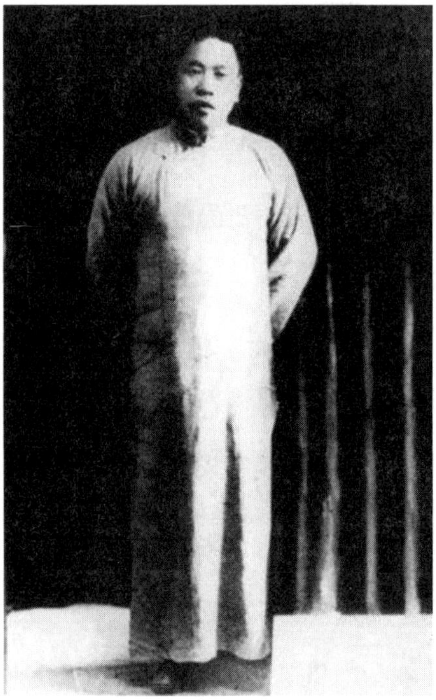

肖明

### （一）冯将军与中共代表的第一次会谈

当时，冯将军也有再次与共产党合作的强烈愿望，但他并不知道身边谁和共产党有联系，所以，常常将自己的愿望个别地透露给身边的人（但在集体场合说话十分慎重）。

李平一和张金瑞很快便将冯将军的思想动态报告了中共山西地下党的负责人郝毅和张祖渠同志，不久，他们就接到上级通知，山西省委决定派刘天章以“中国共产党驻太原代表赵先生”的名义和冯

将军举行正式会谈。当张金瑞同志将这一消息悄悄告诉冯将军时，他十分高兴。为保密起见，冯将军决定，在峪道河住所外找地方与刘天章同志见面。

1931 年 3 月 3 日上午，冯将军和“赵先生”在峪道河西北小山坡上的丛林中正式见面。会谈开始后，冯将军首先表示对“赵先生”热烈欢迎，接着他谈了自己和李大钊、刘伯坚等同志的亲密友谊，并承认后来和共产党分手是“大错特错”、“有负于贵党”。刘天章（即“赵先生”）表示对冯将军的话很理解，并说：“问题在于如何对走过的一段弯路进行再认识。”刘天章明确告诉冯将军，他和中共过去有合作的历史，现在有共同的目标，以后有合作的基础，但也坦率地指出了中共与冯将军在一些问题上的不同看法，还谈到了今后对冯将军的希望，指出：“冯先生如果能够举起抗日、反蒋这两面旗帜，就会大得全国人心。”希望冯将军“在国民党内和蒋介石斗智、斗理、斗法，把蒋介石孤立起来”。最后，刘充满热情地说：“就让我们重新恢复友好关系，让我们第二次握手吧！”冯将军连忙站起身，紧走两步，向前紧紧握住刘天章伸过来的双手，同时激动地表示，刘说得太好了，自己绝不食言，今后会用自己的实际行动说明一切的。

**（二）冯将军与中共代表第二次会谈**

冯将军和中共代表刘天章第一次会谈后，十分兴奋，但他也透露出了对方只是太原代表、“级别不高、美中不足”的想法。但从此时开始，冯将军开始了加强对辩证法、唯物论和马克思、恩格斯的有关论著的学习。

张金瑞及时向上级汇报了冯的思想动态后，党组织立即决定，要“趁热打铁”，请中共北方特科兵运负责人肖明同志以“中国共产党驻北方代表”（当时因“特科”是党内的绝密机构，对外从不使用）的身份，用实名再次尽快与冯将军会谈。

1931 年 10 月底，肖明同志由陈天秩、张金瑞二人陪同，从北平经太原到达汾阳，并由我安排住在汾阳军校内。

1931 年 11 月 1 日，陈天秩、张金瑞二人一同陪着肖明同志从军校去峪道河，见到冯将军后，首先由张金瑞同志向冯将军介绍了肖明同志的身份，然后陈天秩补充说：“肖先生不仅是我在苏联的同学，过去还曾和刘伯坚先生、邓希贤（小平）先生一起在西北军工作过。”冯

将军听后十分欢喜，连忙说：“欢迎，欢迎！肖先生既是陈天秩和张金瑞的同学，又在我的部队工作过，那就更不见外了……玉祥救国有心，学浅乏术，盼望肖先生多多指教。”

肖明首先对冯将军的热情接待表示感谢后，谈话便立即转入正题。他先谈了当前形势，指出最主要特点就是“日本帝国主义对我们中国侵略的步伐加快了，它企图把中国变为它一家独占的殖民地，这是日本的既定国策”。

接着，肖明谈了爱国思想是我们中华民族的崇高道德观，并指出，中山先生领导的“辛亥革命”，冯将军发动的“滦州起义”、“北京政变”都是流芳千古的爱国举动，还指出，中共认为冯将军的爱国思想、爱国言论、爱国表现都是非常可贵的。说到此处，肖明同志话锋一转：“那么，当日本帝国主义侵略我们，亡国灭种惨祸将要强加于我们中华民族头上时，冯先生又将如何行动呢？”肖明同志自问自答：坦率地分析了冯将军在历史上的失误，阐述了联合谁的问题后，向冯将军提出了“抗日、爱国、联共、反蒋”八字方针，也谈了很多工作中的战略、策略和具体做法。冯将军听后稍加思索，即诚恳表示完全同意中共的“八字方针”。

在这里我要重点说明一下：关于肖明同志和冯将军会谈的时间有两种说法，一种是在1931年6月，一种是在1931年11月。我是历史亲历者，我的记忆是1931年11月1日。当时，天气已经转冷了，我清楚记得，张金瑞来时是穿着大衣的。因为冯将军和肖明同志谈得十分投机，所以肖明同志当晚没有从峪道河回军校，大概是两三天以后才离开峪道河。

这两次成功的会谈，加上包括李德全女士和冯将军身边所有中共地下党员的勤奋工作，促使冯将军从思想上和政治上均开始发生根本性的大转变，使1931年成了冯将军历史的转折点。从此以后，冯将军再未改变他与中国共产党合作的立场，直到他不幸逝世。

## 四、白区里的“红色堡垒”——汾阳军校

1930年，冯将军到峪道河后，便将由贾振中、周茂兰两同志率领的由河南开封撤退到汾阳县城的原开封军校改名为“汾阳军校”。这时，冯将军一无地盘，二无经济来源，生活极为困难。后来，被改编为国民革命军第二十九军的军长宋哲元、师长张自忠、冯治安、刘汝明等原西北军将领，为了接济冯将军和其部下们的生活，便把“汾阳军校”编为

“二十九军第二教导团”，按月提供经费，以资维持，并派时任二十九军军需处科长的薛绍仁，专门负责军校的军需供应工作。还有一些原西北军将领（如孙连仲将军和韩复榘将军、梁冠英将军等），虽然已经公开投蒋，但仍然在经济上不定时地暗中接济冯将军，冯将军把这些钱也转手接济了身边的人。

有人也许会问，既然冯将军当时生活这么困难，为什么还能拿出数万元巨款，支持甘肃“雷马事变”呢？这是因为，冯将军在“五原誓师”、“西安解围”后，为了支持庞大的第二集团军的运转，在西安成立了西北银行，并发行了自己的纸币。中原大战失败后，已退入山西运城的原西北银行是由冯将军的老部下过之翰将军负责的，虽然该行发行的纸币，这时已经成为“废纸”，但是，该银行此时还是结余了一部分金融财富。冯将军当年接济雷中田的钱，就是从过之翰那里来的。

冯将军对保存下来的这点骨干力量十分珍惜，任命他的参谋长李兴中为军校校长，任命原西北军洛阳航空学校校长、冯的副官长支应遴和手枪营营长李正兴为副校长，任命我（时已为共产党员）为教育长。李兴中校长和李正兴副校长不久就调任他处，学员编为两个大队，由贾振中（中共党员）任第一大队长，周茂兰（即周树一，中共党员）任第二大队长。每个大队下编三个中队，每个中队下编三个班。一大队都是步兵班，二大队除步兵班以外还有骑兵班和炮兵班。同时，另编了一个军官队，由陈明韶任队长。

汾阳军校教育处的教官，来自各个方面。有从北平大学、中国大学来的贺楚强、汪导宇、林朝晖等，有陆军大学毕业的崔贡琛、卢焕辰、王际通等，有保定军校毕业的李延寿、马文起、王梦九等，还有从国外留学归来的一批教官，其中有留英的吴景新，留德的彭秉信，留日的赵丰鸣、方沛善、陈君文、李连海、卢殿文，留苏的李席如、陈登瀛、叶茂基、英依泉、何瑞祺、王懋坚、高兴亚、任玉润和我。教学力量是雄厚的，教学水平是高的。军事课程主要有“四大教程”、“典范令”以及各个班、排、连建制战斗指挥和沙盘演练、图上作业及实地战斗对抗演习等，政治课有中国社会发展史、中国经济发展史、资本论和唯物辩证法等。“九一八”事变后，又增加了抗日反蒋的新内容。通过这一系列的教育，对学员的思想影响是很大的。

在汾阳军校，共产党的力量已相当可观，地下组织的活动发展是积极慎重的，成绩是非常突出的。当时，军校内的地下党员有杜一民、刘振亚、张祖渠、郝毅、刘之元、张公干、李平一、刘光炎、王继贤、熊伯涛、杨国瑞、李剑平、王鸿章、尹一平、陈卓凡、刘尧、王新文、王志超、郭永照、张兆芙、孟庆发、李灵秀、罗一（四维）、黄超、王以武、李震宇、程泽春等同志，他们多是在开封军校时期秘密加入中国共产党的。负责人是张祖渠、郝毅、杨国瑞，他们直接与中共山西省委刘天章同志联系，积极开展活动。

1932 年 4 月 25 日，肖明同志根据和冯将军在峪道河达成的协议，又派王霖（沛南）、高雅凤两同志（他们是夫妇）来汾阳军校，由我负责接待，我安排王沛南与高雅凤两同志住在教育处的旁边。为开展工作方便，经慎重研究，由冯将军公开任命王沛南为军校政治教官，负责给全校上政治课、开展活动。但是，他更重要的秘密任务，是来担任汾阳军校地下党组织的领导工作。从一开始，冯将军对王沛南夫妇的政治面貌就是一清二楚的。由于工作需要，后来，肖明同志又派赵梅生（作霖）同志来汾阳军校协助开展工作。赵梅生同志在军校担任了第一大队中共地下党的支部书记，公开身份是第一大队文书。

1931 年原中共汾阳特委书记吴景新（前排中）与部分进步青年合影

经过一段时间的酝酿准备，在军校内成立了中共汾阳地区工作委员会（又称特委会），除领导汾阳军校地下党秘密工作以外，还负责开展汾阳、离石、介休、孝义四县地下党的活动。特委会由王沛南同志替代原来的吴景新同志任党委书记，赵梅生同志任副书记兼组织、学运委员，贾振中同志任宣传委员，我任教育委员，周茂兰同志任军运委员，吴景新同志改任工运委员（后来，吴被派往上海与党中央联系工作，离开汾阳军校，到方振武的部队开展工作），陈明韶同志（预备党员）任农运委员。

不久，王沛南同志便派我和周茂兰同志，按事前规定的接头地点和方法，去北平向肖明同志直接汇报汾阳地下党工作开展的情况，并将筹集的两千元党费带去面交肖明同志。肖明同志听了我们的汇报后，对汾阳地下党取得的工作成绩十分满意，对今后如何开展工作做了具体的指示：一是要努力开辟各县的工作，二是要建立山、陕游击支队与刘志丹所部取得联系，三是多方设法为党筹措经费，四是积极开展兵运、学运、工运、农运工作。肖明同志还特别指示，我和周茂兰同志都是西北军的老人，也是冯将军视为亲信的人，所以，要我们一定为党保住汾阳军校这块难得的阵地，眼光要放远，要做好长期潜伏、积蓄力量，深入开展兵运工作的思想准备。

由于我当时患了肺病，需要在北平治疗，周茂兰同志便先回汾阳。在返回前，肖明同志又在东交民巷会见周茂兰同志，交周带回给中共山西省委一封信和给王沛南同志的苏共党章、共产国际纲领和十六字诀的游击战术文件各一份，作为党内学习材料。周茂兰同志回到汾阳军校后，立即向王沛南同志做了汇报，并以秘密谈话的形式，向党委各委员传达了党的指示精神，从此，党的各项工作便顺利地开展了起来。汾阳军校在汾阳的三年时间里，秘密发展了100多名党员，其中有崔景蓉、张文舟（霍昭汉）、陶汉章（陶季云）、张民权、周茂藩（李养初）、王以武、李震宇、柳清泉、李汉章、王浩和（程泽春）、赵毓林、张少山、张凝瑞、张瑞生、张怀忠、郑汉、胡一挺、刘杰人、陈袭牲、赵力均、王寒秋、黄增光、邓平、马惊坤（光迅）、马骥增、金良栋、常永明、吴敬业、赵亮、王允恭、周志毅、贺振武、周学文、冯老实、蔡兆纯、丁文学、宋淑琪、卢清华、郭秉文、袁凤鸣、刘实习、刘四知、王国瑞、王政基、王洁清、韩庄、章韬、岳治安、张国威、康子

静、魏鹏升、王日升、刘升华、郭世珍、李启明、张子厚等。当时，除在汾阳军校内发展壮大党的力量外，还积极帮助地方扩大党的组织，先后在汾阳铭义中学吸收了李玉文、杜晓峰、杜晓春等同志入党，负责在铭义中学开展党的工作。

铭义中学校长余心清，是跟随冯将军多年的基督教牧师，与浦化人、董健吾等同志很要好（二人都是以牧师职业为掩护的中共地下工作者），是我党的好朋友。“九一八”事变后，铭义中学和军校等单位，经常在汾阳联合举行“纪念周”，大声疾呼，要求当局停止内战，团结抗日，挽救国家民族危亡，因此，余心清遭到了阎锡山当局的通缉。当时，余患痔疮住汾阳医院不能行动，经党委紧急研究决定，派我用汽车于深夜将余心清夫妇从医院中转移到军校内藏起来，后又找机会护送余心清及其夫人刘兰华女士到榆次车站，使其乘车逃往北平。在冯将军赴山东泰安隐居之后，余心清夫妇也从北平到了山东泰安冯将军隐居处。

后来，余心清又随冯将军，一起从泰山移居察哈尔省省会张家口市，参加了组织筹备“察哈尔民众抗日同盟军”的工作。他在以后数十年与我党合作共事中，做了大量有益的工作。但令人遗憾的是，被周恩来、刘澜涛、习仲勋等老一辈无产阶级革命家称为“我党的真朋友、好同志”的余心清先生，没有死在枪林弹雨的北伐前线，没有死在战火纷飞的抗日战场，没有死在蒋介石的黑暗牢狱之内，却死在十年浩劫的动乱之中。

余心清先生“可杀不可辱、宁折不弯”的刚烈性格和胸怀坦荡、嫉恶如仇的高尚人品，注定他绝不可能忍受任何人对他的人身侮辱。1966 年 9 月 4 日，余心清先生在北京悲壮地倒下了。他和老舍先生一样，用自己的热血和生命，为捍卫中国的民主和法制做了最后的抗争。

1978 年 10 月 9 日，在北京八宝山公墓礼堂，举行了余心清先生骨灰安放仪式。当时，我曾赋七言诗一首悼念他：

不讲圣经讲革命，“红色牧师”世人惊。

热心育才教育家，桃李芬芳笑花丛。

莫说文人纸谈兵，抗日救国急先锋。

余心清

坚强不屈争民主，为国不惧囚牢笼。

一心建设新中国，德才兼备排头兵。

秉性耿直存正气，敢说敢为真英雄。

志士可杀不可辱，碧血丹心余心清。

革命自有后来人，英灵可慰天九重。

这首诗，可以说是我对余心清先生一生经历的高度概括，也表达了我对这位老师、同志、挚友的尊重与怀念之情。[编者注：根据这首诗，尹家衡曾在《纵横》杂志2007年第2期（总206期）上发表了《抗日志士余心清》一文。该文以尹心田每句诗为小标题，分节详细介绍了余心清先生的生平。]

当年，我们还在汾阳汾河中学发展了周海环、王文章（焕光）、阎致远、李克路、赵琴等同志入党，在峪道河小学发展了崔斗辰、刘明伦等同志入党，在汾阳县医院发展了张景纲、蒋推先等同志入党，在汾阳县的三泉镇、峪道河、宁固等乡建立了农村工作点，并派常永明、吴敬业（智慧）等同志在平遥火柴厂、西山煤矿开展工运工作。派王寒秋同志任党的交通，赴介休鲍刚师，通过宋大鹏参谋、廖运周学兵队长等开展兵运工作。通过冯洪国、张寿昌、王懋坚等同志在孝义县开展兵运工作。派赵进先、刘本人、李长清、张义仁组织晋汾路游击小组，曾截击过阎锡山的汽车，袭击过山西银行晋祠支行。1931 年，中国工农红军晋西游击队，派阎红彦同志持山西省委介绍信到汾阳特委联系，要我们配合组织游击队。为此，地下党决定派冯洪国为游击队司令，张寿昌为参谋长，由张寿昌指挥在石楼、离石、介休三县之间活动，任务是为党筹款，与陕北红二十六军建立联系，打土豪、打烟匪（贩卖鸦片的），扩大武装队伍，建立游击根据地。直到 1933 年 4 月汾阳军校北上抗日前，冯洪国才返回军校随队北上抗日。汾阳军校改编为抗日同盟军第二师以后，冯洪国在我任团长的一团任一营营长。

“九一八”事变后，汾阳军校又从各地招收了 200 多名青年学生，编成第七中队，以培训和充实抗日的骨干力量。地下党员利用上政治课、集会演讲、办墙报以及读报评论会等多种形式，进行政治宣传和爱国主义教育，并在学生中组织读书会，作为党的外围组织。为了宣传抗日反蒋，宣传马列主义，军校曾多次派人去北平、上海等地，通过组织联系，购买了《共产党宣言》、《少共国际》、《唯物辩证论》、《共产主义 ABC》、《右倾布哈林》、《湖南农民运动考察报考》等书籍与一些进步刊物，在汾阳军校的开办了一个汾阳图书馆。上海中共中央机关也曾把封面伪装成各种别的书名的党内刊物，从邮局直接寄到汾阳军校，特委安排由赵志斌同志负责保管和组织传阅。在蒋介石、阎锡山统治的地方，居然能办起一座红色图书馆，的确是难能可贵的事。

以汾阳军校为核心的汾阳地下党的活动，也经受过严峻的考验。当年，自从阎锡山由大连返晋后，他又做起了土皇帝的美梦。当时汾阳、孝义、介休和晋南一带，都驻有冯将军第二集团军退到山西的部队。阎锡山为排除异己，调派晋军部队，妄图进驻汾阳，撵冯离晋。地下党当即分析形势，研究对策。一面号召武装抵抗，一面征得冯将军同意，以“国民革命军第二十九军第二教导团”的名义，在《大公报》和其他报纸上发表了《反对阎锡山军队进驻汾阳告全国同胞书》，揭露其阴谋，表示坚决与之奋战到底。并将阎锡山派到汾阳县的县长、公安局局长、公道团团长和国民党县党部的人扣留作为人质。在坚决抵抗和舆论的压力下，阎锡山派李兆英到汾阳和我们进行谈判；最后，晋军被迫退驻交城。但晋军又相继占领了离石、石楼、中阳、汾西各县，对汾阳形成了围攻之势。山西省国民党党部还常派人拿着黑名单到汾阳军校，指名道姓来抓军校中的共产党员。我们进行了针锋相对的坚决斗争，使反动的阎锡山当局的阴谋一个个破产。当年，虽然情况愈来愈复杂，但党的地下组织是坚强和团结的。因为有汾阳军校这支武装力量的保护，所以，在数年内，汾阳的党组织从未遭到任何破坏和损失。

“九一八”和“一二八”事变后，在中共汾阳地方工作委员会的组织领导下，汾阳地区的抗日反蒋活动进入了新的高潮。当时，每周一召开的纪念周，都是一次“军民抗日反蒋大会”，每次都有工农兵学商各方群众数千人参加，由大会主席团主持大会，由各方推选代表发表演说，针对当时形势，痛斥国民党蒋介石的不抵抗政策。由于定期召开会议，参加人数踊跃，情绪激昂，畅所欲言，这对激发广大民众爱国主义和抗日反蒋的热情，起到了推动作用，产生了积极而深远的影响。

冯将军在去山东泰山隐居之前，在中共地下党的影响下，曾认真研究了“联共抗日”的问题。他反蒋抗日心切，公开表示支持中共中央关于一致抗日的主张，对汾阳军校的公开反蒋抗日的活动给予同情和支持。冯将军还指示汾阳军校，每周以中队为单位越野拉练至峪道河，听他的抗日反蒋演说。他有时还大讲在苏联考察时的所见所闻，介绍苏联红军的革命业绩，对军校学员鼓舞很大。1932 年，冯在给汾阳军校《同学录》的序中写道：“帝国主义者，挟其囊括席卷之势，相逼而来，蹂躏恣肆，视中华民族若非人类。我四万万七千万同胞受其高度压迫之惨酷，将痛苦呻吟以待死乎？抑将有赖于抱不抵抗主义者之捍卫乎？吾人于此其亦可以深省而自奋发矣！”他鼓舞军校同学“磨磐砥砺，勇往迈进，努力于革命，不负其所学，有厚望焉”！校长李兴中也写道：“国亡种灭，即在目前，愿各同志永远站在统一革命战线上，精诚团结，奋斗到底！”这些题词对激励汾阳军校学员们走向抗日反蒋的前线，都产生过深远影响。

冯将军当年与中国共产党密切合作建立的汾阳军校（即国民革命军第二十九军第二教导团），虽然从成立到结束仅有三年多时间，但在那个特殊年代，军校的确成了中国近代史上的一朵奇葩，成了一座名副其实的屹立在白区的“红色堡垒”。

但是，正因为汾阳军校是冯将军组建的，正因为汾阳军校又有一个当时赖以生存的“国民革命军第二十九军第二教导团”的公开番号，所以，在20世纪60年代开始的史无前例的大动乱中，许多从汾阳军校走出来的党、政、军高级干部，不仅因此而被打成了“旧军阀”、“反动军官”、“历史反革命”、“假革命”、“大军阀冯玉祥的走狗”……而惨遭迫害，由此而产生的负面影响，也长期难以消除。

因为我是当年汾阳军校内中共地下党的领导人之一，公开身份又是军校的教育长，所以，在那段黑白颠倒的动乱日子里，我成了名副其实的“外调专业户”，接待过无数的来访外调人员。一开始，我是来一位外调人员，便给他们写一份证明材料，但这样工作量实在太大了，恰在此时，我的三儿子尹家衡从外地回家探亲，我就干脆请他帮忙，我口述，他记录整理，写成了《白区里的红色堡垒》一文，并请街上的油印店用蜡纸刻钢板油印了许多份。这样一来，接待外调人员就轻松多了，因为外调内容大致相同，我只要给来人一份油印好的资料就成了。不仅如此，我还在油印好的资料上郑重声明：“我对自己提供的证明材料完全负政治责任，欢迎监督、核查。”

据我的不完全回忆，在从1966年到1976年的10年间，从全国各地来找我，要我提供证明材料的外调对象就有：河南省新乡军分区司令张公干，河南省商丘军分区司令郭永照，全国政协委员周树一（茂兰），中国对外贸易促进会陈天秩，广州军区炮兵副司令员韩庄，陕西省军区副司令员章韬，云南省委书记李启明，外交部司长赖亚力，山西省副省长刘贯一，装甲兵副司令员张文舟，工程兵训练部部长王洁清，军政大学副校长陶汉章，林业部副部长张克侠，江苏省政协委员廖运周，陕西省委书记张子厚，外经部局长赵力钧，全国人大代表宋聿修，长春教育学院副院长邹桂五，外交部司长王倬如，全国政协委员李平一，南京军事学院教授庞齐，南京军事学院教授彭秉信，包头市政协常委王华岑，武汉市房管局处长于志恭，上海市育才中学老师冯纪法，北京大学教授杨伯峻，广西桂林市商业局长邓平，南京市建材局施仲达，合肥市民革主委冯宏谦，海军学院院长朱军，安徽省军区副司令过家芳，甘肃省副省长何承华，中国人民解放军炮兵副司令员苏进，陕西省水利厅副厅长陈之颛……

这虽然是一份并不完整的名单，但也从一个侧面反映出，汾阳军校确实为中国革命培养了不少人才，值得后人纪念。而更值得我欣慰的是，我所提供的证明材料，推翻了强加在许多老同志身上的不实之词，成了他们在运动后期得到“平反”、“解放”的重要证据，也使许多原西北军的后代，推翻了强加在他们身上的不实之词，政治上得以翻身。这方面的例子太多，其中，以抗日英雄阎廷俊最为典型。阎廷俊将军是冯将军的老部下，也是我在学兵团时的老学长，在抗战时期，他是孙连仲将军手下的旅长。1937 年底，台儿庄大战爆发，身为旅长的阎将军，亲临最前线，他身先士卒，战功赫赫，连日寇的战报上，也对他和池峰城将军等人所率领的部队钦佩有加，认为是遇到了“劲敌”。阎廷俊将军虽然于抗战胜利后，就退出了军界，在河南郑州经营实业，但是，1949 年以后，他却仍然受到了极不公正的待遇，20 世纪 50 年代，在监狱中非正常死亡，其孤女阎绣文背着沉重的政治包袱长大。十年动乱后，阎绣文历经曲折磨难，找到了我和另外一些他父亲的老同事，在我们大家的关心及大量详实史料的证明下，阎绣文最后不仅甩掉了沉重的政治包袱，还被选为天津市政协委员。阎廷俊将军的事迹，在以后建立的台儿庄抗日纪念馆中也得到了真实正确的反映。

我真得感谢那些不辞辛苦的外调人员，正是他们，使我得以与许多早就断了音信的老同志们恢复了联系和交往。

# 第八章

# 冯将军与察哈尔民众抗日同盟军

## 一、时代背景

当时住在偏僻山村峪道河的冯将军，是在1931年9月20日接到孔祥熙发来的电报后，方才知道“九一八”事变这个大消息。在给孔祥熙的复电中，冯将军表示：“……誓死与全国同胞共赴国难，粉身碎骨，义无反顾！”

1931年10月21日，冯将军公开发表了自己的“抗日救国十三项主张”，其中第一条就是“努力备战，充实国防，鼓舞人心”。

1931年11月1日至3日，通过和中共代表肖明同志的恳切真诚会谈，冯将军进一步坚定了与中共合作抗日的决心。在11月17日，他一天中连续写了17封信，分别寄给全国各政党、派别的政治人物（包括汪精卫、张学良、胡汉民、孙科等），呼吁团结抗日。并应汪精卫、胡汉民、孙科等人的邀请，重新出山，到洛阳参加由国民政府主席林森主持召开的“救国会议”，后又转赴南京等地，为动员全国抗战奔走。

但冯将军把当时国内形势看的过于简单了，他抱着“兄弟阋墙，外御其侮”的想法，以为只要有人奔走呼号，观念和立场不同的各党各派就能团结一致抗日，自己也可以出尽胸中闷气，大干一场。但经过几个月辛苦奔忙，不仅自己为抗日救亡的努力完全落空，而且，蒋介石和汪精卫主持与侵略上海日寇签订的“淞沪停战协定”，又给包括冯将军在内的全国人民满腔抗日热情大大地泼了一盆冷水。冯将军表示，坚决反对这个丧权辱国停战协定，并表示自己不能与蒋、汪同流合污，准备离开南京，“预备走开也”。

1932年3月24日，冯将军满怀悲哀、失望、愤怒的心情来到山东泰山“隐居”。

由于冯将军清楚地知道，此时公开举旗抗日，违反蒋、汪推行的“攘外必先安内”既定国策，也知道没有组织力量，仅靠个人是无法抗日的，所以，他来泰山隐居的主要目的，是想动员自己的老部下、时任“山东省主席”的韩复榘抗日。他认为，韩复榘当时统领的十多万军队，“是可以革命的”。但是，此时韩复榘正有一个大麻烦：要对付蒋介石安在山东的钉子、盘踞胶东地区的东北军刘珍年部。在冯将军来泰山前，山东形势就不稳定。冯将军到泰山后，山东省爆发内战的危险又日益加剧。而且，蒋介石当时是明显支持刘珍年的。权衡再三，冯将军最后还是决定离开山东，到当时的抗日前线张家口去。

宋哲元

当时，张家口是冯将军另一位老部下（而且是从未背叛过冯将军并在冯将军最困难时，帮助和保护冯将军的老部下）宋哲元二十九军的地盘。加之张家口又是原“西北边防督办署”所在地，冯将军在此占尽天时、地利、人和之利，是完成自己抗日抱负的最佳地方。于是，在“隐居”泰山半年之后，冯将军于1932年10月9日到达张家口，老部下宋哲元、佟麟阁、秦德纯、张自忠、冯治安、刘汝明、赵登禹等二十九军的领导人齐到张家口车站欢迎他。

冯将军到张家口后不久，宋哲元即率二十九军东开长城一线，参加长城抗战，行前令其副军长佟麟阁率二十九军38师（师长张自忠）223团（团长彭国政）留守张家口。后来，冯将军成立抗日同盟军时，将该团扩编为抗日同盟军第一军第一师。

长城抗战爆发后，1933年3月10日至25日，二十九军前敌总指挥赵登禹，率领大刀队从夜袭罗文峪开始，重挫进攻长城日军，取得了长城抗战中的喜峰口大捷。这是中国军队第一次在正面战场打败日寇，是当年轰动全国的大事。著名的“大刀进行曲”就创作于此时，是作家麦新献给二十九军大刀队的。宋哲元将军“宁为战死鬼，不做亡国奴”的名言，成了当时全国最流行的口号。

## 二、冯将军准备在察哈尔举旗抗日

### （一）实践诺言，与中国共产党合作

冯将军未离开泰山前，就派赵彦卿、张金瑞等同志专程赴北平，与中共北方特科领导人吴成方、肖明等人联系，告之宋哲元将军已邀请他去张家口居住，不久即可成行。并表明，自己要用实际行动践行在山西汾阳峪道河与肖明同志会谈时的诺言：与共产党合作抗日，并希望在他到达张家口后，就能与中共派来的干部共同开展工作。

冯将军到达张家口后，中共北方特科经过一番准备，于1933年元旦过后便派出了张慕陶（即张金刃）、武止戈、张存实（即张振亚）等人来到张家口，协助冯将军筹备组织在察哈尔举旗抗日。张慕陶与冯将军是有渊源的，早在1926年冯将军五原誓师后，张即和刘伯坚等同志一起，来到冯将军身边，并担任了西北军总政治部政治处处长，他的工作能力（特别是口才和写作水平）冯将军是了解的。这次，他又代表中共与自己合作，冯将军不仅将他待为上宾，而且将他和徐惟烈（冯将军挚友徐谦之侄，也是中共党员）留在身边，同住于冯将军的寓所“小图书馆”（冯将军取名“爱吾庐”）内，还专门派了自己的亲随王华峰、王大用两人，协助他工作，照顾他生活。张慕陶初到张家口后的一段时间内，几乎没有离开过爱吾庐，有事均由徐惟烈、王华峰等人代他与外界联系，他和冯将军一起每天闭门研讨拟定举旗抗日的具体行动计划。抗日同盟军的一些大事，包括起草通电、布告内容、军队组成、人事安排等，无不是由冯将军和张慕陶等人在此期间决定的。

1933年4月下旬，宣侠父同志带领王黎昌、徐本方等同志也到了张家口，但他的到来，在当时却引起了一场不大不小的误会。当时，由于宣侠父同志的公开身份是南京中央政府军委会的“中将参议”，是蒋介石的“浙江老乡”，是胡宗南、宋希濂、关麟征、冯钦哉等国民党黄埔嫡系将领的“同窗好友”，所以，当时许多冯将军身边的人，都怀疑宣侠父同志是蒋介石派来刺探军情、破坏抗日的“奸细”，要求冯将军尽快将宣侠父同志“支走”。

冯将军虽然十分清楚宣侠父同志的身份，不仅知道他是中共派来的，而且更了解宣的工作能力。因为，早在1925年，宣侠父同志就是由李大钊同志亲自介绍到自己身边工作的老熟人了，但冯将军当时是不可能公开解释的。考虑再三，冯将军想了一个两全其美的办法：请宣侠父代表自己去做目前正驻防沙城的孙殿英部的工作。

“东陵大盗”孙殿英，是一个靠赌博起家的小军阀，也曾是冯将军的部下。此时他任四十一军军长，正统兵5万驻扎在北平与张家口之间的沙城一带。孙殿英不仅和宣侠父是老相识，也深知宣是黄埔出身，很有能力，又是中央来的“中将参议”，所以，立即委任宣为该军“秘书长”。宣极力劝孙加入冯将军即将建成的抗日同盟军，在宣的动员下，孙公开表示了“追随老长官，坚决抗日”。但蒋介石、何应钦惧怕冯将军真的在张家口“坐大”，破坏他们“攘外必先安内”的既定国策，也在极力分化、瓦解准备参加抗日同盟军的各路力量。因为孙殿英的5万人马就分布在平绥路的康庄、新保安、沙城等百余里的铁路线上，是张家口的屏障，即便是孙殿英不参加抗日同盟军，他的驻地也正阻挡着其他蒋军开往张家口的去路。于是，何应钦便以巨款利诱孙殿英，要他出兵去打冯将军。在巨款面前，孙殿英也动了心，便找宣侠父和他的参谋长韩麟符等人商议。宣侠父第一个表示坚决反对进攻张家口，并分析说：“你（指孙殿英）参加过长城抗战，打过日本鬼子，怎么能反过来打坚决抗日的老长官呢？”孙殿英也觉得自己不能打冯将军，并向宣表示，自己绝不打内战。但狡猾的何应钦又提出了条件，不打可以，但必须让开道让别人去打，还传达了蒋介石委任孙殿英去青海当“屯垦督办”的委任令，并答应立即给开拔费。宣侠父又警告孙殿英：“这是老蒋惯用的伎俩，挑动杂牌军打杂牌军，然后各个击破，你万万不可上当。”但利令智昏的孙殿英没有完全听宣的忠告，他虽然未打冯将军，也不参加抗日同盟军，但仍然拿了何应钦的钱向西开拔，带着他的军队做“青海省土皇帝”的大梦去了。俗话说，“强龙难斗地头蛇”，孙殿英还没有走到青海，便在宁夏地区被“马家军”打垮了。

宣侠父同志当然没有随孙殿英西去，他回到张家口后，冯将军表扬他：“你能够说服孙殿英不打咱们就是首功！”为表示对宣侠父同志的信任和冯将军与共产党合作的诚意，冯将军力排众议，坚持在有11名成员的同盟军最高领导机构“军事委员会”名单上，写下了宣侠父、张慕陶两位共产党员的名字，并公开对外发表。不仅如此，冯将军还亲自选派手下得力干部，组建了抗日同盟军第五师，任命宣侠父为该师师长；组建了抗日同盟军第六师，任命共产党员战韬为师长；组建了抗日同盟军第十八师，任命共产党员许权中为师长。

## （二）汾阳军校成了抗日同盟军主力

1933 年 2 月，冯将军来电，要我赴张家口。我到张家口后，冯将军即召见说：“蒋介石采取不抵抗政策，咱们现在要抗日了，绝不当亡国奴，绝不能把大好河山拱手让给日本人，并要收复失地，救民于水火之中。”我在张家口住了约两个星期，冯将军询问了许多情况，然后命我立即返回汾阳军校加紧训练，做好准备，等候命令，将军校人员开赴张垣，北上抗日。

我回到汾阳后，先在党内进行了传达，而后在全校宣布参加抗日同盟军的决定，并着重讲了参加抗日的伟大历史意义。大家情绪很高，积极投入扩军运动。地下党组织还发动党员和积极分子，回各自家乡发动群众参加抗日队伍。

军校派郭秉文、魏鹏升、王东周、柴嵩矗等到河南巩县老家，募集当地造枪工人组织修械所。他们的工作很有成绩，不到半个月就带回来了十多名熟练技工。我们在军校对面的一处民宅中，搞起了自己的修械所，不仅能修理枪支，还造出了仿“太原造”步枪。

军校还动员全体教官和学员，捐出三个月薪饷做扩军费用。在短短的三个月的时间里，又扩充了许多新兵，并对他们进行了简单军事训练。

四月下旬，冯将军电令军校立即出发，北上抗日。军校全体成员一起离开汾阳，也没有打算再回来，所以，军校没有在汾阳留下留守人员。当时山西的“土皇帝”阎锡山，听说军校整个都要北上抗日后，非常高兴，曾对他的部下说：“他们终于走了！”但是，阎锡山的表面工作还是做得相当冠冕堂皇的。首先，他大造舆论，“热烈欢送二十九军第二教导团全体官兵北上抗日”，接着，又赠送给军校一批枪支弹药，包括太原兵工厂造的迫击炮、冲锋枪、步枪、手榴弹等，并通令晋中、晋北等军校行军途经的各县，给予给养、食宿等方便。

离开汾阳时，我们受到各界群众和各校师生的热烈欢送。我们为了扩大抗日影响，决定徒步行军，经过文水、交城、晋祠、太原、忻县、代县，出雁门关到达重镇大同，沿途所经重要地方，均召开军民联欢大会。在行军中，派赵梅生同志率先遣队，提前一天到达宿营地，向各学校散发北上抗日宣言传单，做抗日报告演讲，宣传抗日，扩大影响，受到各界群众的热烈欢迎。沿途有不少爱国青年和学生要求参加军校，因在途中不便接纳，我们劝他们直接去张家口，后来，果然有不少学生，来张家口参加抗日同盟军。我们到达大同时，大同市第三中学的老师，还写了一首仿杜甫的《闻官军收复河北》的诗赠给我们，诗中有“喜峰口外传喜讯，举国欢呼唱高音”之句。汾阳军校全体官生在大同休息两天后，改乘火车直抵张家口。

到达张家口后，冯将军即把汾阳军校改编为抗日同盟军第一军第二师（第一师即原二十九军223团），任命支应遴为师长，王沛南同志的公开身份为师政治部主任。下辖三个团，我为第一团团长，贾振中为第二团团长，周茂兰为第三团团长。第一团担任张家口的城防警卫任务，第二三两团开赴察北，曾参加了康保、宝昌等著名战斗。

根据党的指示，从二师各团抽掉了一大批地下党员和骨干，充实到其他各师。如抽调中共党员张公干、韩庄等到宣侠父同志领导的第五师任营、连长，抽调郭秉文、王政基、周学文等到许权中同志领导的十八师任营、连长；抽调金良栋、马骥增、张怀忠、张国威、康子静等到战韬所在第六师。这些党员和骨干为抗日同盟军的发展壮大，发挥了作用，做出了贡献。

另外，还从军校中选拔了多名优秀学员，到冯将军身边任传令员，他们之中有周茂藩（周茂兰同志的堂弟）、赵励军、刘钧初、刘致军等，他们在抗日同盟军时期和以后的抗日战争时期，都做出了不少贡献。

### （三）冯将军与方振武将军、吉鸿昌将军合作

当时，方振武将军的旧部阮玄武、鲍刚、张人杰的队伍均驻扎在山西省境内，而方振武将军本人则被蒋介石软禁在南京。为争取这股抗日武装参加抗日同盟军，冯将军派出了李兴中、徐惟烈等人专程赴山西做该部的工作。李、徐二人到达山西与鲍、张等人联系、会谈后，决定派乔明理专程赴南京密请方振武将军回来。被软禁在南京的方将军得知这一切后，决心毁家纾难，变卖家产，携款北上抗日救国。他秘密离开南京回到山西后，于1933年2月25日，在山西绵山成立了“抗日救国军”并举行誓师大会。方将军公开发表联名通电抗日，并电告冯将军“务乞随时指示，俾有遵循，为祷”，且与冯将军派往山西的代表徐惟烈会谈，决心北上抗日，徐及时将这些情况电

告了在张家口的冯将军。3 月 11 日方将军派其代表李席儒赴张家口与冯将军商谈北上具体事宜，经冯将军和方将军的共同努力，方部鲍刚师和张人杰师，克服阎锡山的阻拦及何应钦的围追堵截，绕道河北，翻越太行山，徒步向张家口进军，进军途中，鲍刚师因被何应钦策反，在蔚县叛变方将军离去。张人杰师历经千辛万苦，毅然在 1933 年 5 月 20 日，抵达张家口。

方振武将军

吉鸿昌将军

当年，由于长城抗战失败，长城以北的许多东北抗日义勇军退入关内，冯将军准备收容这些义勇军，以备自己在察哈尔抗日举旗时所用。所以，当大批东北义勇军退入察哈尔省北部地区时，冯将军便派了陈天秩等人前去联络。

但是，义勇军人数虽多，却组织混乱，也缺乏有能力的将领统帅，将来谁去统率他们呢？冯将军想起了跟随自己多年的两员战将：吉鸿昌和石友三。当年，他们二人均已退出军界、政界，“赋闲”天津。冯将军便请来了西北军的老人，也是与吉鸿昌、石友三二人十分熟悉的高兴亚去做吉、石二人的工作。对于这段历史，高兴亚在他的《回忆抗日同盟军筹建时期的几件事》一文中有详细记载：

同朱子桥接洽后，我便到了天津。首先找到吉鸿昌，一见面吉鸿昌就哈哈大笑地说道："兄弟，这个时候你怎么有工夫到天津来了？"我说："你怎么认为我现在连到天津来的工夫都没有呢？"他说："我知道先生（指冯）在准备组织武装抗日，你怎么能来呢？"我说："无事不登三宝殿，正是为这事来的。"接着我便将张家口的情况概述了一下，说到冯要他去率领部队抗战的话，吉又高兴地说道："我是绝对要抗日的，你不说，我大概也知道，先生不找我，我也打算去。承先生这样看得起我，真使我感激涕零，我决心以身报国，万死不辞。"我便顺水推舟地说："既然你有这种高尚的爱国精神，干脆你就以主动的姿态前去不更好吗！"吉最初不同意，认为那样既辜负了冯找他参加抗日的原意，也辜负了我跑这一趟。后来我把冯的意思说了，他才答应照办。同时他又问我还找什么人？我也说了要找石友三，吉听后开始未置可否。我问："你有什么高见？"他摇摇头说："恐怕他未必肯去。"我问是什么原因？吉只说："各人有各人的看法，他的心眼多。"后来又说道："你千万不可说先生要他主动表示去！只要他能被动去就好了。"

但是，当高兴亚找到了石友三时，石友三却借口自己抽大烟，受不了冯将军的约束，拒绝参加抗日同盟军。高兴亚说："你不去也行，为了表示你支持冯将军，你就给抗日同盟军捐点款吧。"石友三嬉皮笑脸地对高兴亚说："那样，不就等于向冯将军承认我贪污了吗？"结果是"一毛不拔"。

后来，抗战全面爆发以后，石友三虽然又回到了军界带兵，但在他准备带领部队投降日寇叛国前夕，被他当时的部下、爱国将领高树勋用计勒死铲除，石友三的下场既可耻又可悲！

### （四）各方大力支持冯将军举旗抗日

胡汉民是国民党的元老之一，早在1931年，随着当年国内抗日反蒋的呼声高涨，他和冯将军早就已经达成共识，经常相互联系，南北呼应，紧密配合，逼迫独揽中央大权的蒋介石下野。1933年5月26日，冯将军在张家口举旗抗日后。不到一周，何应钦、黄郛便于5月31日在屈从日本丧权辱国的《塘沽协定》上签了字。胡汉民得知此信息后，立

即密电冯将军说：

请公立振义师，先就北平擒拿经手订立妥协的何（应钦）、黄（郛），即行讨蒋以抗日……此间当即一致协作。……刻拨充（10万）元……

这是抗日同盟军成立后冯将军收到的大宗支援之一，是胡汉民代表广东方面支援同盟军的军费。

当年，主政广西的是李宗仁、白崇禧等人，他们都是主张坚决抗日的。抗日同盟军成立后，广西立即给冯将军电汇了10万军费支援。

当时主政福建的蒋光鼐、蔡廷锴、邹鲁等，也曾电汇两万元支持抗日同盟军。

记得当年抗日同盟军成立后不久，冯将军就曾不止一次地对我们说，南方各省正在组织联军北上抗日，支持我们。但是直到抗日同盟军失败，我们也没有见到援军到来。后来才知道，当时广东、广西及福建确实在1933年5月派出了北上援军，名曰“粤桂闽抗日先遣军”，福建是两个纵队，分别由张炎和谭启秀率领，最先出发，广东省派出了独立第四师，广西派出了第二十四师，准备联袂北上。先头部队已经到达湖南郴州，当年主持湖南工作的何健，对“先遣军”北上抗日也是采取了积极支持的态度，预先就通知了先遣军北上途中要经过的各县市，准备粮草，沿途接应。但是，《塘沽协定》签订后，蒋介石以中央的名义严令禁止各部北上，“先遣军”遂告中途夭折。

此外，当时身处南方各省的胡汉民、李宗仁、白崇禧、蔡廷锴、蒋光鼐、李济深、陈铭枢、唐绍仪、萧佛成、邓泽如、邹鲁等也多次以个人或联名发电、发函，支持同盟军抗日，公开反蒋（介石）、汪（精卫）、何（应钦）对冯将军动武，在道义上和舆论上给了同盟军坚决支持，使身处困境的我们得到了很大欣慰和鼓舞。

当年，还有一批国民党的元老派，赋闲在上海，主要人物有：李烈钧、程潜、徐谦、熊克武、柏文蔚等。他们都是冯将军的老朋友，都很支持冯将军在张家口举旗抗日的义举。他们不仅赞成和帮助冯将军举兵，还以种种实际行动援助抗日同盟军。

那时，阎锡山是北方的实力派之一。李烈钧几次密电联系阎锡山 ，敦请阎与冯合作抗日。但阎锡山虽然对冯将军住在山西的部分老部下（如汾阳军校等）北上抗日时给粮给枪、“礼送出境”，但他在大是大非面前，却始终是和蒋介石、汪精卫的立场保持一致的。

当南京政府一些人对冯将军在张家口举旗抗日的行动有怀疑和猜测时，李烈钧挺身而出，以自己到张家口的亲历亲闻为冯将军做宣传和解释，他斩钉截铁地对中央社记者说：“冯焕章先生的行动，据本人所知，全系对外，并非对内。”赞扬冯将军是国家危难时难得的干才，并致电蒋介石，建议将察哈尔省的重任委于冯将军。

以李烈钧为首的诸位国民党元老们，对后来促成察哈尔问题的和平解决，也做出了不少实际贡献。

在此期间，还有一个插曲：当年，冯将军在筹备察哈尔举旗抗日期间，支持冯将军抗日的国民党元老、时任国民党中央委员的王法勤、柏文蔚等人，曾从上海给冯将军发来一封绝密电报，主要内容是：日本驻上海的总领事主动找到他们说，只要冯将军能在张家口高举反蒋大旗，日本人一定大力支持，要钱给钱，要枪炮子弹给枪炮子弹，必要时，还可以派日本“皇军”直接出兵帮助。王、柏等人还在来电中建议冯将军，可以先答应日本人的条件，把日本人给的钱和军火弄到手；至于用这些军火打谁，就由冯将军自己决定了。

机要译电秘书胡家权当即把翻译好的电报呈送给冯将军，冯将军看完这封密电后，毫不犹豫地用毛笔在电报上批了一行大字：“我绝不跟日本人来往！冯玉祥”。事后，冯将军对我们这些身边的人说：“咱们到张家口来是干什么的？咱们是来打日本小鬼子的！日本人占了咱们的东北，你们知道东北有多大吗？都快顶上日本的本土大了，不把这些小鬼子赶走，我死不瞑目！这些小鬼子以为我冯玉祥是认钱认枪不认人的东西吗？真是瞎了他们的狗眼！上海的老先生们虽然是好心，但他们把事情看得太简单了！日本人的东西是能拿的吗？你一拿，马上就会失去咱们中国老百姓的信任和支持。没有老百姓的支持，咱们凭什么去抗日？！再说，日本人一宣传，咱们不是汉奸也成了汉奸了。”冯将军的一席话，使我们都更加认清了日本鬼子挑动中国人打中国人、自己从中渔利的毒辣阴谋。

这里要特别提到一个人，那就是冯将军的一位老部下杨慕时。

1926 年冯将军就任西北边防督办后，立志开发西北的杨慕时，成了他的得力干将。时任甘肃省建设厅厅长的杨慕时，干了诸如大兴农牧业、植树造林、兴修水利、赈济灾民等一系列深受冯将军赞许的实事。

1933年初，冯将军和中共合作，准备在张家口举旗抗日之前，时任东北义勇军后援会财务主任的杨慕时，和后援会的主要领导人朱庆澜、何遂、查良钊、富占魁、刘竹波等人一起给了冯将军最重要的经济支持。当年，杨慕时代表后援会多次从北平去张家口面见冯将军，与冯将军秘密协商举旗抗日的具体事宜。并亲自将募捐来10多万元巨款交给冯将军，助其最终成功地在张家口举旗抗日。

另外，还要提到一个人，那就是冯将军的连襟张克侠将军，时任陆军第二十九军三十八师（师长张自忠）参谋长。当时正在南京陆军大学学习，在得知冯将军在张家口举旗抗日的消息后立即赶赴张家口，被冯将军委任为抗日同盟军干部学校校长。张克侠将军后来（1948年），还和何基沣将军一起领导了著名的贾汪起义，带领原西北军官兵两万多人参加了中国人民解放军。

张克侠，1949年摄于上海

何基沣将军

## 三、抗日同盟军正式成立及其不朽功勋

经过一系列的紧张准备，察哈尔民众抗日同盟军终于在 1933 年 5 月 26 日宣告成立，冯将军通电就职，通电说："……日本帝国主义对华侵略，得寸进丈（原文如此），直以灭我国家，奴我民族，为其绝无变更之目的。……政府殆始终无抗日决心，始终未尝制订并实行整个作战计划。……玉祥深念御侮救国，为每一民众所共有之自由及应尽之神圣义务。……不敢避死偷生，出任民众抗日同盟军总司令。率领志同道合之战士及民众，结成抗日战线，武装保卫察省，进而收复失地，争取中国之独立自由……"冯将军当众宣布，委任佟麟阁为察哈尔省主席兼民政厅厅长，张允荣为财政厅厅长，吉鸿昌为警备司令兼公安局局长，张砺生为警备副司令，还公布了抗日同盟军总司令部组织编制及组成人员。

通电在国内外产生了巨大的反响，贺电如雪片般向张家口飞来。中共地下党组织也积极发动北平、天津、太原等地的青年学生、工人群众奔赴张家口，参加抗日同盟军，并募集经费、物资，支持抗日同盟军。在很短时期内，抗日同盟军已达 10 万之众，给全国人民带来了极大的希望和鼓舞。

1933 年 6 月 9 日，时任北平军分会主任（接替张学良）的何应钦，发出请冯玉祥取消抗日同盟军名义电，要冯"……忍辱负重，将此名义暂时取消"。6 月 12 日，冯将军复电何应钦，表示"日军来侵，誓迎头痛击，……义无反顾……个人去留进止，实无所容心也"。

6 月 15 日，抗日同盟军在张家口召开了有 61 名各界代表参加的第一次军民代表大会，组成了抗日同盟军最高领导机构军事委员会，委员有冯玉祥、方振武、孙良诚、吉鸿昌、张允荣、邓文、佟麟阁、张人杰、邱山宁、宣侠父、张慕陶等 11 人，通过了军事问题、财政政策、军队政治工作与协助民众运动等决议案，还通过了由共产党代表张慕陶起草的抗日同盟军纲领。纲领明确指出，同盟军为革命军民的联合战线，以外抗暴日、内除国贼为宗旨，否认一切卖国协定，主张对日绝交。纲领明确反映出了坚决反对何应钦刚刚与日本签订的、出卖华北、丧权辱国的《塘沽协定》（正是这个协定，成了后来日蒋联合镇压抗日同盟军的"法律依据"），大会还批准并宣布了各军、兵种长官的任命。

1982年9月与抗日同盟军时期的老战友在北京的合影
右起：王洁清、尹心田、张文舟、刘冠一、张公干

抗日同盟军成立后，就着手部署收复被日军侵略的察东失地。6月下旬，由冯将军任命的北路前敌总指挥吉鸿昌将军，亲自率领第一军的第二师、第二军的第五师、李忠义的骑兵第十六军和邓文的第五军等部，从张家口出大境门向东北挺进，6月22日收复康保县城。同日，冯将军任命方振武为北路前敌总司令，借谋指挥之统一。7月1日，北进大军收复宝昌。同日，驻守沽源的伪军刘桂堂部归顺，加入抗日同盟军，沽源光复，伪军张海鹏、崔兴五等部狼狈向多伦溃退。抗日同盟军初战告捷，连克三县，声威大震。一些投靠日本侵略者的伪军，也纷纷相继来归。

抗日同盟军收复三城之后，又一鼓作气乘胜追击，向战略要地多伦挺进。日军荒木骑兵旅团和日军西义第八师团及其炮兵师团，部署在多伦至丰宁一线，设防固守，并派伪军罗华辰部为外围，构筑了防御工事。7月7日，抗日同盟军开始向多伦发动总攻，经五昼夜激战，双方伤亡惨重。日军还动用了飞机狂轰滥炸，用大炮封锁阻击。吉鸿昌将军和李忠义、邓文等亲临前线指挥，组织敢死队爬城，并派一些官兵化装混入城内，以便里应外合，终于在12日攻入城内，被日伪侵占的多伦，至此被我英勇善战的抗日同盟军收复。光复多伦，震惊中外，国内各界知名人士、抗日团体和海外爱国侨胞，纷纷来电祝贺。为庆祝抗日同盟军一举收复察东四县，在张家口举行了规模盛大的庆祝大会，军民高举抗日旗帜，高呼抗日口号，进行声势浩大的游行庆祝，真是盛况空前，轰动一时。

抗日同盟军攻占多伦、光复察哈尔省全境的胜利，无疑是对全国人民抗日信心的极大鼓舞，对当时中国北方的抗日和革命形势的发展作用巨大，其深远意义自不待言。

抗日同盟军从1933年5月22日成立到1933年10月15日完全结束，虽然时间不长，但是，就是在这段不长的时间内，为国家锻炼培养了一批优秀的抗日军政干部。在民族生存遭遇空前危机、在中共党内第三次“左”倾机会主义危害横行的异常艰苦困难条件下，冯将军（包括其影响下的众多爱国将士和群众）与以中共北方特科为代表的中国共产党内坚持正确路线的真正革命者，结成了一条国共局部合作性质的统一战线。正是依靠这条统一战线，当年，抗日同盟军才能在大敌当前、环境恶劣、装备低下、后援不济……的极端困难条件下，取得了一举光复察哈尔全省国土的胜利。

## 四、抗日同盟军失败原因及教训

正当全国人民欢庆胜利的时候，国民党蒋介石、汪精卫之流，却恼羞成怒，惊恐万分，把抗日同盟军视为眼中钉、肉中刺，必欲除之而后快。国民党中央召开紧急会议，商讨对策。蒋、汪为了瓦解同盟军，采取了种种恶毒的手段。

### （一）来自国民党方面的原因

#### 1. 施加政治压力

造谣诬蔑抗日同盟军收复多伦“非取之于日本军队之手”，汪精卫之流，大造舆论，极力贬低这一具有战略意义的伟大胜利。南京国民党市党部还发表通电，骂冯玉祥冒充抗日割据地盘，宣传共产，实际赤化，要求国民党中央下令开除冯玉祥的党籍，诬灭他背叛“中央”，要求下令讨伐。更可耻的是，假借东北、华北等十二个省党部的名义，通电劝冯“放下屠刀，立地成佛”。

2. 经济封锁

当时察哈尔省本是塞北地脊民贫之区，连年天灾兵祸，人民负担很重，虽抗日同盟军很得人心，但要供给10多万军队的粮食和武器装备的补给，没有外部的经济支援是难以维持的。蒋介石把曾经支援过抗日同盟军经费的朱庆澜先生，诬以贪污罪，将其解除职务。各地和国外侨胞的经援，均被阻止截断。

3. 军事包围

蒋介石命令庞炳勋、冯钦哉等部队进驻沙城、怀来，增派王以哲、徐廷瑶等部队进驻下花园，黄杰的第二师和关麟征的第二十五师开到南口内外，又令傅作义部沿平绥线向察省开进。包围抗日同盟军的兵力，最多时达到了16个整编师，15余万人，另有钢甲列车8列，作战飞机两队。

更为恶毒的是，何应钦与日本驻华武官柴山相勾结，令日寇平贺旅团、茂木旅团联合伪军张海鹏部向察省齐头并进，限冯将军三日内让出多伦，否则将采取断然行动。此时，冯将军原拟由察北出击，收复热河和东北失地的雄心勃勃计划已成泡影，只得调整部队，采取一面抵抗日伪军，一面阻止“中央军”入察的威胁。

4. 挑拨离间、分化瓦解

何应钦等用封官、拨款先收买了持骑墙态度的孙殿英部，又多次派出老派人物劝说，对冯玉祥进行软硬兼施，并拉张人杰、李忠义、邓文等部，引起抗日同盟军内部混乱和动摇。

## （二）“左”倾冒险主义路线是搞垮抗日同盟军的主要原因

1933年7月28日，蒋介石、汪精卫又向冯将军发出了“俭电”，向抗日同盟军提出了“最后通牒”：（1）勿擅立各种军政名义，使察省脱离中央；（2）勿妨碍中央边防计划；（3）勿滥收散军土匪；（4）勿引用共匪头目煽扬赤祸。冯将军则于7月31日向全国公开发出“世电”，对蒋汪的“俭电”进行了逐条驳斥。

蒋介石的手段虽然毒辣厉害，但这并不足以扑灭冯将军在张家口举旗抗日的熊熊烈火。真正最后搞垮抗日同盟军的，是当时中共临时中央通过抗日同盟军前委书记柯庆施等人执行的“左”倾冒险主义路线。

历史已经证明，当年，与冯将军建立了良好合作关系，并已在西北军中顺利发展了党的力量的中共北方特科，在抗日同盟军筹备与成立初期这一阶段，与冯将军的合作是成功的，以张慕陶为首的中共张家口特委的工作也是有成效的。

但是，自从柯庆施带着中共河北省委的一批人，于 1932 年 5 月到达张家口后，情况就完全改变了。首先，柯庆施对党的组织领导系统进行了“改造”，他执行中共临时中央的路线，撤销原中共张家口“特委”，建立起了抗日同盟军“前委”，并自任书记（将原“特委”书记张慕陶改任“前委”副书记），并把先期在张家口工作的“特委”成员先后调离关键工作岗位。柯庆施手握大权后，便将中共北方“特科”与冯将军商定的“合作抗日”路线改为拆冯将军的台，扩大共产党自己的力量。柯庆施先抓舆论，将“特委”先期创办的《抗日阵线报》改为《老百姓报》，报社成员也大改组，由陈伯达接任主编。接着，又通过发动工人、士兵、学生，以游行、示威、罢工、罢操、罢课等形式，在张家口反对“军阀冯玉祥”。还准备逐步地把冯将军掌握的军队“拉过来”、“要兵不要官”，进而发展为红军，以抗日为名，把军队拉往河北省南部地区，建立红色根据地，实行土地革命。“成事不足、败事有余”的柯庆施，不顾当年张家口的实际情况，公然反对冯将军和中共北方特科代表肖明同志共同提出的要里红外不红的“西瓜政策”，给蒋介石等一切反动派提供了镇压抗日同盟军的口实。

由于冯将军与共产党的合作出了大问题，加之此时的冯将军已不是 1927 年时的冯将军，他权衡再三，不愿意把自己和共产党的关系再次闹翻，最后，决定自己下野、走人。

柯庆施更不光彩的行径是，在抗日同盟军失败后，为推卸自己的责任，竟然将原来执行正确路线、诚心与冯将军合作抗日的中共“特科”部分成员，打成“右倾机会主义”、“军阀尾巴”等。这些“替罪羊”或被开除出党，或受党内处分，受害最大的便是张慕陶、王沛南、赵梅生等原中共张家口“特委”成员。

后来，张慕陶还被柯庆施污蔑为“托派”，受到国民党和共产党的双重打击。张慕陶和宣侠父同志一样，能说能写，是一个很有政治能量的人，也是蒋介石等反动派十分忌恨

和害怕的人，抗战期间，他也和宣侠父同志一样，被蒋介石派人暗杀于陕西。

抗日同盟军的短暂历史，证明了一条真理：在中华民族危亡的紧急关头，无论是共产党人还是国民党人，只要不把阶级利益和派别利益置于国家民族利益之上，双方坦诚相见、求同存异、团结为重、一致对外，那么，中华民族的任何强大敌人，都是可以战胜的。反之，双方力量就会自相抵消，使中华民族的敌人有了可乘之机，也会给中国人民带来沉重无尽的灾难。

察哈尔抗日是一段已经远去的历史，我们这一代人，对日本帝国主义的凶残、狂妄和野心太了解了，当年我们大家是抱着誓死的决心去抗日的，因为，那时的中华民族确实已经“到了最危险的时候”。日本军国主义在第二次世界大战中是遭到了惨败，但是，日本军国主义却从来没有“死”过，所以根本谈不上“死灰复燃”！二次大战后，日本军国主义虽然“偃旗息鼓”了一段时间，但是，在它重新嚣张起来的今天，我们中国人一定要记住“前事不忘，后事之师”这句古训，擦亮双眼、拭目以待、积极应对。

愿所有的中国人不忘以史为鉴！

## 五、冯将军指示我安排烈士后事

送走冯将军后，宋哲元将军即返察主政，并命令冯治安的37师返回察哈尔省驻防。因为抗日同盟军二师原本就是29军第二教导团，是冯将军和宋哲元将军都十分在意的部队。所以，二师很快归还原建制，仍编为一个团，直属37师辖下的察北赤（城）沽（源）警备区司令部（司令是冯将军的另一位老部下张允荣）。

我的挚友张金瑞所在的抗日同盟军5师，当时遵照“前委”指示，不接受宋哲元改编，随方振武、吉鸿昌所率领的抗日同盟军余部，挥师向东，攻打北平去了。1933年10月中旬，传来了该部在北平北郊顺义县境内被日、蒋、伪军联合围攻包围缴械和张金瑞团长在激战中壮烈牺牲的不幸消息。张金瑞烈士虽然是直接牺牲于与日、蒋、伪军激战的战场，但从另一方面说，他也是柯庆施等在抗日同盟军中执行的“左”倾冒险主义路线的受害者。稍有军事常识的人都应该知道，以仅有区区数千之众、枪械不全、无后勤保障、无后方支援、孤军深入的疲惫之师，去攻击有重兵把守的北平，如何能有不败之理！

就在此时，张允荣把我找去说，接到了冯将军从泰山给他个人发来的电报，要我赶快赶回北平，去处理张金瑞同志的后事。同时，他给了我200元大洋，说算是他个人给张金瑞同志的奠仪。张金瑞同志长期在冯将军身边工作，是冯将军十分信任和欣赏的人。冯将军的许多老部下和他都很熟悉，听到他牺牲了，大家都感到十分悲痛和惋惜。我从察北回到张家口时，冯治安将军和赵登禹将军也分别给了奠仪100元。

因为张金瑞的家与我的家在北平同住在一个院中，也因为由于张金瑞的夫人阎淑性女士，本来就在生病，当她得知丈夫牺牲的消息后，悲痛过度，也病故了，家中仅留下了正在读书的张的胞妹、胞弟和四岁的女儿、两岁的儿子，他们亟待妥善安置。但当时北平在宪兵3团的白色恐怖之下，党的地下组织已遭破坏，无人来过问张金瑞烈士的后事。我的爱人赵冠中，自己无法应对这突如其来的一连串巨大灾难，便将张金瑞烈士罹难和夫人病故、后事无人处理的情况向冯将军汇报了，这才有冯将军给张允荣发报，请张允荣放我回北平处理善后这件事。

我回到北平后，首先和赵亦云等人一起去顺义县运回了张金瑞烈士的遗体，并将他和夫人阎淑性女士合葬于哈德门外万安公墓内。处理完丧事后，我又向当时正在北平的西北军熟人，包括李德全、过之翰、何基沣、陈继淹、李宝善、吉星文、刘振三等人募捐，连同张允荣、冯治安、赵登禹等人的奠仪余款，总共凑了近千元，将这笔钱存入银行，按月付给张金瑞的妹妹张雯瑛、弟弟张金诚（他们当时都和我的侄子尹志云、侄女尹平一起，在李德全任校长的求知学校学习，我的爱人赵冠中就在该校任老师。该校位于北平西直门内的井儿胡同，距我家所在地小乘巷很近）作为生活费。直到“七七”事变发生时，存折上尚余500余元，我爱人后将此款转交赵亦云保管。

当时，我还给张金瑞的父亲张润德老先生去了信，请他速来北平，将孙子、孙女带回山东老家抚养。我亲自护送张润德老先生和两个孩子回到老家，并带张老先生一起去泰山面见冯将军。当张老先生感谢冯将军对他全家的恩德时，冯将军悲呛地说：“是我惭愧，如果没有方（振武）、吉（鸿昌）胡闹，哪里会死这么多人呢！”

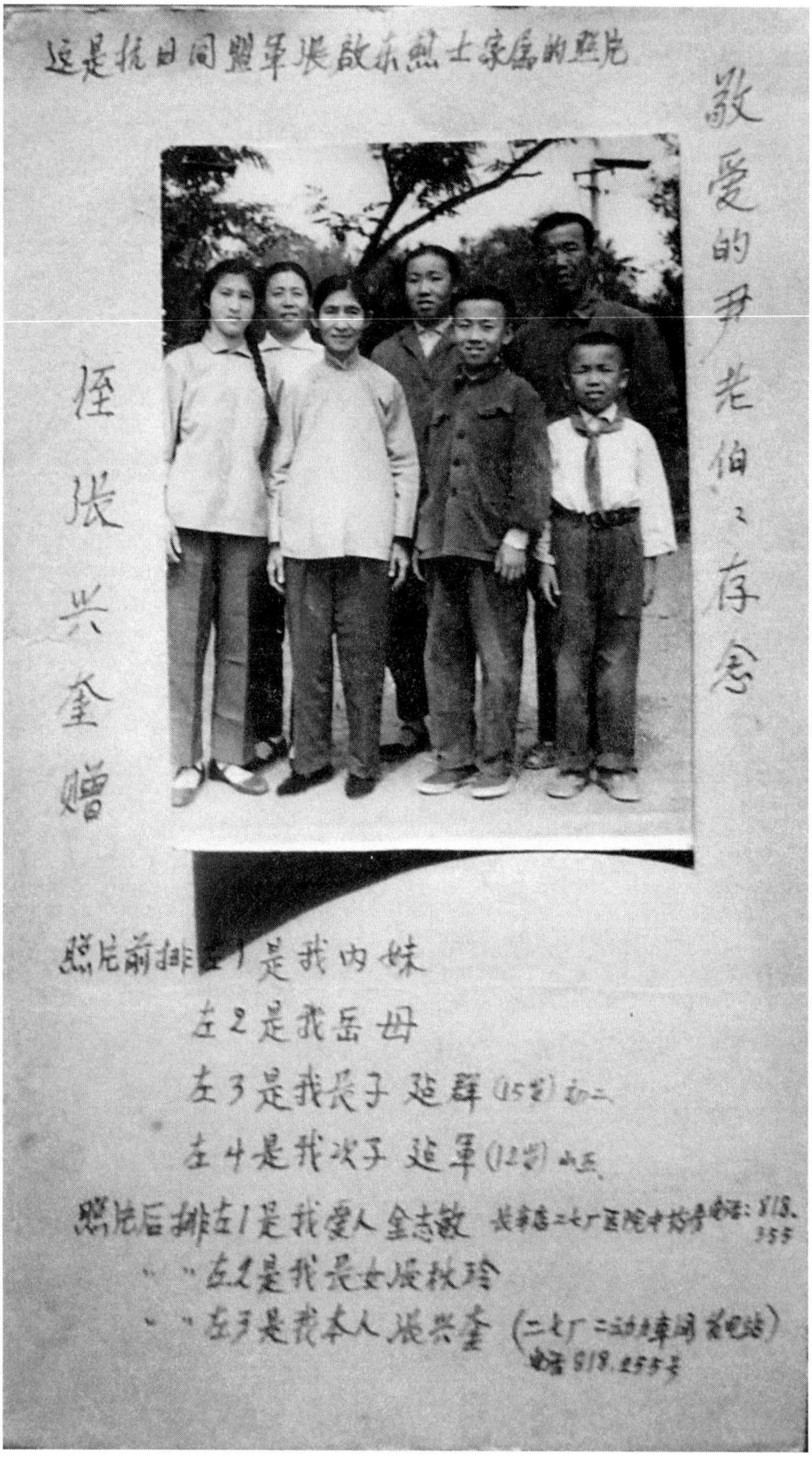


张金瑞（张启东）烈士家属的合影

当然，当年冯将军是绝对不会说出方、吉是接受前委柯庆施指示，才挥师东进攻打北平这个历史事实的。

当年在泰山，我们还见到了已经回到冯将军身边的张公干同志。张公干同志当年是抗日同盟军五师张金瑞团二营的营长，他沉痛地向我们叙说了张金瑞同志在北平郊区壮烈牺牲的详细经过，并悄悄地对我说，“前委”书记柯庆施，在危机时刻，竟然借口“回北平汇报工作”，抛下正浴血奋战的部队，一个人化装逃跑了。

“七七”事变发生后（当时，我正随冯将军在南京），因为二十九军当时是十分仓促从北平撤往保定的，该军的绝大部分眷属，包括我的亲人们在内仍然滞留在北平。

1937 年 8 月，我的爱人赵冠中带着张雯瑛、张金城举家（包括我的父亲、姐姐、侄子、侄女、外甥和我的三个儿子。当时，我的三儿子尹家衡，还是一个四个月大的婴儿）从北平逃出，经天津乘船至青岛，又经济南等地，逃难至泰山，住在冯将军办的武训小学，后来又辗转回到河南南阳老家。

张雯瑛 1938 年后，嫁给了李德全同志的弟弟李连成。当年，我又通过我的留苏老同学、时任八路军驻武汉办事处主任的王梓木，将包括张金城在内的一大批爱国进步青年送往延安，参加革命，张金城后来牺牲于华北抗日战场。

全国解放后，通过肖明（时任北京市总工会主席）等同志的努力，我们将张金瑞烈士的遗骨，从万安公墓迁葬至北京八宝山烈士陵园。此时，张金瑞烈士的儿女均已长大成人，女儿张妮已在原籍结婚成家，儿子张兴奎，在组织的关怀下进入北京长辛店机车厂工作。60 多年过去了，尹、张两家两代人，至今仍保持着密切联系，用鲜血凝成的革命战斗友谊是最宝贵的。

# 第九章

# 为抗日冯将军再赴南京

## 一、冯将军第二次隐居泰山

1933 年 8 月 14 日，已宣布结束察哈尔军事再次下野的冯将军，在宋哲元、秦德纯、张吉墉、过之翰、邓哲熙等人的陪同下，黯然离开张家口。

当日午后，专列抵达黄村站，冯将军换乘韩复榘派来迎接的专列，与宋哲元等作别南下，经济南时停了两天，于 8 月 17 日抵达泰山，住进泰山山脚的五贤祠，开始了他在泰山的第二次隐居。

### （一）刻苦学习，“读书救国”

被迫离开抗日战场、到泰山隐居的冯将军，在到达泰山后的第四天，即 1933 年 8 月 18 日，便给自己和部下们下达了一项“新任务”，这便是“读书救国”。

1933 年 8 月 22 日，冯将军请范明枢老先生为他讲《左传》，这一天便是冯将军泰山第二次隐居“读书救国”的开始。接着，冯将军又通过陈豹隐教授介绍，请来了宋斐如、赖亚力、王倬如（即李紫翔）、赵橙之、杨伯峻、尹进等多位学者、教授给自己当老师，并把他们组织起来，成立了一个“研究室”，还订阅了多种报刊杂志等，分别对国际国内问题进行研究。冯将军还从全国各地购买了不少图书，并建了一个小图书馆，请在自己身边工作的王倬如同志管理。在这一时期，冯将军的诸多老师们，分别给冯将军讲授了历史学、生物学、心理学、政策通论、国际政治情况、国内政治动态、外交论等多门课程。1935 年 1 月，冯将军又请了北京大学的王谟教授专程从北平来，为他讲地理，白天讲课，晚上指导冯将军学习、观察星相等天文知识，还有王藻澄先生来给他讲字学。总之，从 1933 年 8 月至 1935 年底，冯将军像海绵吸水那样，刻苦顽强、孜孜不倦地吸取各方面的知识营养，全面提高自己的文化水平和素质。正如著名历史学家翦伯赞对冯将军的评价：

“他的学问，胜过几个博士”。

**(二)身居泰山，放眼世界，洞若观火**

冯将军的刻苦学习没有白费，他在各方面的知识素养均有很大提高。冯将军在1935年5月正式出版的《中国与二次大战》一书，便是他学习的最好“答卷”。

冯将军虽然身在泰山“隐居”，但眼睛却是看的全世界，心里想的是如何在即将到来的二次世界大战中，让自己的祖国彻底翻身——请不要忘记1935年距二次世界大战全面爆发还有4年呢！

冯将军在该书中开宗明义：“第一次世界大战以来的欧洲危机，渐渐蔓延到东方来，瞬息万变的风云已经弥漫了远东，二次（世界）大战的危机亦已日益成熟了。……二次（世界）大战的爆发是万不能幸免的，是必然的，中国在这必定爆发的二次大战之前又是被指定为最主要的牺牲品了。”但是，冯将军并不是宿命论者，他接着写道：“要移转这种不堪设想的恶劣命运，唯有自己急起挣扎奋斗。”同时，冯将军还乐观地指出：“……视中国民众的努力如何，（第二次世界大战）也未始不是中华民族得到解放的绝好机会。”我们作为历史的幸存者，在过了50年后重温冯将军远在第二次世界大战开始4年前讲的这段话，怎么能不由衷地佩服他呢？冯将军真的是正确预见了历史啊！

冯将军的这本书分为上、下两篇。上篇是对即将到来的二次大战的分析，在上篇中，冯将军对各国的经济战、外交战、军备战等方面做了详尽的分析后，向读者提出了一个十分严肃的问题：我们是否能等第二次（世界）大战？并自己对这个问题做了坚定的回答：“我主张首先发动抗日的民族革命战争……我始终认为要想争取中国的独立自由，必须首先发动抗日的民族解放战争。好在我们中国有众多的人口，有广大的土地，只要我们有决心，战争的初期即使失败，但由于我们作战的强韧性，最后的胜利一定是始终属于我们！”

在本书的下篇，冯将军重点提出了“中国即刻应有的准备”。他从军事上、经济上、经济改造上、政治改革上、外交上、人民物质生活改革上等多方面提出了许多可实际操作的见解，最后，归纳到一点：一定要全国总动员，才能取得未来的抗战胜利。他在书中充满激情地号召全国人民："中华民族的命运如何是决定在每一个中华国民的身上。愿意中华民族复兴的朋友们，让我们即刻共同携手，为我们民族的独立与自由而奋斗！"

遗憾的是，冯将军的警世之言和科学预见，却湮灭在当时国内投降派甚嚣尘上的"中日友好"、"中日提携"、"中日亲善"浊浪之中，没有发挥到其应有的作用。

**（三）冯将军派我去陕北**

从1933年底，在我处理完抗日同盟军烈士张金瑞等人的后事以后，就继续留在冯将军身边工作。由于我的爱人和孩子都在北平（爱人赵冠中，一直在李德全女士任校长的求知学校任教），所以，这一阶段我的主要任务就是往返于泰山和北平之间，担任冯将军与外界的联络工作，并参加宣侠父同志组织筹建"反帝大同盟"的工作。

1934年春节后不久，宣侠父同志告诉我说，他已和肖明（我的入党介绍人，时任中共北方特科兵运负责人）商妥，为了加强陕北苏区和外界的联系，北方特科想派我到驻防陕北的陆军八十四师去工作，并让我把这个意见带给冯将军，请他介绍我到八十四师去。

八十四师，是原来冯将军领导的"西北军"旗下的部队之一，当时受杨虎城直接领导。师长高桂滋是冯将军的老部下，该师第499团团长任子勋，是我在苏联基辅军校的老同学。

我从北平回到泰山后，没有明确向冯将军报告宣侠父同志给我布置的任务，而是按我和宣侠父商量好的口径对冯将军说：现在，抗日同盟军虽然失败了，但是，积蓄抗日力量还是一件非常重要的事情，我的老同学任子勋现在就在八十四师当团长，他早就表示过希望我能去帮助他，咱们现在直接下到作战部队去，正是扩大宣传抗日的好机会。冯将军爽快地接纳了我的意见，并说："这样也好，你可以下去做点实际工作，但是我有言在先，我需要你的时候，你要马上回来。"冯将军亲自给高桂滋师长写了一封信，让我面交给他，并告诉我，去后一定要多做团结抗日工作。

1934年5月，我经西安到达陕北绥德，任子勋已经在位于绥德正阳街的高桂滋师部里等我并领着我去面见高桂滋。我送上了冯将军给高的亲笔信，高当即委任我为第499团副团长，具体负责部队的训练和宣传工作。

499团团部驻防在黄河边上的吴堡，过河便是山西，该团主要负责吴堡至佳县之间的河防。名曰“河防”，实际上就是封锁陕北苏区对外界的联系通道。当年，499团一营就随团部驻吴堡。营长杨学武，也是个老西北军，标准的关中大汉（个子和我差不多），此人平时不大爱说话，他知道我是从冯将军身边来的人，又当过军校教育长，对我十分尊重，每次他们营训练时，他都主动请我去指导。我也经常鼓励他们锻炼杀敌本领，做好抗战准备。

七七事变以后，八十四师奉命从陕西绥德开往绥远参加抗战，先后参加了南口大战、河北沙城保卫战等战役，特别是在1938年参加平型关战役时，战功卓著，损失惨重，全师伤亡达2600多人，杨学武营长也光荣牺牲在平型关北面五里的团城口战场，这是后话。

那时，在陕北领导红军闹革命的主要是刘志丹、谢子长、高岗、闫红彦、习仲勋等人，他们1934年时和中共北方特科有联系，但和当时的中共中央还未能建立直接联系，中央红军当时也还没有到达陕北。冯将军1931年在山西汾阳时，便和刘志丹、闫红彦等人有联系，并出资、出枪、出人直接支持过红军游击队。

由于陕北土地贫瘠、地广人稀，当时闹革命的经费来源，除了靠打土豪以外，就要依赖从陕北向外界贩卖中草药材、鸦片烟土等维持，而与外界联系的主要通道，就是东渡黄河，经过山西。

我到吴堡以后不久，陕北党的地下交通员郝继先，就按照预定的暗号和我联系上了，他的主要任务就是从陕北带东西过黄河，然后再带回苏区需要的药品、情报等。在一年多的时间内，我总共掩护他经过防区六七次，每次都很顺利，但有一次却差点出了大事儿。那次他带的烟土较多，大概有30斤，按照往常从渡口过河的风险太大了，因为毕竟东西太多。后来，还是他想出了一个办法：以陪我到黄河上休验坐羊皮筏子为由，他事先准备好一个大羊皮筏子，把烟土藏在一个羊皮袋里并充满气，和其他充满气的羊皮袋一起绑在筏子下面，我坐在筏子上，还有我的勤务兵王志欣和另一个划工，连郝继先自己在内，4人一起过河。但哪里知道，由于羊皮筏子增加了30多斤重量而且又是在水下，下河时倒

没有什么，但一接近河中心的激流，那个在筏子前面跪着划水的划工却怎么也控制不住皮筏子了，大家双手紧张地抓住筏子的木杆，任由筏子随激流上下颠簸，一直漂流了10多里还是无法到达对岸，最后，幸好遇到了一个回水弯，我们才在划工的指挥下一齐伸臂划水，总算靠了岸。这段在黄河激流里的惊险经历，至今想起来都有些后怕，当时，如果撞上了暗礁，后果真是不堪设想。

1935年10月中旬，我接到冯将军发给我的“速回泰山”的电报后，便和高桂滋师长及任子勋团长告别，东渡黄河，经过山西，直接回到泰山。从那以后我再未和郝继先联系过，但是天下之事，真是“无巧不成书”，30多年后的1967年，又突然有两位外调人员到南京找我，要我证明“假共产党”郝继先的历史问题。这时我才知道，郝继先这位1931年就加入中国共产党、在白区游刃有余的地下老交通员，在“文革”中竟然被打成了“大烟贩子”。我如实写了证明材料，特别向这些不懂历史的年轻人详细讲述了当年在贫瘠的陕北闹革命是多么不容易，并非沾上鸦片烟土就是“假共产党”，当年许多在白区从事地下工作的共产党员，都是拿烟土来换取工作经费的。而更使我惊奇的是，从外调人员的口中，我才知道了郝继先有个女儿叫郝秀英，她以后嫁给了一位八路军老干部，而这位老干部不是别人，正是在1932年考入汾阳军校，并经我批准加入中国共产党的王洁清同志（现任中国人民解放军工程兵司令部训练部部长）。1982年我去北京参加纪念冯玉祥将军百年诞辰活动时，才和阔别近半个世纪的王洁清同志见面。回首往事，大家都有说不尽的感慨！

## 二、为抗日冯将军再赴南京

1935年8月，黄河山东段决堤，山东西部大片地区遭灾，冯将军为流入泰安的难民送了大量干粮，并为泰山的小学生各做了一套衣服。恰在此时（1935年9月4日），冯将军忽然接到了孔祥熙的一封电报，说要到泰山来看望他。对于紧跟蒋介石、唯蒋介石之命是从的孔祥熙，冯将军此时从内心是不愿见他的，考虑再三，冯将军便给孔发了一封电报：“X电敬悉。为灾民北来，诚万家生佛，此时政府应全力救灾，即可赎以往之罪，并可收到已失之人心。请竭力主持，我为千万灾民三叩首矣。”孔祥熙接到冯将军的电报后，吓得再也不敢来了。

10 月 19 日，蒋介石又从南京给冯将军发来密电：“泰安探交冯委员焕章吾兄钧鉴：密。比来尊体如何，遥为康吉为颂。中央第六次全会举行在即，党国要计，均待商讨，甚盼大驾早日惠莅首都，共商一切。谨电速驾，不胜祷企！弟中正叩皓侍密东。”

接到蒋介石的密电后，冯将军在日记上写道：“我以国事危险如此，不论如何，我应走一趟，把我要说的话完全说了，至于我个人之危险与否，应不问也。”但是，对于去不去南京这个问题，冯将军身边的人却形成了意见完全相反的“两派”。“赞成派”以董志诚、王倬如、赖亚力等人为首，他们和冯将军想的一样，国家存亡已到危机关头，无论个人安危如何，都应该到南京去，促进全国抗战成为事实。而以余心清为首的“反对派”，论据也很充足，他们从蒋介石的一贯表现，特别是扣留胡汉民、软禁李济深等一系列历史事实，来证明蒋介石是一个不计手段、毫无信义可言之人，冯将军去南京的风险太大了。

但冯将军为了抗日大局，意志坚定，没有接受余心清等人的劝告，毅然乘车南下，于 1935 年 11 月 1 日到达浦口，11 月 2 日出席了国民党中央六中全会第一次会议。11 月 18 日，冯将军被南京政府任命为军事委员会副委员长。

### （一）力促国共秘密会谈、合作抗日

1936 年是中国近代史上一个相当重要的年份，这年一开始，我们这些初到南京的人就感到首都的政治气候正在发生着微妙的变化。

1 月 1 日早晨，蒋介石带领着国民政府的文武百官近千人举行了隆重的谒陵仪式，当天中午，又在南京中山东路的“励志社”举行了人数众多的茶会。冯将军除了参加上述活动外，还应接不暇地会见了很多政要。我印象最深刻的是，当天下午和张治中进行了一个多小时的会谈，晚上又和孙科进行了近两个小时的会谈。由于冯将军当时就住在中山陵，所以孙科是步行来的（孙科住在四方城北面自家的别墅里），但是，由于冯将军和他们都是单独会谈，所以，我们虽在冯将军身边，但也不知道他们谈了些什么。

1 月 4 日，冯将军带着他的两个儿子（冯洪国、冯洪志）、王倬如和我，一起去看望

在汤山疗养的蒋介石。冯将军和蒋介石二人一边泡温泉，一边聊天，两人谈了很久。在回来的路上，冯将军的心情很好，说了很多关于汤山的历史典故。快到住处时，他突然冒出了一句：“看来蒋先生真的决心抗日了。”因为他没有接着再往下说别的，所以我们其他人也没有接他的话茬。

1月6日，冯将军又带着王倬如和我到了蒋介石在黄浦路的官邸，两人密谈了约两个小时，其间，叫王倬如进去过一次，王出来后也没有对我说任何事情。当时，我就预感到冯将军和蒋介石一定是在谈一件很秘密的事情，出于我们跟随冯将军多年的习惯，他不说的事情，我们是从来也不敢多问的。

1月9日，冯将军在晚上七点又开车去了蒋介石官邸，也是王倬如跟着去的，很晚才回来。

1月14日下午，冯将军专程到孔祥熙家同孔会谈了相当长的时间。

整个一月份下旬，冯将军都在忙着会见多名政要、社会贤达等，其中包括李烈钧、张溥泉、朱子桥，查良钊、范明枢等多人。其间，还于1月22日和1月28日两次会见苏联驻华大使，并单独进行了长谈。

2月6日下午，冯将军把我和王倬如两人召到他的办公室，一开始就说，现在的形势很不好，日本人一天比一天紧地压迫我们。外蒙古也趁这时候宣布“独立”了，内忧外患一天比一天严重。咱们来南京，是来抗日的。应该做点大事情。接着，对我们俩人说，孙大公子（孙科，当年社会上都知道“民国四公子”，大公子孙科即孙中山的儿子，另外三个分别是蒋介石的儿子蒋经国、廖仲恺的儿子廖承志和冯将军的儿子冯洪国）专门给他带来了孙夫人（宋庆龄）的信，谈目前是国难当头，国内各方人士一定要团结一致共同对敌，孙夫人在信中说，她已经和宋子文、蒋介石打过招呼了，建议国民党和共产党结束内战，重启合作，共同抗日。孙夫人的想法和他的想法完全一致，这几天主要就是忙着和各方（主要和蒋介石）磋商这件事。现在，蒋介石私下终于表态了，同意恢复和共产党的秘密接触，并要他和孙夫人拿出一个具体方案来，孙夫人已经在上海物色了一位很适合在国共两党之间进行斡旋的人选，此人也是冯将军的老朋友，名字叫董健吾。

董健吾是民国时期的一位传奇人物，他的公开身份是和美国基督教会有密切联系的中国基督教的一位著名牧师。和余心清先生一样，既是牧师，又是司徒雷登的学生、好朋友。但是他的秘密身份却鲜为人知，他是周恩来亲自发展的中共特别党员，我虽然于1931年就参加了中共北方特科，也是一个特别党员，但那时由于都是和组织单线联系，所以，我们都不知道彼此的真实身份。

冯将军接着十分郑重地对我和王倬如说，他对我们俩人十分信任，所以今天要我们帮助他来完成这件事：代表他到上海去，口头转达他对董健吾牧师的敬意，把他和蒋介石谈话的情况当面告诉董健吾先生，特别是要让董先生明确知道，他和孙夫人的立场完全一致，请董先生一定按照孙夫人的安排，尽快到陕北去和中共方面联系上。冯将军一说，我和王倬如马上心领神会。因为这是冯将军行事的一贯风格，凡是他认为的重要机密事，从来都是口头传达给心腹之人秘密执行，绝对不会利用电报、电话等通讯工具或留下文字记录。例如与郭松龄签订密约、派李兴中联络两广、派余心清联络四川和福建等，从来都是不留任何“把柄”的。

1936年2月11日，我和王倬如乘着冯将军的司机张子义开的专车直奔上海徐家汇，到位于徐光启墓园西侧的董健吾家中，圆满完成了冯将军交给我们的任务，并于当夜返回南京向冯将军汇报。我们去上海那天，天公也十分作美，来去都是大晴天。后来我听说，那天晚上我们汇报后冯将军心情非常好，但又不能在日记上真实记录这件事，于是在当天的日记上写了下面一段话：“为大众革命需有些好朋友，即无话不说的朋友，自能成，否则为孤家寡人，还有什么呢？”

也许有人会问，当年冯将军手下那么多人，为什么像拜会蒋介石、联络董健吾等机密工作，单单要让我和王倬如两人参加呢，这正表明了冯将军用人是心中有数的。我从1923年起，就在冯将军身边工作，双方相识相知，我对他忠心耿耿，他交给我办的事，我从未出过差错，所以，他才委任我担任“交际课长”，要我代表他外出办各种事情。而王倬如是北京中法大学毕业的高才生，智谋多、文笔好、口风紧，冯将军认为他是个人才，从他就任“副委员长”开始，就委任王倬如担任“机要秘书”之要职。

其实，当年董健吾去陕北的行程，中共上海地下党早已做了周密安排，1936 年 2 月 27 日，董健吾肩负着民族和历史的重托，平安抵达当时中共中央所在地、陕北的瓦窑堡，并亲自向中共中央领导人周恩来、董必武、叶剑英、林伯渠、李克农等人详细汇报了有关事宜。至此，已经中断了近十年的国共两党中央的联系，又秘密地重建起来。为适应新的形势，从 1936 年 2 月起，中共中央就将“抗日反蒋”的口号改为“国共合作抗日”了。

令人遗憾的是，董健吾这位为国共合作抗日做出过巨大贡献的传奇人物，没有死在日本人的刺刀下，没有倒在内战的炮火中，却在“史无前例”的“文化大革命”中，和他的老朋友、“老教友”余心清先生一样，被“革命小将们”当作“帝国主义走狗”、“美蒋特务”而活活整死了，真是历史的悲哀！

### （二）秘密会见中共代表肖明

自从董健吾为国共两党搭起了秘密联系的桥梁后，中共中央十分希望能和冯将军直接联系上，并做出了一定的努力。

1936 年春节后不久，中共中央就曾派遣过冯将军的老部下、在中共北方特科做兵运工作的王梓木来南京，想与冯将军建立直接联系。

王梓木是冯将军原西北军校的学生，也陪冯玉祥将军在泰山住过。他有很多老同学和老师当年就在冯将军身边工作，如张公干、刘致钧、刘钧初、周茂藩、赵力钧、常永明、白英振、陈天秩和我等人，王梓木还是我留苏时的同学。也许由于王梓木认识冯将军身边的人太多了，他到南京的消息也被时任冯将军副官处长的潘蕴玉知道了，潘当时思想是很右的，对共产党也有成见，他对王梓木的真实身份是了解的，便立即扬言：“王梓木要是敢来找冯将军，我非把他送到宪兵司令部不可。”这话当即就被常永明偷偷告诉了王梓木，王未敢在南京多停留，立即到上海去了。

1936 年 4 月的一天（具体日期我记不清了），冯将军夫人李德全的大弟弟李连山（1928 年即秘密加入中国共产党）突然出现在南京头条巷 24 号的“冯副委员长办公厅”。他自己说是从北平来的，当时冯将军正在接见老部下梁冠英，就叫我派车先把他送到陵园“韩公馆”，那时，冯将军的夫人李德全和孩子们都住在韩公馆。

当天，冯将军回到韩公馆后，突然命在他身边工作的冯纪法（冯的本家侄孙）给我来电话，要我立即到韩公馆去。我到了之后，看到冯将军和夫人李德全正在和李连山交谈，见我来了，冯将军说：“你马上到下关去接个人。”李连山接着说：“我陪你一起去，边走边谈。”在我们出门前，李连山小声地对我说：“我这次是带你的老朋友肖明来看冯先生的，为了怕出意外，我把他安顿在下关的旅馆里，我先过来见冯先生。当着你的司机，我们不便多说。”其实他是多虑了，当时因为我是冯将军的交际课课长，专给我开车的司机叫万金川，是个很可靠的人。我们很快到了下关热河路的大新旅馆（因为冯将军当年有位传令员就叫林大新，所以，我对“大新”这两个字印象特别深刻），我们在夜色中将肖明同志接上车后，直奔中山陵而去。当晚，冯将军在韩公馆和肖明进行了密谈。事后我们才了解，肖明那次来的主要任务，是向冯将军阐述中共发表的《八一宣言》的内容和意义。他对冯将军说：理解冯将军来南京的目的，也非常了解冯将军到南京几个月以来所从事的抗日活动，并十分赞赏冯将军积极促进国共两党建立秘密联系的义举。肖明诚恳希望冯将军发挥更大作用，早日促成国共第二次合作。冯将军也向肖重申：“今后不管遇到什么困难，受到什么挫折，也绝不违背 1931 年我们在峪道河会谈的精神。”

在和冯将军秘密会谈后，冯将军夫妇还陪同肖明同志共进了晚餐。当夜，肖明同志就在李连山同志陪同下，离开南京到上海去了。临行前，肖明同志还鼓励我珍惜在冯将军身边工作的机会，发挥更大作用。

冯将军到南京后所表现的抗战决心、爱国热情以及为发动全民抗战所做的种种努力，获得了全国人民和中国共产党的高度赞赏与支持，他成了人们心目中坚持抗战的领军人物。毛泽东在 1936 年 12 月曾专门致信冯将军，信中说：“得悉先生一腔抗日救国之义愤，虽没有和先生见面，等于见了一样。”……“目前急务似无急于停止内战，诚得先生登高一呼，众山应急，今日停战，明日红军与西北‘剿共’各军立可开进于绥远战场。否则，长城淞沪诸役前车可鉴。日蹙国百里，虽噬脐而无及矣！”毛泽东的信，可算是对冯将军的最大褒奖。

1937 年 2 月 15 日至 22 日的国民党五届三中全会上，冯将军联合宋庆龄、何香凝、

孙科、李烈钧等14位国民党左派人士，提出“恢复孙中山先生手定的三大政策案”，该提案获大会通过。中国共产党中央也及时致电国民党五届三中全会，提出五项要求和四项保证。至此，国共两党的秘密会谈转为公开，“国共合作、共同抗日”的新局面由此诞生。

### （三）营救“七君子”和共产党人

冯将军是一位以民族大义为重、很有正义感的人，也很看重个人的品德，他一贯主张“少说空话，多做实事，甚至做了不说”。由于他认定“共产党是朋友，日本鬼子才是死敌”，所以，从他1935年底到达南京，并就任军委会副委员长以后，积极营救“七君子”和许多被当局逮捕的共产党员、进步人士以及许多进步学生。

#### 1. 营救“七君子”

1936年5月，虽然当时国共两党秘密联系的通道已经建立，但是，以蒋介石为首的国民政府，仍然公开执行着“攘外必先安内”、围剿中共、继续进行内战的政策。但是，随着日本帝国主义对中国的侵略和压迫日甚，全国人民要求停止内战、抗日救亡的呼声也日趋高涨。

5月初，以章乃器、沈钧儒等人为首的民主人士，在上海发起成立“全国各界救国联合会”，公开要求国民政府停止内战，释放政治犯，与中共谈判建立抗日统一战线。这些正当要求当然为国民党右派把持的当局所不容，于是，由时任上海市长的吴铁城和时任上海警备司令的杨虎出面，于1936年11月22日深夜在上海逮捕了章乃器、沈钧儒、邹韬奋、李公朴、沙千里、王造时、史良等七位救国会领导人。随后不久，又将这七人押解到位于苏州的江苏高等法院看守所关押，史称“七君子事件”。

11月23日上午，冯将军便从孙晓村处知道了这件大事，并在自己的日记中写道：“爱国的人们心中苦闷极了，真是伤心之至。”

11月24日，杜重远向冯将军详细汇报了“七君子”被捕经过，冯将军决定马上开始营救活动，并在当天分别找了主管党务及宣传的陈立夫和上海市长吴铁城，要求立即释放“七君子”，但是这两个人均以种种借口拒绝了冯将军的要求。

11月26日，孙科转交一封宋庆龄给冯将军的信（宋写于23日），信中请冯将军“主张公道，迅电蒋介石先生，立即释放章先生等七人，民族解放前途幸甚”！冯将军当即给在洛阳的蒋介石发去电报，电文说：“窃以为章等热心国事，祥亦素有所闻，尚非如报纸宣传之为共产党及捣乱者，且其设立救国会宣传救国，立论容有偏激，其存心为一般人所谅解，今若羁押，未免引起社会之反感，而为日人挑拨离间之口实。拟请电令释放，以示宽大。”

但是，蒋介石并没有接受冯将军的意见，他在 12 月 3 日给冯的复电中，将“七君子”污蔑为“执迷不悟”、“蛊惑人心”、“煽动罢工”、“扰乱秩序”。冯将军于 12 月 4 日再发电给蒋，明确指出，蒋了解的情况不符合事实，极力据理力争。但是，由于很快就发生了“西安事变”，“七君子”的事儿被暂时搁置下来。

1937 年 4 月，江苏高等法院竟然以“危害国民为目的而组织团体，并宣传与三民主义不相容之主义”等所谓罪名，对“七君子”提出公诉，还准备开庭审讯、判刑，这一事件激起了全国人民的抗议浪潮。同年 6 月，冯将军支持夫人李德全女士参加了由宋庆龄、何香凝等发起的“救国入狱运动”，请李德全代表自己，带着行李去苏州探望“七君子”，并要求法院羁押，陪着“七君子”一起坐牢。就这样，在以宋庆龄为首的国民党左派和全国人民的压力下，国民政府被迫于 1937 年 7 月 31 日将“七君子”无罪释放。

**2. 营救共产党人**

冯将军营救共产党员浦化人、张申府、张公干、周茂藩、华岗、楼适夷、张天民、国际友人胡志明以及很多进步学生的故事，以往发表的文章中都有记载。在这里，我只想重点说一下冯将军派我营救共产党员王沛南的故事。

王沛南又名王霖，陕西省华县人。1905 年生，1925 年参加中国共产主义青年团，1926 年和夫人高雅凤一起加入中国共产党，他和高岗、刘志丹、阎红彦、谢子长、习仲勋等人一样，是中共陕西地区早期的领导人之一，1927 年任中共陕西省华县县委书记。冯将军在“五原誓师”参加北伐后，王沛南就随同刘伯坚、邓小平等从苏联回国的共产党员，一起到冯将军的西北军中工作，王担任西北军校的政治教官。1927 年“蒋冯合流”后，王也是被冯将军“礼送出境”的中共党员之一。离开西北军后，1928 年 5 月曾与刘

志丹等同志一起组织“渭华暴动”，失败后任渭南中心县委书记，1929 年任中共陕西临时省委常委兼组织部部长。1930 年 12 月，王沛南夫妇调往北方，在中共北方特科的领导下，继续在中国北方从事原西北军系统的兵运工作。

1931 年，在山西峪道河隐居的冯将军与中共北方特科建立合作关系后，肖明即派王沛南夫妇以“冯将军邀请的教官”的公开身份，到山西汾阳军校（二十九军第二教导团）工作，而他的真实身份是中共山西汾阳地区特委书记，冯将军对王沛南是十分了解的。当时，在汾阳军校内，我的公开身份是教育长，王的公开身份是教官，我是上级。而在党内，他是特委的书记，我是特委的教育委员，他是上级。

正如我在本书第七章中所述，在王沛南的领导下，在冯将军的支持和掩护下，当年的汾阳军校和整个汾阳地区，中国共产党的工作开展顺利，有声有色，不仅成了“白区里的红色堡垒”，而且对中共在陕北建立苏区也做了许多重大贡献。

1933 年抗日同盟军时期，汾阳军校全体师生离开山西，北上张家口抗日，扩编为抗日同盟军第一军第二师，王沛南的公开身份是师政治部主任，我的公开身份是二师一团团长。抗日同盟军失败后，二师归还二十九军建制，仍编为一个团，直属冯治安将军任师长的二十九军第三十七师。在宋哲元军长、冯治安师长即将来部队检阅、点名的前夕，王沛南、贾振中（原军校一大队队长后二师二团团长、时任特委宣传委员）等同志因平时政治色彩较浓，不利于在二十九军中长期工作，便主动脱离了部队。我和周茂兰（中共特别党员时任二师三团团长）等人仍留在部队中。

王沛南从察哈尔省刚回到北平，便被国民党特务发现，并遭宪兵三团逮捕。“何梅协定”签订以后，宪兵三团被迫离开华北南撤，离开北平时，王沛南作为“共党嫌犯”被宪兵三团押回南京，因为他是军人，所以被押在南京城西上新河军人监狱。在种种严刑逼供下，王沛南拒不承认自己是共产党员，控方也没有确凿证据能证明他是共产党，最后，当局以“侮辱领袖、宣传赤化、蛊惑人心、破坏军纪”的罪名将他判刑十二年。

王沛南的详细情况，我们是在无意中得到的。原来，曾担任过冯将军传令队长的刘纯德（号佩九）有个姓王的安徽同乡（刘是安徽蒙城人），当时就在上新河军人监狱内做事。他和刘闲谈时，谈到了狱中有个“西北军”真的很“有种”，虽尝遍酷刑，但就是一口咬定，自己是一心要打日本鬼子，才对蒋委员长不敬，说了一些过头的话，根本不承认自己是共产党，大家都很佩服他。刘纯德把这件事告诉了我们，我又汇报给了冯将军，冯将军当即对我说：“这种人为抗日不该坐牢，你去上新河了解一下，能取保释放的话，你就把他保出来。”

我到军人监狱见到王沛南后大吃一惊，几乎认不出他了。经过两年多的牢狱折磨，特别是遭受种种酷刑后，他的身体已经到了崩溃的边缘，双眼已几乎失明，双腿也因上过“老虎凳”而无法正常行走。总之，一句话：惨不忍睹。看到老战友这个样子，我不禁心疼之极。我向冯将军汇报之后，他沉思了一会儿后交代我说：“你先去找一下何遂（时任立法院军事委员会委员长）和王用宾（时任司法院司法行政部长），向他们虚心请教一下有关的法律和条规，最好多要点文字资料，咱们了解情况后再决定下一步具体怎么办。”这两位都是冯将军的老朋友，我也都认识，特别是何遂，早在1924年“北京政变”时就和冯将军志同道合，冯将军在泰山隐居时，何还专门从南京去泰山看望他。当我带着冯将军的信去找他们二位时，他们都很热情，答应一定帮忙。

在做好这些前期准备工作后，在一次会议上，冯将军当众对时任宪兵司令的谷正伦说：“我有个老部下，抗日心切，说了些过头的话，被关押在你们的监狱里，听说还判了刑。”说到这里，冯将军转过头来，面对着也在会场的何应钦说：“难道要求抗日就有罪吗？我看订卖国条约的才有罪！”谷正伦马上打圆场说：“请副委员长放心，我马上就去查查这件事。”当时，由于冯将军就任副委员长不久，和蒋介石的关系也正处在“蜜月期”，谷正伦对冯将军是相当尊重的。没有两天，我就把王沛南从军人监狱里接出来了。当时，不仅是王沛南，只要是冯将军点名要的人，宪兵司令部都一律释放。

冯将军是个有责任心的人，王沛南出狱后，冯将军特别交代我，将他立即送到当时南京最好的医院——中央医院去治疗，并把王沛南安排到自己身边的研究室工作。直到“南京保卫战”前夕，由于王沛南的身体还未完全恢复，但南京形势已经非常紧张，在我们离开南京前，冯将军又派王沛南的老乡王寰平，将王沛南送回陕西老家继续休养。

在察哈尔抗战时期，中共前委书记柯庆施执行的“左”倾冒险主义路线，最后搞垮了抗日同盟军。当年，柯庆施为了推卸失败的责任，搞了两个极不光彩的小动作：其一，将抵制错误路线的、以王沛南为首的二师地下党领导人秘密开除出党（完全背着当事人），这叫作“找替罪羊”。其二，将抗日同盟军失败以后方才由宣侠父介绍加入中国共产党的吉鸿昌（1934 年入党）的入党时间，改为抗日同盟军成立之前的 1932 年，把吉鸿昌打扮成抗日同盟军的发起者和共产党在同盟军的领导人，这叫作“李代桃僵”。

后来，柯庆施一直在党内占据着重要领导岗位，并被封为“毛主席的好学生”。所以，由他一手造成的抗日同盟军的历史错误一直无法纠正，王沛南等人的不公正处分也一直得不到平反，党籍始终未能恢复。但是，这并不能影响一个真正的革命者发挥自己的历史作用。

抗战时期，王沛南拖着病残之身，写出多篇好文章，热情宣传全民抗战。他用手中的笔，和消极抗战、积极反共的国民党顽固派针锋相对、直接论战。当年（1941 年 1 月 5 日），当张慕陶（在察哈尔抗日时期和王沛南同时遭到柯庆施迫害，并无端被扣上了“托派分子”帽子）在陕西被蒋介石暗杀后，因为张慕陶无儿无女，其体弱多病、无依无靠的寡妻顿时身陷绝境。此时，王沛南毅然挑起了抚养和照顾她的重担，而且一照顾就是 20 多年，直至为她送终。如此侠肝义胆，不仅体现了同志情深，也充分体现了王沛南个人品德的高尚。

解放战争后期，在胡宗南大军南逃撤离西安前夕，王沛南不顾个人安危，说服了胡宗南的部分部下，在关键时刻起义、投诚，为保护古城西安做出了实际贡献。

1949 年以后，王沛南在老家陕西积极参与了“民革”和“民进”两个民主党派的组织建设工作，并曾担任陕西省政协委员和“民进”西安市副主委兼秘书长。

1957 年，在教育战线工作的王沛南，被无端错划为“右派分子”。在“史无前例的文化大革命”中，王沛南被打成“大叛徒”、“大特务”、“大右派”、“反革命”、“历史反革命”，再次受到冲击和摧残，隔离审查数年，家人及亲戚被整得“四亡一疯”。但是，他“命大”，此生虽遭到过两次灭顶之灾，但他均能坚持到最后胜利，凭着自己坚毅的革命信念，他见证了“四人帮”的覆灭，他是真正的劫后余生。

王沛南于1987年5月28日晚11时因病逝世于西安，各界隆重送别，陕西报界也对他给予了相当高的评价。

**（四）“西安事变”，惊心动魄的两周**

1936年1月6日，冯将军正式宣誓就任中央军委副委员长后，其办公厅设于南京中山东路头条巷24号（20世纪90年代南京市政改造、拓宽龙蟠路时，此巷已不复存在）。当时，何应钦命宪兵司令谷维伦，派宪兵连连长甘自励率宪兵“保护”冯将军的官邸和住所。明曰“保护”，实则是软禁和监视。本来，冯将军是自己带了卫队从泰山到南京来的，卫队长就是后来参加了中国人民解放军的葛效先。

在1927年徐州会议以前，冯将军可以说是既不认识，也很少听说过何应钦这个人。1933年，何应钦受蒋介石委派，接替张学良将军主持“军委会北平军分会”工作后，秉承蒋介石的旨意，对冯将军的抗日活动百般阻挠与破坏，甚至扬言，不惜以武力直接消灭冯将军领导的察哈尔民众抗日同盟军。当年，主持华北工作的何应钦，在日本帝国主义的压迫面前，步步退让，直至签订了丧权辱国、遭国人痛斥的《何梅协定》（梅津美次郎，时任日本驻中国华北派遣军司令），冯将军曾在不同场合严厉批判和痛斥过何应钦，因此，冯、何二人从此结怨。冯将军到南京后，虽身为军委会副委员长，但因思想、观点与何应钦、汪精卫等当时执掌实权的“中央大员”不同，故无时不在受监视之中。

由于工作上的关系，要经常和甘自励打交道的就是我（时任交际课课长）和葛效先、王华岑（时任警卫参谋）、周茂藩（时任警卫参谋）。我们几个人都是在冯将军身边工作多年的中共特别党员，我们本来就对蒋介石“嫡系中的嫡系”的宪兵很反感，更由于我们都清楚知道甘自励来的目的和任务，因此，即使同他打交道，对他的态度也较冷淡，这些情况，冯将军都看在眼里。

一天，冯将军特地将我和葛、王、周四人找来，亲切地对我们说：“我知道你们对宪兵是有看法的，也知道他们来就是何应钦派来监视咱们的。但是，咱们到南京干什么来了？咱们不是来做‘官’的，而是要团结一切人去抗战。宪兵虽然招大家讨厌，但你们应该想到，宪兵首先也是中国人，他们大部分也是爱国的。咱们要团结他们，主动和他们交

朋友，促进他们抗日。你们以为我不了解我的‘老弟’蒋介石吗？你们以为我不了解汪精卫、何应钦吗？咱们来就是要用行动影响他们，就是要用行动打击投降派，咱们团结的人越多越好。所以，你们以后在和甘连长打交道时，一定要记住我的话。”

从那以后，我们几个人，特别是葛效先，主动接近甘自励，同他交朋友，并常借工作之便，同他谈心，冯将军也曾在百忙中和甘自励聊过几次天。“润物细无声”，甘自励对冯将军的态度慢慢地开始转变，他从警惕到同情冯将军，从同情到敬重冯将军。

1936 年 12 月 12 日，张学良、杨虎城二位将军在西安扣留了蒋介石，“西安事变”爆发。李烈钧在得知消息后，急告冯将军。冯将军深知，当时的国内外形势，中国尚无人可替代蒋介石，故力主和平解决，即于 13 日给张学良将军去电，劝他以“同挽国难之大局为重”。并明确表示，自己甘当“人质”，去西安把蒋介石“换”回南京。同时给杨虎城、于学忠（时任甘肃省主席）、邓宝珊（时任兰州驻军首长）发出内容基本相同的电报，希望他们“就近维持，务以介公回京为要”。当宋美龄决定去西安时，冯将军的夫人李德全女士诚恳向她表示愿意陪她同机前往。但宋美龄当时考虑到此行确实凶险，婉言谢绝了冯将军和李德全女士的好意。历史已经证明，冯将军在“西安事变”发生后的第一时间，对形势的判断和所做决策，都是正确的。

西安事变发生后，一向主张对日妥协的何应钦，忽然一下子变成了主张讨伐张学良、杨虎城的“主战派”。他认定，冯将军是张、杨的同谋。加上冯将军力主和平解决西安事变，这就成了何应钦的死对头。所以，何应钦先是把“军委会”搬到自己家里办公，让身为“军委会”副委员长的冯将军“无公可办”；接着，又全面封锁冯将军的通讯联系，甚至要机要部门将张、杨发给冯将军的一切电报、材料等先交给他“处理”。这还不够，何应钦又秘密调动人马，在正对着冯将军办公厅大门的一座楼房里（位于今 714 厂大院内）和头条巷的南、北出口，设置秘密火力点，配备了重机枪、迫击炮等武器，准备在必要时，将冯将军和我们这些副委员长办公厅的其他人员“一锅端”。

甘自励知道这些情况后，冒着自己被撤职查办甚至被杀头的危险，立即将这一绝密情报告诉了葛效先。就在此时，一位在何应钦身边任参谋的、冯将军的远房侄孙女婿，也给冯将军送来了内容相同的紧急情报。

当时，驻扎在长江北岸瓜埠的部队，是冯将军的老部下梁冠英属下的一个团，团长曾纪瑞，是冯将军从“学兵团”中培养出来的老部下。中原大战时，曾纪瑞随梁冠英一同投蒋。可巧的是，我当年在“学兵团”就认识这位“老学长”。当时，住在中山陵园内“韩公馆”（韩复榘在中山陵园内新盖的一栋小别墅，位于灵谷寺的西南方向，现已不复存在）的冯将军，连夜命我从草鞋峡过江，找曾团长联系，见到曾团长后我未敢对他说出实情，而是说：“副委员长准备举行夜间渡江演习，要经过你的防区，请你准备一下。”曾团长听说老长官要来，非常高兴。我还特别交代，这是“秘密行动”，不可外传，但曾团长当时哪里知道，这正是冯将军准备紧急撤离南京的“秘密计划”呢！

幸好，西安事变和平解决，蒋介石于 1936 年 12 月 26 日，从西安平安回到南京，何应钦的毒辣阴谋才未得逞。

我注意到，在我阅读过的所有有关当事人谈及当年这段历史的回忆文章或文献中，没人提起过甘自励这个人。我觉得这是不公平的，应该把当时的真实历史情况留给后人。甘自励虽身为宪兵连连长，但是，他不顾自身危险，在危机时刻挺身而出救冯将军的事迹，是绝对值得称赞的。

当年，连冯将军本人，对甘自励也是心怀感激的。西安事变后，冯将军于 1937 年 3 月回安徽巢湖老家视察时，还点名请甘自励连长带宪兵“沿途保护自己”，他已经把甘自励当成朋友了。

“七七事变”前，甘自励调离了宪兵部队，他是广西人，听说以后回老家广西工作去了。

**（五）冯将军首先提出“持久的游击战”**

1936 年 3 月 27 日，南京是个春光明媚的好晴天，这天下午，即将从当时中国最高军事学府“陆军大学”将官班毕业的学员们，集体邀请“同班同学”、时任军委副委员长的冯玉祥将军，在位于南京中山东路上的“励志社”（今中山东路 307 号江苏会议中心）聚餐。“励志社”位于黄埔路口，距离冯将军的官邸很近，冯将军是步行过去参加聚餐的。

席间，大家请冯将军讲话，冯将军也不推辞，洪亮的声音立刻传遍整个大餐厅。

那天，陪同冯将军去会餐的，除我之外，还有冯将军传令队的周茂藩（后改名李养初）和刘钧初（后改名刘景皓）两人，我们有幸聆听了冯将军这场极为精彩的即席演说。冯将军从国内谈到国外，从中央谈到地方，讲形势，讲时弊，特别是在谈到必将到来的中日一战时，冯将军为引起大家的重视和警惕，他放高声调，将“必将到来”四字一连重复了两遍。冯将军透彻分析了敌我的态势及优劣后，说对付日本的最好办法是“持久的游击战”六个大字……洋洋洒洒，讲了一个多小时。大家全神贯注地听，很少有人动筷子，都说这是上“陆大”以来所听到的最精彩的一课。

以后的抗战史实证明，冯将军早在全面抗战爆发前，就提出来的“持久的游击战”战略观点，是完全正确的。

蒋介石当年也表示，冯将军的观点“很好”，并请冯将军“做个计划”。冯将军很认真地马上行动，请了宋聿修、陈天秩和“陆大”的几位教官一起拟了一份游击战战略规划，并派陈天秩乘飞机到洛阳，给当时在洛阳办公的蒋介石送去。但这个规划，并没有被以蒋介石为首的国民政府的重视和采纳，正面战场上仍然主要打的是阵地战和消耗战。与冯将军志同道合的，是毛泽东和中国共产党。抗战全面爆发后，毛泽东于 1938 年 5 月发表了《论持久战》，全面、系统、详尽地从战略和战术等多方面阐述了持久战的精髓，成了中国人民克敌制胜，最终战胜日本法西斯的法宝。

1938 年 11 月 1 日，冯玉祥将军在长沙广播电台演讲，再次批判“速胜论”，亲自号召全国军民坚持抗日持久战，其演讲的题目就是“我们应该怎样为持久战而奋斗”。

# 第十章

# 冯将军在抗战时期的几件往事

众所周知，冯将军不论是全面抗战爆发前，还是爆发后，都是代表国民党左派的最坚决的抗战力量。他在抗战中的故事很多，由于以往已有不少文献有所叙述，我也不是全面阐述冯将军在抗战中的历史，所以，我仅拣一些不为人知、我所亲历的事件叙述如下。

## 一、冯将军是执行抗日统一战线的模范。

1937 年 11 月 20 日，国民政府决定迁都，先迁武汉，后迁重庆。11 月 21 日，我便随同冯将军乘专列从浦口北上，经徐州、郑州赴武汉。途径河南信阳时，我陪同冯将军下车，在信阳附近视察平汉路南段的国防工事。而冯将军在南京邀请同车去武汉的沈钧儒等一批民主人士和文化人，则由专列直接将他们送至武汉。记得当时告别时，冯将军还曾和他们合影留念。11 月底，我陪冯将军到达武汉，开始住在汉口，但因驻地附近情况复杂，很快便搬到了武昌千家街的基督教福音堂，并在那里设立了“副委员长驻武汉办事处”，冯将军任命我为办事处主任。

这时，冯将军除了“副委员长”这个头衔和“上将”军衔外，已被蒋介石排斥了原在军队中所担任的一切实际职务。冯将军是一个闲不住的人，只要对抗战有利，他什么都热心去干。

当时，中共在武汉成立了南方局，负责人是王明、周恩来、宣侠父等人。八路军在武汉设立了办事处，办事处主任便是我的老同学王梓木，他们同国民党方面联系最多的人便是冯将军。1938 年 2 月初，宣侠父同志来找我，要我向冯将军汇报，请冯将军安排时间，王明、周恩来想与冯将军会谈一次。2 月 14 日，我安排了冯将军与王明、周恩来的

1938年冯玉祥将军在武汉视察抗战纪录片拍摄（第二排右起第八人为尹心田）

初次会谈，由于会谈是他们三个人秘密进行的，没有任何其他人参加。所以，这次会谈了什么，大家都不了解。2月19日，冯将军把我找去，递给了我一张纸，并说："你今天代表我到王明、周恩来那里去，同他们就下面这些问题深入交换一下意见。"我一看条子，上面写了三个问题：第一，动员在武汉的知识分子、零散军人回原籍发动群众抗日；第二，如何解决国共两党中层干部的摩擦；第三，如何进一步动员舆论、宣传抗战。我按时到了当时王明和周恩来所住的八路军驻武汉办事处，并同周恩来（王明未参加）等同志就上述问题交换了意见，回来后，我立即向冯将军做了汇报。

1938年3月7日，宣侠父同志一个人来到冯将军的办事处，与冯将军商谈下列问题（这次会谈我在座）。（1）动员冯将军派有作战经验的老部下回原籍组织抗日武装（冯将军爽快答应，以后很快便将在自己身边的魏凤楼、冯文华、冯宏谦等人派回原籍）；（2）建立广泛统一战线，团结更多的抗战力量；（3）请冯将军加强与国民党内和蒋介石有矛盾的元老们的联系，共同促进抗日。

当时，汽油是奇缺的战略物质，会谈后，宣侠父悄悄地对我说："我最近就要到西安去，你能不能想点办法给延安弄点汽油，让我带回去。"我当即表示一定尽力设法，并向宣侠父提出了我自己也想回到延安去。宣侠父当即很严肃地对我说："你的事我和恩来同志汇报过，也同梓木同志商量过，你现在的地位和身份太重要了，别人想来还来不了呢！"要我安心在冯将军身边为党工作。我说："那就这样吧，我先把爱人和亲属送回延安去，我自己以后再说"。

紧接着，我就以"副委员长驻武汉办事处"的名义，到汉阳找到了当时在军政部管物资的陈良，一看是冯将军处来的人，陈良十分配合，一下子给我批了 60 吨汽油，我就交给宣侠父同志带走了。但我当时绝未想到，此次与宣侠父同志一别，竟成永诀。数月之后，即 1938 年 7 月 31 日，宣侠父同志在西安遭军统特务秘密暗杀。宣侠父同志的牺牲，不仅使党失去了一位优秀干部，也在一段很长时期内，直接中断了我与党的联系。

为了动员有生力量赴延安抗日，也为了使外界对延安有更正确的了解，在此期间，冯将军动员了许多人到延安去。例如，台湾反日义士邱逢甲的儿子邱琮（时任中山大学教授），专程到武汉来找冯将军，想请他与中共方面联系，他想到延安去做一次比较全面的详细考察，不知中共方面是否答应。冯将军便派我带着邱教授，直接找宣侠父同志联系，宣表示热烈欢迎，并将他直接介绍给了当时正在延安从事外事接待工作的内弟金城。邱琮从延安归来后，写了许多赞扬边区的文章，在广东和港澳地区取得了很好的反响。1949 年以后，金城同志是中共中央统战部的主要领导人之一。

冯将军还将在自己身边工作的李正义、赵励军等多人派往延安学习，后来在徐州贾汪与张克侠同志一起领导"第三绥靖区"数万人起义的、冯将军的老部下何基沣同志，也是此时从武汉化装去延安学习考察的。

在此时期，我也与王梓木同志密切配合，先后共介绍了 100 余人去延安，其中包括我的亲属尹平、尹志云、尹焕章、许玉敏、阎宏亮、先宏敏、任云峰以及张金城等人。他们之中有人牺牲于抗日战场，有人以后成长为党、政、军的高级干部。我的爱人赵冠中和我义兄薛绍仁的爱人李文，两家人带着六个孩子，辗转跋涉，是 1938 年底才到达西安的。

他们虽然持有林伯渠同志开的去延安的介绍信，但因为当时国民党已对延安严密封锁，他们从西安直到蔡家坡，先后数次均未能越过封锁线，奔赴延安的希望终于落空。

## 二、枪决要塞司令蔡继伦

1938 年武汉大会战前夕，冯将军身边的一些工作人员，因形势变化，工作也有所变动。石敬亭将军任“军委会”战区军风纪巡查团团长，我任巡查团干事长，庞齐任军法总监部军法督查官。就在此时，冯将军突然收到一封“冯副委员长亲启”的信件，落款是“湖北宜昌市胜利路一号常德仁寄”，打开一看，工整的小楷毛笔字写道：

尊敬的冯副委员长：

我是一个普通爱国军人，驻守江防，深知责任重大。我们的要塞司令蔡继伦，天良丧尽，竟在修筑国防工事中弄虚作假，偷工减料，用竹竿代替钢筋修筑炮台，真是汉奸行为。

我知道，您是真爱国，不徇私情，值得信赖的好长官。事关重大，特向您报告，请您过问，派员彻查。

属下：常德仁 敬禀

冯将军看罢此信后，立即将石敬亭、庞齐和我请来，气愤地说：“平汉线上修的那些花架子工事，咱们看过了；这封信上反映宜昌的事，看来更严重。你们和郭忏（时任江防司令）马上联系，就说是我说的，请赶快成立个调查组，把这件事搞清楚，我要直接过问。”接着，冯将军一边反复看信，一边自言自语：“小楷字写得不错，文字也挺通顺，此人不是大老粗，不是普通当兵的，还说知道我，常德仁，常德仁……”忽然大声说：“常德仁？常德人！你们去查查看，写信的是不是湖南常德人？民国七年到民国八年，我就在常德。”

检查组很快组成，由石敬亭将军率领一行人，去了宜昌，过南津关，直奔石牌要塞。

石牌要塞位于今长江葛洲坝与三峡大坝间江段的一个大拐弯处，是控制三峡进出的咽喉。一年多以后开始的三峡保卫战，更证实了这个要塞的战略位置实在太重要了，难怪冯将军要亲自过问此事。

检查组的船到石牌码头时，要塞司令蔡继伦已一身戎装，摆好仪仗迎接。石敬亭直截了当说明来意：检查炮台构筑情况。并叫蔡立即准备洋镐、钢钎等工具，当场拆除一座新构筑的炮兵掩体检查。一洋镐下去，炮台的“水泥”厚壁就啃下来一大块，除外表刷些水泥浆外，里面全是松散的石灰砂浆；再一镐下去，被当作“钢筋”用的小竹竿也露出来了，再拆一座炮台，还是如此，蔡当场就吓瘫了。

石敬亭将蔡押回宜昌后，很快审讯结案。原来，蔡继伦与建筑承包商伙同作弊，从中贪污巨款自肥。还查出了，就是这个蔡继伦，远在1927年，就假借“国民革命军”名义，没收方本仁的财产自肥，是个老贪污犯了。

冯将军听了报告后，非常震怒，立刻电告“军委会”，将蔡继伦和建筑承包商等一干人犯逮捕，明正典刑，在宜昌将蔡继伦就地枪决。冯将军及时为一年多以后开始的、历时三年多、军事史学家称之为“东方的斯大林格勒保卫战”的三峡和石牌保卫战及时排除了“重磅定时炸弹”，功不可没。

而那位“常德仁”，却再未现身。调查组因为大战在即，很快投入更重要的工作，未能再抽出时间，仔细寻找“常德仁”这位真正爱国的、不齿功名利禄的中国军人、无名英雄。

1939年尹心田（中）于湖北抗日前线

## 三、指示鹿钟麟退出河北

1939年，西北军宿将鹿钟麟将军接替冯治安，任河北省主席。到任后，曾亲会朱德、彭德怀，与八路军关系也相当融洽。后来，随着时局的变化，鹿将军与八路军开始互有摩擦，影响了华北抗日大好局面。当时，所有关心抗战的进步人士，都为此事感到焦虑。而重庆等地的一些反动小报，也借机生事，幸灾乐祸地挑拨说："河北本来就是冯玉祥的地盘，现在共产党抢地盘都抢到了老冯头上了，看他再怎么唱高调吧……"

鹿钟麟将军当时也有心主动离开河北，但又不敢走。因为，当年韩复榘退出山东后，审判韩复榘并判处韩死刑的，就是鹿钟麟将军。蒋介石当年杀了韩复榘后，曾同时给沿海沦陷的各省下过命令，各省政府必须"守土抗战"，否则"严惩不贷"。正因为如此，当时的江苏省政府迁至苏北兴化，浙江省政府迁至浙西江山，福建省政府迁至闽西永安，广东省政府迁至粤北平远（后蕉岭）……但均在本省境内坚持抗战。

1939年元旦尹心田（右二）与部分留俄同学摄于湖北樊城

1940年4月16日，叶剑英、董必武、林伯渠、秦邦宪等人，亲到冯将军寓所（重庆市巴县中学），与冯将军秘密协商解决河北问题的办法。冯将军态度很明确："精诚团结，抗日救国，共同敌人是日本鬼子。"并以抗战大局为重，完全同意中共提出的请鹿钟麟将军离开河北的建议，同时商定：这次密谈内容不见诸文字，由冯将军选派一名中共、冯将军本人和鹿钟麟将军都信得过的人，直接去河北面见鹿钟麟将军，口头传达密谈内容。冯将军决定派我担当此重任。

我和警卫员陈庭宪从重庆出发后，经鄂西、豫西至洛阳渡黄河，到河北面见鹿钟麟将军后，除全面传达了冯将军与中共的密谈内容外，还传达了冯将军对鹿将军的特别交代：咱们不是军阀，不是"占地盘"，一切要以抗日大局为重。咱们把地盘交给八路军，是为了更好抗日，这和韩复榘擅自放弃山东国土不同。冯将军可以保证鹿将军离开河北后，不被蒋介石追究。

鹿将军得到冯将军的秘密指示后，心中有了底，这才离开河北，很快回到重庆；并且很听冯将军的话，待在家里，每天听由冯将军派去的老师赖亚力、王倬如等人讲时事政治课，闭口不谈河北往事，使有人妄图利用他做反共宣传的诡计落空。

我此次的河北之行，还有一个幕后"插曲"。

当时，曾长期在冯将军身边任副官处长的韩复达将军，其女儿韩某，已经由一个调皮的小丫头，出落成一位相貌姣好、亭亭玉立、回头率很高的大姑娘，并成了中央大学的学生，冯将军挺喜欢她。而自幼在冯将军身边长大的韩某，对冯将军也有恋父情结，表现得过于热情随便，因而引起了一些风言风语。无孔不入的戴笠得知后，觉得这是个天赐的中伤、打击冯将军的好机会，于是，添油加醋，散布流言；如此一来，甚至伤害了冯将军家庭成员间的感情。冯将军身边的人都对此事很着急，但却感到这是冯将军的家事，不知如何处理。我和余心清、王倬如等人商量后，决定先由余心清先生出面，以张仲和（字政之，河北获鹿人，是冯将军早年的好友。他因家庭矛盾，气急交加，中风失语而亡）为例，直言相谏，请冯将军不要再与韩某过分亲密，因为已经有人以韩某借题发挥，给冯将军造成了负面影响。然后，趁我这次去河北敌后的机会，将韩某带离重庆，用"釜底抽

薪”之法，化解矛盾，让谣言不攻自破，使戴笠的阴谋破产，并以此化解冯将军家庭成员之间的情感危机。

在赴河北途中，我对韩某循循善诱，讲明道理，鼓励她积极抗日，投身民族解放事业。韩某本来就是一个要求上进的青年，经我开导，到河北不久后，就参加了八路军，以后，还加入了共产党。1949 年全国解放时，她已成长为一名能干的中层干部了。

“插曲”本该到此结束，谁知，过了 20 多年后，又生出了另一个“插曲”。

20 世纪“文化大革命”中期，我家里突然来了两个年轻的外调人员，开门见山地对我说：“我们揪出了一个隐藏在党内多年的军统女特务，她参与过谋害冯玉祥，特请你来做证明。”我听罢后，先是一怔，然后突然对他们哈哈大笑道：“你们说的是韩某吧？”这一声大笑，轮到两个外调人员发怔了。

接着，我向他们说出了事情的来龙去脉，并在书面证明材料上写道：“韩某当年是个爱国的、要求进步的好青年，是我带她到河北后参加八路军的，她与国民党军统组织毫无关系，我对自己的证明完全负责。”从那以后，再无人来调查此事。

1955 年秋天，我的三儿子尹家衡，考入北京地质学院，从南京到北京去上大学。行前，我给李德全同志写了一封问候信，要尹家衡代替我去问候她。尹家衡到北京后不久，就到北京东城羊宜宾胡同李德全家中，去代我问候她。她十分高兴，便留尹家衡在家里吃便饭。席间，李德全同志突然放下筷子，注视着尹家衡，神色有些凝重地慢慢说：“你爸爸对我们冯家三代有恩啊！”因为，当年我在儿子面前很少提到我和冯将军家的往事，所以，当尹家衡听到李德全同志的话后，不仅摸不着头脑，而且对李德全同志当时的神态也感到十分奇怪。

后来，当尹家衡把这件事告诉我时，我一边听着，往事也件件浮上心头。可不是吗？我替冯将军迁过他父母的坟，我替冯将军照管过他的二儿子冯洪志，我还用“釜底抽薪”之计，将韩某从冯将军身边带走，冯洪志的妹妹冯弗矜当年在重庆自杀身亡，后事也是我处理的。但是，这些事，是我所尊敬的冯将军的家庭隐私，“为尊者隐”，是中国的传统道德观，我怎么能对儿子说这些事情呢？所以，当儿子问我时，我只是淡淡地说：“那

冯治安

张自忠

是你李阿姨的客气话。”说真的，我从一个农村的穷小子，在冯将军身边，最后成了一名将军，这是冯将军对我有知遇之恩啊！

公正地说，在处理韩某的问题和弗矜自杀的问题上，冯将军虽有不妥之处，但主要责任并不在他身上。“金无足赤，人无完人”。我今年 88 岁了，来日不多，说出这些事，也是为了对历史负责。

## 四、让日本鬼子为咱们宣传前线的胜利

抗战期间，由于日本法西斯军队强化“武士道”精神教育，在战场上想俘虏一名活的日本兵是不容易的，即便是失去战斗力的伤兵，往往甘愿自杀“玉碎”，也不愿被中国士兵生俘。在长期法西斯奴化教育下，日本兵把被敌方俘虏看成是生不如死的最大耻辱，所以，当年在抗日战场上（特别是在抗战开始阶段），生俘的日军是相当少的。

1941 年 1 月，豫南会战开始后，日寇主力经方城进犯南阳。当时，驻守豫西南的第二集团军总司令孙连仲，来不及调驻泌阳的该集团军主力部队第六十八军（军长刘汝明）

1991 年尹心田与第二任妻子黄续汉赴湖北宜城参加张自忠将军殉国 50 周年纪念

回防，便在五战区司令部的协调下，将正在邓县休整的第三十三集团军（总司令冯治安）所属的第五十九军急调南阳前线增援。五十九军由原第二十九军三十八师扩编而成，是长城抗战的老部队。老师长就是抗日名将张自忠。当时，该部还处在失去老首长的悲痛之中，一听到要上前线，个个磨拳擦掌，誓向日寇讨还血债。

第五十九军在军长黄维纲、副军长孟绍濂、参谋长翟紫封的率领下，以急行军速度赶到战场，立即给正疯狂进攻的日寇来了个迎头痛击，并随即开始反攻。在攻占南阳时，由于部队神速勇猛，打蒙了防守的日军，一下子便生俘了十来个来不及逃跑的日本兵（包括部分伤员）。冯将军在重庆得知捷报后，连夜给冯治安将军发报说（大概意思）：听到前线大捷，兴奋得夜不能寐，特别是听到一次就生俘了十多个日本兵，更是可喜可贺。你们应该立即把这十几个俘虏押送到前线各部队，让大家都看看，小日本不是什么三头六臂，更不像投降派吹得那么邪乎。让日本鬼子为咱们宣传前线的胜利，鼓舞抗日军民士气。冯将军同时给黄维纲军长也发了贺电。冯治安将军当时立即按老长官的指点办了这件事，获得很大宣传效果。

如今的年轻人，对孙连仲、冯治安、黄维纲、孟绍濂、翟紫封这些名字，可能会感到很生疏，因为，现在已很少有人谈起他们。但是，历史不应忘记这一大批曾在祖国危难时刻，与日寇浴血奋战的、为中华民族的生死存亡做出过巨大牺牲和贡献的人。

## 五、以“退”为进，坚持抗战

冯将军在重庆期间，由于坚持抗战，针砭时弊，所以成了顽固派的眼中钉、肉中刺。有一次，轮到他主持中央党部和国民党政府联合纪念周，冯将军觉得这是一个宣传抗战的好机会，便从不指名地批评蒋介石开始，指名道姓地公开批评何应钦、顾祝同等多名军政大员。会后，张治中先生善意地提醒他：“今天你在纪念周上的报告得罪了不少人。”冯将军笑着回答：“他们也可以抓我的把柄批评我呀！在此时期，我也顾不得许多了。”

当时，已叛逃至上海的汪精卫在上海到处造谣，说冯将军早就秘密加入共产党了，是真正投靠苏联的“大汉奸”。汪精卫叛逃前，是国民党的副总裁，是仅次于蒋介石的二号人物，加上他的同党周佛海、陈公博也都是曾经加入共产党的，所以，他的谣言在当时的重庆并非没有市场，冯将军也为此感到很不高兴。有一次，他在同周恩来讨论国际国内形势时，就明确地说：“现在国内有三种汉奸，一是亲日的汉奸，二是反苏的汉奸，三是挑拨的汉奸……”

冯将军还在何应钦主持的中央全会上，以“退”为进，提出辞职，并当众宣读自己的辞职全文：“为实行三民主义，拥护中央，拥护领袖，精诚团结，抗日救国起见，已迹近赤化之嫌，恳请免去各项名义，送交法院治罪，以平自命有识者之气，特此请会允准。”

冯将军的辞呈，是声讨国民党顽固派的檄文，辞呈的言外之意是：“在你们眼中，凡是坚决抗日的，都是共产党？！”

当然，在当时，谁敢公开批准群众公认的最坚决抗日的代表冯将军的“辞呈”呢？

## 六、策反伪军，遭蒋介石愚弄

抗战期间，在冯玉祥将军的老部下中，不仅出过吉鸿昌、张自忠、佟麟阁、赵登禹、续范亭、郝梦龄等一批抗日民族英雄，也有人受“曲线救国”谬论蛊惑，丧失民族气节，随汪精卫当了汉奸，这是冯玉祥将军感到痛心疾首的事之一。只要有机会，他便想法挽救这些当了汉奸的人，张岚峰便是其中之一。

1944 年，在汪伪政权中任“方面军司令”的张岚峰，从河南商邱托人给身处重庆的冯玉祥将军送来一封密信，内容是：

焕公钧鉴：

敬禀者岚峰受公多年训教之恩，敌我之义，岂容不辨，报国之志，始终未泯。其所以屈身处此者，以待时也。倘我公能出川驻节宛（南阳）洛（阳），则职将有所表示。耿耿此心，惟天可表。翘首西望，不尽愚衷。

敬请钧安！

职张岚峰叩禀

冯玉祥将军接到这封密信后，十分高兴，因为策反工作见到了成效。他认为，张岚峰若能适时反正，对打击日寇、搞垮汪伪政权都是极为有利的。于是，亲自将这封信面交蒋介石，并正式请缨，愿出川去前方亲自策反伪军。蒋介石当面对冯玉祥将军也大加赞扬，并说：“老将出马，一个顶俩。”立即许以“华北招抚使”名义，并请冯准备择日出川。冯对蒋的话信以为真，回来后便立即加紧准备出川之事。但过了数月，却仍无下文。冯玉祥一再催问，蒋介石却总是借故拖延。直到 1945 年 5 月的一天，重庆各大报纸突然在头版头条以大字刊登蒋介石“任命熊斌为华北招抚使”后，被一直蒙在鼓里的冯玉祥方才顿悟：他再次遭到了蒋介石的愚弄，辛苦策反的果实和功劳，让蒋介石送给他人了。

这件事发生后的一天晚上，冯玉祥将军指着自己的肚子，对周围的人说出了一句极其沉痛的心里话：“我这里面盛满了别人给我的窝囊气啊……”这里所说的“别人”，正是冯将军的“把兄弟”蒋介石和何应钦之流。

若干年后，蒋介石的谋士、曾任“总统府秘书长”的黄伯度，在一次谈话中道出了“天机”。原来，蒋介石和何应钦当年一直没敢小看冯玉祥将军的政治能量和影响力。冯玉祥将军在中国北方诸省本来就深得民心、口碑很好，远在抗战初期，国统区在南方各省还靠“抓壮丁”扩充兵员时，冯玉祥将军到河南视察国防工事，给当地老百姓讲了几次话，号召全民抗战，“顺便”就扩充兵员上千人，这件事对蒋介石的刺激很大。现在，若把软禁重庆的冯玉祥将军放归“老地盘”，岂不是“放虎归山”，纵他“东山再起、后患无穷”吗？

老谋深算的蒋介石毕竟是“技高一筹”。抗战胜利后，冯将军确实有过一次与蒋介石讨论国计民生、兴修水利的谈话，冯将军还曾具体建议，“你（指蒋介石）管长江，我管黄河”。蒋介石立即抓住冯将军的口实，迅速地免去了冯将军的一切军职，令其退伍，彻底粉碎了冯将军原想代表中国人民和中国军队接受日寇投降的愿望，给了冯将军一个“水利考察特使”的头衔，还装模作样地派了位真正的水利专家做他的随员，将他放逐海外去了。

1945 年摄于湖北南漳城

左起：陈天秩、刘纯德、吉星文、张华堂、尹心田

冯将军明知又一次受到了蒋介石的愚弄，但也无可奈何。当他听到蒋介石竟派何应钦代表中国和军队去南京接受日本投降时，曾愤愤不平地说："让签订《何梅协定》的老投降派去接受日本投降，真是滑天下之大稽！"

## 七、期盼国共第三次合作

1946 年夏，冯玉祥将军出国前夕，当时已升任"第三绥靖区"总司令的冯治安将军，令我（时任"三绥区"高参）代表他自己和"三绥区"的领导核心（包括副司令张克侠、

冯玉祥摄于抗战胜利后

1953在中国人民解放军南京军事学院任教期间的尹心田

何基沣、李文田和参谋长陈继淹）去南京为冯将军送行，同时，还代表“三绥区”，捎去了美元若干，以壮老长官行色。

这是我与冯将军的最后一次会面，此次会面竟成永诀！冯将军要我转告老部下们，内战在即，形势凶险，大家千万别再给老蒋卖命，要想法“找出路”（两年多以后，“三绥区”在何基沣、张克侠两位副司令领导下，于徐州贾汪起义，全军光荣参加中国人民解放军）。冯将军感慨地对我说，这些年来，他看透了两点，第一，国共两党合作，中国一切形势都好，老百姓就有希望；国共两党一斗，中国就大乱，老百姓就倒霉。第二，蒋介石再独裁下去，必垮台无疑，谁也救不了他。冯将军还“幽默”地说：“咱们中国人真‘谦虚’，就说小日本投降吧，一个说是美国原子弹的功劳，一个说是苏联出兵远东的功劳，真是胡说八道！没有几亿中国人拼死抵抗了十几年，没有中国死死地拖住日本最精锐的陆

1988 年原第三绥靖区部分起义干部在南京的合影
后排：右二尹心田、右三过家芳、右四洪大中

军，小日本能这么快就投降吗？”

在冯将军一生不断革命的经历中，他曾以国民党元老之一的身份，亲身参加了第一次和第二次国共合作。他从国共两党两次合作与分裂的历史经验中，深切理解到“和为贵”的深刻道理。他在 1946 年秋离国赴美前夕，还给当时任国民党总裁的蒋介石上书，“一针见血”地指出：“今天，大局以和平为天经地义，国际要和，国内更要和。和了一切有办法，打了必有至痛至惨之结局。且打了还要和，任便打多久，到头还是和。……与其将来和，何如现在和，故和平为不二之计……”冯将军这些有远见卓识、掷地有声的金石良言，假如当年被当权者采纳，今日中国又会是何等面貌？！遗憾的是，历史是没有“假如”的。

“历史经验值得注意”。目前，海峡两岸局势已大大和缓，国共两党“第三次合作”实质上早已开始。在完成祖国统一大业的漫长而曲折道路上，重温一下冯将军远在 60 多年前说过的这段话，不仅有益，也是有深远意义的。

# 第十一章

# 不是“结语”

1922年，在上海出版的英文《时代周刊》，曾以当时中国的知识界和企业界为重点，散发过三万五千份问卷。问题很简单：“谁是当代最伟大的中国人。”答案很快揭晓，《时代周刊》在一期封面上以整版篇幅刊登了当选为当代最伟大的中国人（共12人）中的第一名和第二名的照片——孙中山先生和冯玉祥将军。

周恩来同志说过：“焕章先生六十岁，中华民国三十年。单就这三十年说，先生的丰功伟业，已举世闻名。自滦州起义起，中经反对帝制，讨伐张勋，推翻贿选，首都革命，五原誓师，参加北伐，直至张垣抗战，坚持御侮，在在表现出先生的革命精神……”

邓小平同志说过：“……冯玉祥是很值得我们纪念的人物，他一生有相当长的时间为国家和人民做了许多好事，他也是同我们党长期合作的朋友……”

乌兰夫同志说过：“冯玉祥将军是一位杰出的爱国主义者，可敬的民主斗士，著名的军事家和政治家，中国共产党的真挚朋友。”

如今，冯将军已辞世40余年了，按说，对其评价早该“盖棺定论”了，但现实并非如此。

由于冯将军晚年和蒋介石、国民党彻底决裂，所以，国民党的宣传机器早已将冯将军定格为“大反派”、“伪君子”、“模范军阀”、“百变军阀”，总之，冯将军是一个“反复无常”、“翻云覆雨”的“小人”。

1949年以后，在中国大陆，冯将军的社会地位，也随着国家主要领导人对他的态度，不断发生着微妙的变化

1949年9月1日，中华人民共和国诞生前夕，北平举行了有各界数千人参加的冯玉祥将军逝世一周年纪念大会。在那次大会上，有毛泽东亲题的挽词，周恩来、李济深、郭

沫若等先后致悼词，大会称得上是庄严、肃穆、隆重。

1953 年 10 月 15 日，冯将军的骨灰安放仪式在泰山举行，周恩来的挽词是：“纪念冯玉祥将军的最好办法，是坚决地进行反对美帝国主义的斗争。”

1954 年 7 月，时任国务院典礼局局长余心清、外交部礼宾司司长王倬如等多名冯将军的老同事、老部下，联名向国务院总理周恩来递交书面报告，希望国务院考虑筹备冯将军骨灰安放一周年纪念活动。周恩来在向毛泽东请示后，口头答复余心清、王倬如等人：“毛主席说，现在还有许多重要的事情等着办。”

从此以后，“冯玉祥”这三个字，淡出国内媒体。

1959 年庐山会议批判彭德怀时，“冯玉祥”也不幸“受到牵连”。毛泽东当时批判彭德怀时说：“我看你就是第二个冯玉祥。”接着，在林彪的发言中，一连给彭德怀扣上了四顶“帽子”：“军阀”、“野心家”、“伪君子”、“冯玉祥”！从那以后，冯将军的第二代，基本上都背上了“大军阀后代”这顶黑锅，并遭受歧视。到“文化大革命”时，“大军阀”的定论达到了“登峰造极”的地步。

直到 1982 年 9 月 14 日，由诸多原西北军爱国将领提议，经中共中央批准，由民革中央主持，才在北京举行了隆重纪念冯玉祥将军诞辰一百周年大会。特别是在大会之前，邓小平同志亲切接见了冯将军的诸多亲属，并说了前页那段肯定冯将军一生的话以后，“冯玉祥”才又“重回人间”。

众所周知，翦伯赞先生是位有造诣、博学、有正义感、负责任的历史学家，他曾明确表示：“我认识冯将军并不很久……”也就是说，他既不是冯将军的老同事、老朋友，更不是冯将军的“追随者”。在这里，笔者想借用翦伯赞先生《追忆冯玉祥将军》中的几段话，作为咱们［编者注：指当年为尹心田录音和在一起交谈的李玉玺、丁湑清、王留全等人］这些天来在一起愉快聊天的结束。

“冯玉祥将军在中国近代史上，是一个最辉煌的人物。他的一生，丰功伟业，脍炙人口，民国以来巨大的历史事变，几乎没有一次他不在场。可以说，如果在中国近代史上，抽出了他的名字，就会留下很多空白。

“……冯将军的一生，每天每时，都在学习，不断地学习，切切实实地学习。这在一个普通人也许没有什么奇怪，然而照一般的情形说，以他的地位，他就应该学会洋奴买办地主官僚党棍的习惯，把他的时间用于贪污剥削、卖国求荣、杀人放火、谋财害命，做一个祸国殃民的帮凶。以他的年龄，他就应该把他的时间用于嫖赌逍遥抽鸦片，做一个腐朽无知的元老，但是他都没有学会，所以在洋奴买办地主官僚党棍看来，他是‘欺世盗名’。

“由于冯将军在生活上保留着浓厚的农民习惯和知识之继续增长，所以在政治上就表现为不断的进步。照他的时代和环境，他可能做一个满清忠臣，但他没有，他参加了辛亥革命。在辛亥革命以后，他可能做一个北洋军阀的头目，但他没有，他从军阀阵营中举起革命的旗帜，反对曹吴，反对段祺瑞，最后誓师西北，参加了（民国）十五六年（1926—1927 年）的大革命。在大革命以后他可能像阎锡山一样割据一方，也可能像何应钦之流臣服蒋介石，但他没有；他曾经几次武装起义，反对蒋介石独裁。在反蒋失败以后，他可能像……白崇禧一样，认贼做父，投降蒋介石，但他没有；他隐居泰山，读书乐道。在“九一八”以后，他可能像汪精卫一样，假借共赴国难和蒋介石同流合污，用不抵抗主义，变相投降日本，但他没有；他发动了长城抗战，反对妥协。在抗战爆发以后，他可能像许多两面派的政客一样，不左不右，亦左亦右，但他没有；他和中共及左派的文化人做朋友，呼吁民主，主张团结。在政治协商会议破裂以后，他可能像孙科一样，望风转舵，反共反苏，以保持其禄位，但他没有；他跑到美国考察水利，到美国以后，他可能隔岸观火，看风转舵，但他没有；他公开反蒋反美，而且在美国反美，以致被取消护照，在取消护照以后，他可能接受美国国务院的收买，像……于斌这些洋奴一样，做美国反动派的工具，但他没有；他断然予以拒绝，毅然离美回国，参加新政协，以致因此而遇难。即因他没有做保皇党，没有做军阀，没有做卖国的汉奸，没有做蒋介石的帮凶，没有做美帝国主义的洋奴，而是一步一步向前走，所以在一切反动派看来，冯玉祥的为人是‘叛变’，是‘倒戈’，是‘反复无常’。”

# 附录

# 尹心田遗作摘选

# 我的家世和童年

## 一、南阳尹氏溯源

明朝万历后期，中央统治日渐衰落，北方游牧民族势力渐兴，南侵不断，原本太平富饶的山西省屡受刀兵之灾。待至明朝末年，社会动乱，天灾人祸，最终引发了山西的南迁移民潮。在移民队伍中，有位叫尹智恩的汉子，领着妻子庹氏、尚未成年的长子化龙及襁褓中的幼子化凤，和尚未成家的族弟伏严，于1637年从山西洪洞县出发，南迁至河南南阳城南55里，紧靠白河西岸的邓官营村。兄弟父子在汉江支流白河河滩上白手起家，勤俭耕牧，定居下来（族弟伏严后自立门户，迁至南乡尹营）。这位尹智恩，便是南阳地区尹氏智恩系一世始祖（据山西有关史书记载，山西尹氏，原从我国东北辽宁省桓仁地区辗转迁徙而来，古时属鲜卑一支）。

“天有不测风云”。1651年白河的一次大洪水，使尹智恩全家几乎遭遇灭顶之灾，不仅辛苦十余年创建的房舍田园瞬间被洪水吞没，尹智恩的老伴庹氏太君也命丧洪水。已进入老年的尹智恩经不住这场突变的打击一病不起，亦于同年逝世。尹智恩长子化龙携妻张氏及胞弟化凤将父母安葬于邓官营村东茔地后（该茔地因后来白河的一次大洪水，已荡然无存），被迫离邓官营外出逃荒。尹化龙夫妻流落至南阳城南20里的钦赐田村，在一家张姓大地主家当长工。其胞弟只身流落到南阳城东南60里燕洼（后改名尹洼）一带谋生，后娶妻肖氏另立门户。

## 二、龙虎庄的故事

在钦赐田村南约一里的溧河（白河支流）东侧，有一片低洼沼泽地，十年九涝，无人垦殖，一片荒芜。尹化龙不甘久居他人檐下当长工，便联合一位同是从山西逃荒而来，又同给张家当长工的余姓后生，移居于这片洼地之中，他们要用自己的辛勤劳动，创造自己的新家园。

两家定居后，却为给自己的村庄命名费了一番脑筋。按照常理，姓什么就叫什么庄，

或以本庄的特点、本庄引以为荣的人和事命名，如钦赐田村，就因该村张姓祖先当过大官，大片土地是皇帝赏赐的，故村名“钦赐田”。南边邻村，因祖上出过上大夫，故村名“大夫庄”。东面邻村，居民多为程、胡两姓，故名“程胡庄”。尹、余两家考虑，无论叫“尹余庄”还是叫“余尹庄”，对两家都不合适；后来，还是尹化龙名字中的“龙”字，给两家带来了灵感：既然一家是“龙”，另一家就是“虎”吧！“龙腾虎跃”，既好听，又吉利，象征着这个村庄今后定会兴旺发达。于是，从那时起，“龙虎庄”这个新地名，就在南阳大地上一直流传至今（而现代化的交通新建设，又在地图上给龙虎庄树起了明显的坐标：它恰好位于西（安）—宁（南京）铁路与南（阳）—新（野）公路的交会处。——编者注）。

尹、余两家及其后代，在这片洼地上开沟排水、整地改土，硬是凭着顽强的意志，不怕苦的精神，改天换地，站稳脚跟生存下来。但毕竟因为底子薄、自然条件差，生活一直没法与周边的富裕村庄相比。

河南农村中，有在秋收后请戏班子到村里唱戏庆丰收的习俗，富裕的村子，可请大戏班唱越调、二黄、梆子、“高台曲”等大戏，而贫穷的村庄就没有这样的财力了。因此，在南阳南乡一带，就流传着这样的童谣：

钦赐田，一圈墙（指寨墙，钦赐田村因此又名“寨上”）年年唱台大二黄。

玉皇庙，两头翘，年年唱台大越调。

龙虎庄，一圈沟（人工挖的排水沟），年年唱台帚头吼（即木偶戏）。

这首童谣，是对“龙虎庄”这个贫穷小村庄当年现状的最好写照。

随着岁月的流逝，到20世纪初，龙虎庄已由最初的两户，繁衍到五六十户人家，尹、余两姓各半，世代友好，和睦相处，亲如一家。

尹姓也从二世祖化龙，经自、大、文、连、成、东、有、振各辈，发展到十一世田字辈。

## 三、家世

我于1903年4月12日诞生在河南省南阳县龙虎庄一户普通农家，这是一个三世同堂的大家庭，我在同辈男丁中排行老九（见下图）：

**九 世** **十 世** **十一世**

- 尹有令（不详—1904） 王 氏
  - 尹振镗 王 氏
    - 尹兰田（1887—1945）
    - 尹青田（1888—1973）
    - 尹文田（1897—不详）
    - 尹世田（1904—1920）
  - 尹振汉（不详—1946） 平 氏
    - 尹砚田（1880—不详）
    - 尹玉田（1891—1943）
    - 尹元田（1892—不详）
    - 尹川田（1896—不详）
  - 尹振铎（徇之）（1872—1939） 冯 氏
    - 任尹氏（女）（1895—1973）
    - 尹心传（女）（1897—1986）
    - 尹甫田（子建）（1898—1961）
    - 尹心田（正庵）（1903—1998）

尹氏家族九世至十一世谱系图

我的祖父尹有令在同辈中是老大，一生务农，有一定组织能力，是这个大家庭中的绝对权威。他虽说没文化，但却认定了一个道理：不读书不能改变家族命运。但在他那个时代，对一户普通农家来说，让三个儿子都去读书，根本就是痴心妄想。于是，尹有令选择了倾全家之力，供天资聪颖的三子尹振铎（即我的父亲）一人读书，盼他能够出人头地。但遗憾的是，尹振铎在勉强读了几年私塾之后，因家庭经济条件太差而被迫辍学，过度恶劣的生存条件使他无法实现父亲的夙愿。就这样，直到1904年尹有令去世，这个大家庭再也没有培养出一位读书人。

随着尹有令的去世，这个多年三世同堂的大家庭遂即解体，老大振镗、老二振汉、老三振铎兄弟三人从此各立门户生活。

尹振铎在世上仅留下了一篇文章，这就是南阳《尹氏智恩系史志化龙系谱》中记载的《十世振铎、振清公遗训》：

凡吾氏宗族子孙，皆应听天由命，忠孝为本，奋力忠勇，鞠躬尽瘁，善始善终，报效大地养育之恩。

克勤克俭乃我族世代传家之风。盘中之餐，须知粒粒皆辛；半丝半缕，恒念物力为艰。

赡养孝顺长辈，乃做人之天职；欲继先人之志，祭祀不可不诚。教育子女，义不容辞之责；明事达理，诗书不可不读。即不能出人头地，可要做人中之人。不凌富于己，勿

仗势欺人。遇贫困多生温恤，见外财莫起贪心。幸灾乐祸亦是祸，忠厚本分福自存。施恩勿念，受恩莫忘。和顺齐家，切戒争讼。

正所谓：一勤天下无难事，百忍堂中皆是春。谆谆教诲，当铭在心。

这篇遗训，充分表达出了那个时代一位农村小知识分子的思想境界与做人规范。

## 四、我的童年

一个人，一个家庭的命运是和国家的命运紧密相连的。20世纪初，是中国五千年文明史中的最黑暗时期。就在中国近代史上最大、最屈辱的不平等条约《辛丑条约》刚刚签订后不久，在中国即将面临被列强瓜分的悲惨时刻，在腐败的清政府即将灭亡的前夜，我诞生了。我的诞生并没有给尹振铎这个处在社会底层的中国普通农民之家带来多大欢乐，而是带来更大生活负担，全家只能挣扎在天灾人祸、贫困艰辛之中。有几件童年往事，我终身难忘。

第一件，是我刚记事的时候，村里来了走乡串户卖“缸炉”（即烧饼）的小贩，我哭闹着要吃，但母亲却没钱满足儿子这一小小的愿望。

第二件，光绪三十三年（1907年）中秋之夜，发源于伏牛山区的白河突发洪水，在明亮的月光照耀下，白花花的大水漫地而来，整个村庄瞬间成了一片泽国，大部分庄稼、农舍被毁，大水过后，全村半数人被迫外出逃荒。

第三件，民国元年（1912年）刀客（土匪）袭击钦赐田村未遂，“捎带”扫荡龙虎庄，抢走耕牛等物，庄上一人被杀，多人受伤。

龙虎庄的遭遇就是那个时代中国农村的缩影。

但是，与同龄的多数农家孩子相比，我还算是幸福的。首先，父亲是个“读书人”，社会地位比一般乡亲高，受人尊重，正因为如此，出身于冯营殷实人家的母亲冯氏，才能下嫁到龙虎庄与父亲成亲，姥姥家的经济支持是我后来能读书的原因之一。

再者，我有两位好姐姐和一位好哥哥。大姐任尹氏（长9岁），二姐尹心传（长6岁）都是心灵手巧、女工一流、眉清目秀的好姑娘。她们对我这个小弟呵护有加，两位姐姐的婆家均为殷实人家。常言道“人有三家穷亲戚不富，有三家富亲戚不穷”。两位姐姐出嫁前后都是我上学的积极后盾，二姐尹心传更是为我奉献了一生。哥哥尹甫田（长5岁），勤劳忠厚，是家中主要劳力，18 岁时娶妻杜氏，夫妇全力支持父亲供养我读书。我后来年轻投军，家中门户全靠哥嫂支撑，他们辛劳一辈子，功不可没，这是后话。

## 五、启蒙教育

我认字读书始于六岁（1909 年），第一位启蒙老师便是我的父亲尹振铎。

已近不惑之年的父亲回想自己少年时代的坎坷经历和被迫中断的、曾承载着整个家族希望的读书梦，实在是有着太多的感慨和无奈。看着天性聪颖的小儿子一天天长大，他在小儿子身上又找到了自己童年的影子，一个曾经破灭和遗忘的读书梦又渐渐清晰起来，他决心把同样的希望，寄托在我这个小儿子身上。

读书是从背诵《百家姓》开始的。由于《百家姓》是四字相连，八字一韵，朗朗上口，便于记忆，所以一开始学便引起了我的兴趣。接着便是《三字经》、《千字文》、朱伯庐《治家格言》、《弟子规》等等。父亲读书虽然不多，但启蒙教育颇为得法，他从不逼迫我，而是设法调动我的学习兴趣，他经常在全家人吃饭时表扬我，说我今天又多认了几个字，哪个字写得很好，等等，树立起我学习的自信心……在学习时间的安排上，基本是学无定时。农忙、有事时少学，阴雨天、农闲时多学。龙虎庄缺少文化人，村里各家过年过节贴的楹联，基本上是由父亲尹振铎一个人包了，因此，背楹联也成了我的“功课”。我和父亲还经常以身边的景物、事件为题做楹联自娱，寓教于乐。在家里，除了大姐要帮助母亲料理家务和准备嫁妆外，二姐、哥哥经常是我不定时的“陪读”。正因为如此，从未上过学的二姐和哥哥，后来都能识字数百，这不仅令左邻右舍十分羡慕，也使得父亲很有成就感。二姐尹心传以后之所以能嫁给黄台岗村许姓望族的“洋学生”，除本人娴淑美貌外，我姐夫更看重的就是她能“识文断字”。

小孩子开始学习时，往往有两种情况，一种是被动的“要我读书”，一种是主动的“我要读书”。20 世纪初中国农村中难以想象的恶劣生活环境，父亲抱憾终身的读书经历和较为成功的启蒙教育方法，仿佛都在我身上留下了不可磨灭的烙印，使我那幼小心灵的深处产生了“我要读书”的强烈愿望。而父亲在经历了近三年的家教后，在有强烈求知欲的小儿子面前，已感到“江郎才尽”，教不下去了。邻庄是有私塾，但对这个挣扎着勉强生存的六口之家来说，入学费用的困难并不亚于一个今天考上大学的山区贫困生。正在两

难之际，一个偶然的机遇突然降临了。

历史车轮转到了1911年，这是中国近代史上一个最重要的年份。推翻中国千年帝制的武昌起义在这年的10月10日发生，史称“辛亥革命”。就在这年夏天，父亲童年时代的同学和好友王焕然先生应聘到龙虎庄的邻村大夫庄蒙馆任教。王焕然，字新斋，同治十年（1871年）生于南阳刘宋营，曾参加南阳丁酉科试，中拔贡，但以后两次乡试均未中举，心灰意冷，不再图仕，多年开馆教书并颇受好评。王焕然到大夫庄后不久，便到龙虎庄找尹振铎叙旧。旧社会的农村，虽然愚昧落后，但对读书人是相当尊重的，不仅如此，就是对已写了字的纸，也是尊重的，叫“敬惜字纸”，那时绝对没有“读书无用论”的市场。对“大先生”来访，尹家所有人顿有“蓬荜生辉”之感，对客人尊敬有加，年已9岁的我更不例外，再加上我毕竟已随父读了两三年书，言谈举止，当然与农村一般未受教育的顽童不同，这使王焕然对我不仅有了良好的第一印象，也同时产生怜爱之感。所以，在与父亲的交谈中知道尹家目前的两难窘境后，就产生了要帮助我上学的想法，只是因为不知我的天资如何，是否是学习的料子？一时拿不定主意，没有贸然把想法说出来。

临别时，父亲携我把王焕然先生一直送到村外西南方向的小土地庙，从这里再过一条小沟，就是大夫庄地界。就在相互道别之际，站在土地庙前的王焕然突然冒出一个想法，他要考一考我，看我天资如何。于是，便以眼前的土地庙为题，出了个上联：

近看——土地爷——夫妇——端坐——土地庙；

此联看似平常一句话，但既有“土地爷”与“土地庙”两个紧密关联的名词，又有量词、动词、副词，对我这个不到10岁的小孩子来讲，还是挺有难度。但因我和父亲平日常以做楹联为乐，所以，对联虽说不上“驾轻就熟”，但也并不紧张。我环顾四周，寻找对下联的灵感。

不一会工夫，我用手指着土地庙东边一棵杨树树梢上的鸟巢，一边思考一边慢慢念道：

远观——花喜鹊——雌雄——双落——喜鹊窝。

两位长者听后，一位惊喜，一位惊诧，还没等他们表态，我又指着大夫庄外瓜田中的瓜棚说：“还有一个下联。”接着缓缓念道：

远看——守瓜农——父子——仰卧——守瓜庵。

这下可乐坏了王焕然先生，他拍着双手连说：“孺子可教，孺子可教！徇之（尹振铎字徇之），你这个孩子我教定了。学费你别愁，我对馆主说，在我的修束中扣。”

就这样，我戏剧性地成了大夫庄蒙馆的正式学生，受教于王焕然先生。龙虎庄村外的小土地庙，是我的‘福地’，若无土地庙前那场‘即兴考试’，我还不知能否继续读书呢！

王焕然先生虽是拔贡出身，但并非腐儒。他为人平和，很少打骂学生，戒尺只是作为“威慑工具”挂在墙上，落满灰尘。他不像一般私塾先生那样，实行死记硬背的“填鸭式”教育，而是量才施教，鼓励为主。学生的作业，无论是作文、诗词，凡有中意者，他会在当众表扬之后，于放学时奖一把炒花生。王先生尤其可贵之处，在于他为人正直、“与时俱进”，是位很有爱国心的知识分子。他上课除教授四书五经外，也教“政治”，他给学生讲时事，讲国情，他推崇林则徐、左宗棠、尹昌衡，他敬佩孙中山，拥护辛亥革命。当“南北议和”后，袁世凯当权，南阳拥护孙中山的统领马云卿被暗杀、知府杨鹤汀被迫弃官后，他敢在同学们面前痛心疾首地骂袁世凯“没有好下场”。

我庆幸自己有位很好的启蒙老师，常言道“一日为师，终身为父”，我对王焕然老先生的情感确实如此。除父亲外，他是影响我世界观的第一位恩师。他的爱国主义情怀深深感染了我，他对我数年的谆谆教诲，使我受益终身。而王焕然先生也是一直以自己有我这样的学生自豪，这里有段插曲——

1940 年 6 月，冯玉祥的老部下、抗日名将孙连仲率部进驻南阳时，曾在其司令部驻地南阳城西南刘相公庄宴请南阳各界名流，共商抗日大计，王焕然先生和我的妻子赵冠中（时任南阳“徇之学校”校长）也应邀参加。席间，当孙连仲和其参谋长何章海都谈到同自己在西北军共事多年的尹心田就是南阳人时，王焕然当即插话：“他是我的三个得意门生之一（另外两位分别是建筑学家杨廷宝和农学家冯紫岗）。”孙、何听后，连说“失敬，失敬”！并端杯走到王焕然的席前说：“我们替尹心田敬老先生三杯！”孙连仲、何章海礼贤下士，一时传为佳话。

1913 年秋，以钦赐田村的张寨主为首，在该村办了南阳南乡的第一座现代小学（即“洋学堂”），王焕然受聘担任该校国文教员，便把我也带到该校继续读书。这是一座新式学校，除国文外，还有算术、自然、历史、地理等课程。我如饥似渴地学习着，并于1916 年以优异成绩毕业。

下一步怎么办？再继续求学，就要到离家 20 里的南阳县城里去了。20 里路虽不算长，但对我和我的家庭来说，已是可望而不可及了！我再次站在命运的十字路口艰难徘徊。

# 求学南阳，参加“五四”运动

## 一、求学南阳

1916 年春，正当我为不能继续上学苦闷时，我的五姨父王子恒（在开封上大学）恰巧从开封回南阳探亲。五姨夫是殷实之家，他也非常喜欢我，在他的鼓励、支持下，父亲最后终于同意我报考南阳县立第一高等小学（县城文庙），相当于现在的初中。

当时，南阳县立第一高等小学校长是杨林堂。会考作文题为“人贵有恒”。现在我还记得，我的应试作文写了这几层意思：一是说，一个人出生在世，父母养育成人很不容易，自己要有点志气，做一番事业才不愧为人；二是要择善道、抑邪恶，不做愧对祖辈、乡里的事；三是定了正确的人生目标以后，要有持之以恒、锲而不舍、始终如一的精神去实践。试毕，我的作文成绩名利榜首。父亲见我考中，高兴之余，他在朋友面前多次沉重地表示，就是拆房子卖地也要供我上学。我也暗下决心苦读，每学期，我的成绩都在前三名。

与我同期考入该校的还有高庙郜庄的士林（郜翰青）、唐河薛营的薛绍仁（寿甫）、桐河的杜兰田，城南赵营的杨廷采、杨廷煜二兄弟，刘宋营的刘德中、刘实中、刘贤中三兄弟，还有王汝磐、徐明堂等。在同班同学中，家境贫寒的郜翰青、薛绍仁和我最要好，我们三家不管是谁家送来好吃的，就一起自炊共享，不分彼此。翰青家里最苦，郜大伯打鱼挑到南阳城换几个钱给士林交学费，我父亲扛上红薯、包谷糁、红薯叶、芝麻叶给我们做饭吃。城里的官富子弟看不起我们这几个“乡巴佬”，我们三个也自然抱成了团。有一天，我们三个跑到卧龙岗，仿效刘、关、张“桃园三结义”，暗中结为金兰，薛绍仁年纪最大，是大哥，郜士林是老二，我年纪最小，是老三，意在用群体力量对付城里那些不友好的子弟。从那时起，我们三人成了一生的好朋友。

1918 年秋，我提前半年考入河南省立五中（现在的南阳市第一高级中学）。当时，南

薛绍仁（1900—1987）

郃士林（1901—1958）

阳镇守使吴庆桐的长子、次子，外号“大怪”、“二怪”和镇守使鄂参谋长之子鄂玉勉也同时考入河南省立五中，我们成了同班同学。

## 二、参加“五四”运动

1919 年，“五四”运动的消息从北京传来，省立五中的爱国青年学生立即动员起来，组成同学会，于 5 月中旬，在南阳县城游行示威，街头演讲，我和同学们一起高呼“内惩国贼”、“外争国权”、“打倒帝国主义”等口号，在粮行街、东门十字街、长春街、白衣堂演街头剧、贴标语。6 月中旬，南中同学会又配合“河南同学会联合会”发起的革命行动，分多路人马到街头宣传维护国货，抵制日货，到店铺查日货，封日货。南阳镇守使吴庆桐的鄂参谋长受学生爱国行动的影响，也参加了轰轰烈烈的群众运动。在一次群众集会上，他一手托一个日本造瓷器，一手拿一个中国人制造的精美陶瓶，站在讲台上高声说道：“同胞们！同学们！我手里这只瓷瓶是日本造，好不好？它不好！不仅不好用，还是日本人用来骗我们中国人的钱财，压我们的国货，是经济侵略！从甲午战争开始，日本是世界上所有帝国主义国家中，给我们中国带来最大灾难和屈辱的国家。”他当众把那只日本瓷瓶摔个粉碎，又把国陶举过头顶，高呼“维护国货”！学生们的革命行动对南阳社会各界震动很大，但是，以袁世凯为首的北洋政府，对热火朝天的群众运动采取了严厉的镇压措施。不久，南阳中学同学会自发组织起来的爱国运动，也被南阳镇守使吴庆桐镇压下去。但经过这次革命烈火的锻炼，加深了我对“国家兴亡，匹夫有责”的理解，也加深了我对日本帝国主义妄图亡我中华的认识，为自己后来成了一名坚决抗日的战士，打下了牢固思想基础。

# 我的留学苏联经历

## 一、冯将军命我留在苏联学习

1926年冯将军访苏期间，听从莫斯科中山大学校长拉狄克的建议，将随他访苏的许多部下送往苏联的各个学校学习，我是被送入军校学习的部下之一。

正待办理入学手续，我突然患了一种我从来没有得过的重感冒。这种感冒在潜伏期什么症状都没有，但一发作，不仅高烧不退，而且连续咳喘不止，让人透不过气来，几近晕厥、昏迷，而且是平常越健康的人，感染发作后症状越严重。苏方把我送进莫斯科一家著名医院治疗，并由一位苏联女大夫专门负责诊治和照料。

这位女大夫名叫丽娜，是位刚从大学毕业的实习大夫。她满头金发，水汪汪的大眼睛又明又亮，高高的鼻梁微微上翘，是位标准的俄罗斯美女。她对我十分友好，虽然语言不通，但靠眼神和手势，相互交流也并不困难。我至今记得，我们的第一次近距离接触，是她在我的额头上敷降温的冰袋；她对我说的第一句话是“中国人，你很英俊”（其实，这就是西方人常说的一句客气话，如同见了一个女孩子总是先说“你真漂亮”一样）。当时，我还不懂她说的是什么，恰巧那时周达文（冯将军的俄语翻译）就在我身边，他笑着翻译给我听这句话时，我还很不好意思。

## 二、进入苏联军校

### （一）异国的新生活

我病愈出院后，就和张金瑞等人一起被苏方安排进了位于莫斯科东郊的红军大学俄语速成班学习俄语。从那时起，我们便穿起了苏联红军的军装。当年苏联红军穿的军装，大家在电影里、画报中都看过，式样从20世纪20年代一直到60年代，基本没有大变动。但发的袜子就和中国不一样了，咱们不论长短袜，都是有底的，而苏军发的“袜子”，就是一双一米多长的、两头一样的长筒筒。这种袜子有一大好处：“袜底”穿烂了，不用补，

往后退一退，将前面烂的剪掉继续穿。另外一个不同之处是，由于军人主要是穿靴子，所以每个人都发包脚布（每块约 50 厘米见方）。因为包脚布是正方形，每天都可以变换不同的部位包脚，所以，一双包脚布可以用很长时间。

速成班结业后，我们一行数十人，集体去基辅军官学校报到。离开莫斯科前我办了两件事：

第一件：我和张金瑞、丁良俊、彭秉钧三人，都把出国前做的那套中山装交给了陈天秩，并说："我们现在穿军装，不需要那么多便服了，你现在是中山大学的学生，穿中山装最合适。"陈天秩笑着说："你们的衣服我穿着都大，再说了，我也用不着穿这么多衣服呀。"后来陈天秩告诉我，他把我们当年送给他的衣服，又转送给了他的其他同学。其中一套，送给了后来成了我的入党介绍人的肖明同志，这大概也是"缘分"吧？！

第二件：我用俄文给丽娜写了封感谢信，感谢她在我住院期间对我的精心照料，并告诉她我已从莫斯科红军大学俄语速成班毕业，马上就要去基辅了。结尾，礼貌地写了句"后会有期"。

我到基辅后，曾收到她的一封回信，内容也是一些平常客气话，信的末尾写了句"希望再见面"。我也礼貌地回了封信，并说了"如果去莫斯科一定去看你"等话。

基辅军官学校是当时苏联的一座重点军事院校，规模挺大，下设有步兵学院、炮兵学院、骑兵学院等。

当时，在基辅军官学校学习的中国学生有 70 多位，除国民一军外，还有国民二军、三军的，也有中国共产党和中国国民党派来的留学生。因我从军后，就在学兵团里当炮兵，这次我和张金瑞、彭秉钧、邹桂五、黄克俊、焦积华、庞化儒、刘松泰、庐匿才、张培哲、王维祭等人分配在炮兵学院，并分在同一个炮兵班，在这个班里中国留学生几乎占了全班同学人数的一半。分到骑兵学院的有丁良俊、祁光远、魏凤喜（魏凤楼的兄弟）、白云舟（内蒙人，善骑）、任增禄等，分到步兵学院的有任子勋、郝鹏举、李秉钧、冯午天、任玉润等。在基辅军校学习的还有：王梓木、李修业、周立杨、冯午天、曾涌泉、李啸仓、张成功等多人。

就在我分到炮兵学院后，没多久，丽娜又来了一封信。这封信可让我第一次领会到

1926年摄于苏联乌克兰首都基辅（左起：巴格连柯、尹心田、张金瑞、祁光远、张国珍、黄克俊）

了俄罗斯姑娘的热情大方和敢爱敢恨的泼辣劲，她竟然在信中称我为“亲爱的”，并附了一张十分漂亮的近照。她还要我不要像一般“东方人”那样不敢爱、不敢说，要我“表态”。这封信确实把我吓着了：

第一，我是冯将军亲自送来留学的，当时主要想的确实是努力学习、不辱使命。加之年龄不大，对交友之事也没多考虑过。

第二，说凑巧也不凑巧，当时，我正在看一本俄语版的希腊神话故事，原意本来是借看俄语文艺书籍，来提高自己的俄语水平，但希腊神话中“金羊毛的故事”却深深触动了我的灵魂。这个故事写的是一位希腊英雄到高加索寻找金羊毛，得到当地一位公主的垂青，千方百计帮助他；为了爱情，这位公主抛弃一切，帮助情人弄到了自己祖国视为“镇国之宝”的金羊毛，并跟他一起回到希腊；但最后，男女主角却都为这段异国之恋付出了巨大代价，结局十分悲惨。就在我为这篇神话故事的主人公唏嘘不已时，丽娜的第二封信恰恰在此时来到我的手中。

我斟酌再三，深怕自己也步那位希腊英雄的后尘，所以没敢再给丽娜回信，也没有把这件事告诉其他人，而丽娜也再未来信。一段时间内，什么事情都没有再发生，我原有些忐忑的心，也慢慢平静下来，全身心投入到紧张的学习之中。

由于我们在莫斯科突击学习俄语的时间过短，不少同学的俄语听、写、读的能力都不过关，对所学的课程根本听不懂。为解决语言、文字上交流的难题，学校专门派了一位在基辅军官学校即将毕业的中国留学生李特，来我们班当翻译，并请他当我们的俄语辅导老师。

苏联的冬季很长，冬天特别冷，但保暖设施很好，宿舍、教室、餐厅、体育馆都有暖气。我们多数时间在室内上课，只有6、7、8月份在野外上军事实战课。

炮兵专业的学习难度超过了我们原来的想象，因为我们的培养目标是炮兵指挥员，所以除必要的军事专业课外，仅必须学的基础课就有好几门，如气象学、数学、测量学、工程力学等，确实学得很吃力。那时，炮车都要靠马匹牵引，除了学习炮兵专业外，我们还要学怎么照顾马匹……当然，“一份付出、一份收获”，出国深造也确实开了眼界，增长了才干。过去在国内，主要是摆弄迫击炮、山炮等，最大口径不过82毫米；现在，连130毫米的榴弹炮、150毫米的加农炮，也不在话下。

苏联国土大多数是平原，公路、铁路交通比中国发达得多。苏联红军当时对发展能快速机动又能集中火力和有自我保护能力的装甲列车很重视，这也引起我对装甲列车的兴趣。联想到在国内我跟随冯将军以后，就是沿着当时已建成的京津、京汉、陇海及京绥等铁路线活动的，所以，当时我曾专门写过一篇关于装甲列车在实战中的战役、战术作用的论文。令我没有想到的是，就是这篇论文，使我回国后备受冯将军的器重，我竟然当上了西北军的第一列（也是最后一列）现代化装甲列车的“司令”，驰骋于京汉、陇海铁路沿线。而我的老部下、同志和学生张文舟，比我走得更远，进步更大，他后来成了中国人民解放军军事学院装甲兵系的第一任系主任和中国人民解放军装甲兵副司令，协助装甲兵司令许光达将军组建、强化了我国新一代装甲部队，并取得了骄人的业绩，这是后话。

1927年深秋，冯将军的副官长张允荣和内弟李连海，护送苏联顾问鲍罗廷、乌斯马诺夫等人，经外蒙古回苏联（令人遗憾的是，这些在大革命时期帮助中国革命的友人，在苏联30

年代的大清洗中，大多冤枉地被斯大林惨杀了)。张、李当时住在莫斯科大饭店，专邀我和另外几位留学生去见面，向我们通报了国内近况，我也托他们回国后，向冯将军汇报我们这批留学生的近况，顺便将我写的有关装甲列车的论文拿了出来，请他们转呈冯将军参考。

张、李回国时，一些在莫斯科中山大学等院校留学的同学，包括陈天秩等人，跟他们一起先期回国了。

军校的伙食完全是苏式的，以吃面包为主。对我们这些从小就生活在农村、过苦日子长大的北方人来说，伙食已经很不错了，不像一些中国南方来的同学，离不开大米饭。也许是遗传基因起作用吧（据家谱记载，我们尹氏祖先原是鲜卑人，是游牧民族），和许多中国留学生不同，我对牛奶、黄油、奶酪等奶制品有天生爱好，百吃不厌。

我们当时每月发的津贴费，有 40 ～ 50 卢布，大致相当于苏联红军中一个少尉军官的工资。对我们这些中国留学生来说，已经是相当“富裕”了（那时，买一公斤水果只要几

1927 年摄于苏联基辅军校

左起：张金瑞、黄克俊、尹心田、彭秉钧

戈比）。但对苏联学员则不然，首先，他们喝酒、抽烟就要花不少钱；除此之外，还有更大“开销”，就是花在女朋友身上。记得我们班上有个乌克兰同学，名叫波波夫，人长得很帅，同学们曾给他取了一个外号“神枪手”。他曾交过两个女朋友，都怀孕了，也都生了孩子，为支付小孩的抚养费，他的津贴费几乎是月月扣光，经常找同学们借钱。

### （二）班主任戈金

我们的班主任、教官是基辅军官学校的戈金老师，戈金老师对中国留学生十分友好。上课、管理都很认真，生活上也很关心。他以给我们上炮兵军事专业课为主，兼教苏联十月革命史，也就是政治课。

戈金老师当年30多岁，他原是沙皇军队中的一名士官，亲身参加过十月革命和国内战争，是个已有十多年党龄的苏联共产党员（布尔什维克）。十月革命后，他进入基辅军校深造，毕业后就留校任教。因为他是十月革命的亲历者，所以，和我们讲十月革命时驾轻就熟、十分精彩。因为学员中有我们这些中国人，也许是有意吧？他在讲课中，经常联系一些中国的实际。当时，中国国内革命的主力军是国民党。为快速壮大自己的力量，国民党在组织路线上往往是“走捷径”：先找有影响的人，宣传《三民主义》，争取他首先加入国民党；然后，再由这个人带动他领导的团体（或能影响到的人），集体加入国民党（冯将军就是在“五原誓师”时，带领全体西北军将士——也包括我们这些留苏学生在内，集体加入国民党的）。戈金老师明确指出，“集体入党”这种组织形式是不可取的，用这种方式壮大队伍，只能是浮夸地增加党员人数，但不能增强一个党的战斗力。而更危险的是，让一些对你这个党没有认识、动机不纯的人，在组织上入党后，会带来不可预估的负面影响。所以，一个党的党员数量多少固然重要，但更重要的是质量。他以十月革命为例说，当时，列宁领导的布尔什维克，人数不过30万，但革命觉悟高，他们靠坚定无畏的无产阶级革命信念和自我牺牲、带头奉献的实际行动，领导俄罗斯人民取得了这场震惊世界的革命胜利。

苏联的历史，确实验证了戈金老师当年的话。苏联共产党员人数30万时，成功领导了十月革命的胜利；苏联共产党员人数300万时，成功领导了苏联伟大的卫国战争和世界反法西斯战争的胜利；而戈尔巴乔夫领导的苏联共产党员人数达到3000万时，苏联垮了

1927 年摄于基辅军校野外炮兵演习地

右起：第二组右二为尹心田

台。这是多么大的历史讽刺！革命信念的丧失、特权形成的新统治阶级、执政党严重的脱离人民、变质和无法监督的权力、无法根治的腐败……再加上从来没有处理好的民族问题，使苏联这个世界上第二号超级大国，几乎在一夜之间轰然倒塌，最后，亡党亡国。当然，这对已经占有苏联社会资源的大小权贵来说，苏联的垮台，并不是“坏事”，他们不仅可以千方百计保护住自己和小集团的既得利益，还可以乘机再捞一把，用手中的权力，把广大苏联人民多年辛勤劳动积累起来的大量社会财富，轻松地据为己有。他们像扔掉一件“旧外套”那样，抛弃已经在苏联人民心目中威信扫地的“苏联共产党”外衣，摇身一变成了亿万富豪、新的统治者。而最倒霉的，却总是普通老百姓。作为一个历史见证人，我从青年到老年，亲身见证和目睹了苏联由“兴”到“亡”的整个过程，历史经验值得注意啊！

### （三）意料之外、情理之中

一天，发生了一件使我感到十分意外的事：我们正要下课，值班员突然跑来告诉班主任戈金老师，说有位尹心田的亲人从莫斯科来了，已安排在接待室。此话一说，不仅我

感到意外，戈金和班上的同学们也感到惊奇，特别是同班的中国同学们，马上想到的是，是否是国内有人看我们来了？戈金老师宣布提前下课，一群人跟着我一起奔向了接待室。

我们还没到接待室，远远就看到接待室门前站着个女人，身上穿着上下一色的天蓝色布拉吉（一种俄式的连衣裙），头上的长发和身上的长裙随风飘逸，衬着身后的砖红色建筑，成了本就缺少女性的军校中一道“别样风景”。待走进一看，原来是丽娜！因为太意外了，我一时愣在那里，不知所措。而丽娜却大方地跑向我，给了我一个“熊抱”。而此时身后的掌声和起哄声，更把我弄个大红脸。更有甚者，几位苏联同学竟然大呼：“苦啊！苦啊！”（俄罗斯风俗，意思是催促恋人当众接吻）。戈金老师也跑过来狡黠地笑着对我说：“小伙子，女朋友挺漂亮呀！我放你一天假，自由活动。”而张金瑞等人更是大声笑着嚷嚷道：“好你个尹心田！闷声发财吃独食啊？连我们都瞒得滴水不漏！”我知道，这个时候再怎么解释都没用，就打算等大家嚷嚷够了再说，丽娜倒会替我“解围”，连忙把随身带来的一大包水果点心分给大家。大伙儿一边吃一边还说：“这就想堵住我们的嘴呀……”

当晚，我从《金羊毛的故事》谈起，诚恳地对丽娜说：“你是位漂亮姑娘，也是位有爱心、关心人的好姑娘，我在莫斯科住院的经历，将会成为我此生的美好回忆，我永远不会忘记你，我更感谢你专程从莫斯科到基辅来看我。但是，我是中国人，我的祖国还在深重的苦难之中，我是肩负使命来苏联学习的。我是军人，学成之后，我还要回国去战斗、去牺牲！我不可能也不敢有什么其他想法，请你一定要理解我。你这么漂亮、这么善良，一定会在自己的同胞中，找到比我更合适的朋友，我衷心祝愿你幸福。”

我的诚恳表态，也感动了丽娜，她说她理解我了。第二天，我陪她在基辅玩了一天，当晚，就送她上了返回莫斯科的火车。

在基辅学习期间，类似的事情还遇到过，但我很警惕，十分注意分寸，绝不给对方留任何幻想余地。而张金瑞则比我走得更远，他不但交了一位乌克兰女朋友，还同居了一段时间。但是，他也对自己的感情付出了代价。我们毕业离开基辅前，张金瑞的女朋友坚决不许他走，并说，自己已经怀孕了。张金瑞说，我是一定要回国的，如果你真舍不得我，可以跟我去中国，我们正式结婚，不过，你要做好跟我吃一辈子苦的准备。他的女朋友也答应了跟他一起回中国，但遭到她全家的强烈反对，她的两个哥哥强制地把她带到乡下藏了起来。张金瑞动员了一切可以动员的力量去寻找，也没找到，这段爱情就这么遗憾地结束了。

在当时，中国小伙子是十分受苏联姑娘的青睐和欢迎的，因为中国小伙子勤劳、有责任感，特别是不酗酒、不打人，许多苏联姑娘都以能找到一个中国恋人为荣。不少中国近代史上的名人，如李立三、蒋经国等，都是当年在苏联与俄罗斯姑娘喜结连理的。但是，历史经验表明，跨国婚姻虽有美满的，但结局遗憾的更多；而因政治气候变化、婚姻破裂、结局悲惨的也不少。改革开放以后，我国有大量男女青年出国留学。作为一个早年出国留学的“过来人”，我诚心奉劝今天的年轻人：恋爱、结婚是人生中的一件大事，也是一件很严肃的、对自己和对方、对下一代以及对社会都要负责任的事，所以，一定要慎重对待。否则，喝自己酿成的苦酒，滋味是很难受的。

## 三、留学生活中几件有惊无险的往事

### （一）涅布尔河遇险

这年八月份，我们在野外上实习课时，戈金教官带着我们这些中国留学生到涅布尔河去游泳。涅布尔河是乌克兰境内的第一大河（又译作第聂伯河），它发源于白俄罗斯，由北向南经基辅、札波罗热等乌克兰大城市至赫尔松市（与敖德萨港隔海相望）流入黑海。涅布尔河有个大潭窝，深不可测，清湛泛黑。我们不知深浅地都跳了下去。谁知，有四位同学，跳进水里，不见浮出，我断定他们都是不会游泳的（我儿时在家乡河南南阳时，从小就常在离村不远的汉江支流白河里玩水长大，颇识水性），就赶紧扎了几个猛子，接连把汪维祭、魏凤喜、白云舟和另一位同学救上了岸。当时，真把戈金老师吓呆了。之后，戈金老师还称赞：“米洛索夫好样的！”“米洛索夫”是我的俄文名字，中文意思就是“世界和平”。我们这些留学生回国后，魏凤喜还曾带了重礼，到我的老家南阳去看望我的父亲，感谢我的“救命之恩”。这在我家乡一时传为佳话，乡亲们也很为我自豪。

### （二）庐匿才命悬一线

还有一件发生在基辅军校的奇闻至今记忆犹新。我的同学庐匿才（湖南人）晚间常说梦话，多是把白天经历的事再重复说出来。同寝的同学半开玩笑地说：“庐匿才，就你

这种‘梦话夜漏’习惯，若不除掉，回国后搞军事非泄漏军机不可！”两句平常话，刺中了这位爱国青年的心。一天晚上，他背着大家，为了“医治”自己的“夜漏症”，竟把来莫斯科途经乌拉尔时，买的一块留作纪念的乌拉尔石含在嘴里。这天夜里，同学们真的没听到他一声梦话，然而，午夜时分，庐匿才的吼叫声打破了平静之夜，把大伙儿都惊醒了。原来，那块乌拉尔石，他在睡眠中竟然不小心吞进了咽喉，堵塞上呼吸道，堵得他呼吸极端困难，性命危在旦夕。校方和同学们立即把他送进基辅一家医院，及时动了手术，把乌拉尔石取出，这才救了他一条命。这件事震惊了这家医院，说这是苏联外科史上的“奇闻”。为敬慕中国这位留学生的精神，破例，把这块乌拉尔石装进一个精致的玻璃盒里，放在纪念室中永久保存，以做纪念。如今，60 多年过去了，不知这块乌拉尔石还在否？更不知庐匿才的后人今在何方？

1926 年，就在我到基辅军官学校学习后不久。一天，校方通知我说，冯将军已经回国（他于 1926 年 8 月 17 日离开莫斯科秘密回国，是赵亦云等人陪他一同回国的，但我们当时都不知道），并于回国途中，在西伯利亚的上乌金斯克市离开苏联国境前，给我写一封亲笔信，托苏联最高军事委员会转给我。冯将军在信中说：国内形势发生了急剧变化，现在我有了办法，需要我马上回国。并嘱咐我要在苏联好好学习，学成回国，继续参加中国革命。这封信，我一直珍藏在身。后来，直到 1953 年，有关部门来到我当时工作的南京军事学院征集军事历史文物，准备筹建博物馆时，我将这封信连同我 1945 年在河南信阳市接受日军投降时留作纪念的一把日本将官指挥刀，一起捐献了。

### （三）初次遭遇大地震

1928 年暑假，校方关怀中国留学生，把我们从基辅带到黑海疗养胜地克里米亚半岛最南端的雅尔塔疗养观光。这里虽然位于北纬 44 度（相当于我国的长春市），但对苏联而言，已经是标准的“南方”了。

整个克里米亚半岛，原是土耳其领土；俄国自彼得大帝掌权后，努力向英、德等欧州先进资本主义国家学习，在本国实行一系列改革，使这个原本为农奴制的封建帝国，迅速崛起为一个资本主义强国。它向北挤压瑞典、芬兰等国家，向波罗的海地区扩张领土；向南与土耳其开战，夺取黑海和克里米亚半岛。当然，俄罗斯帝国也一直觊觎东方，接连两个世纪向东扩张领土，势力范围直达美洲阿拉斯加。

我们的疗养院就在黑海边上，我们住在一幢二层楼房中。一天夜里刚睡下，黑海就发生了大地震。这是我平生第一次遇到地震，当时地动山摇的情景，现在想起来还有点后怕。不过，好在疗养院的房子非常结实，除了一些玻璃门窗震碎外，建筑的主体结构并没有受到太大损害，我们这些学生也无一伤亡。由于余震不断，为了安全起见，校方又把我们临时转移到另一个建筑牢固的海滨疗养院继续休养。

## 四、中苏友谊的点滴往事

有一天，我们一群中国留学生到海里游泳，在沙滩上下苏联“沙河马特”象棋，无意之中，巧遇曾经在张家口认识的苏联驻蒙古大使康格拉里和夫人，带着他们的孩子在沙滩上散步，我走上前去与他握手问候，他把夫人和孩子介绍给我。原来的康格拉里大使已从蒙古离任，成了苏联高加索军区的“康格拉里司令”。他询问我们的学习情况，并热情邀请我有机会时一定到他莫斯科的家里做客，并把详细地址留给了我。

暑假过后不久，我就转到莫斯科陆军大学（就是以后的伏龙芝军事学院）深造，研究步、炮协同作战课题。在这里，我有幸与刘伯承、左权等同志成了前后校友。

在陆军大学，我和一位名叫列甫琴科的苏军学员同住一室。他的父亲是一位老布尔什维克，亲身参加过十月革命。有一天，老人从家乡到莫斯科看望列甫琴科，从这位老人口中，我亲耳听到了一个凝聚着中俄两国人民鲜血和友谊的感人故事：

十月革命时，这位老人有位姓王的中国战友，他们的部队在莫斯科南面一个叫默多尔斯克的地方阻击白军。这位王先辈为了掩护他和其他战友，英勇牺牲于白军骑兵的战刀之下。战后，老人和战友们将包括王先辈在内的牺牲战友，一起合葬在默多尔斯克战场，并立碑纪念。每逢忌日，他都要尽量争取到战友墓前献花祭奠。他这次来莫斯科，就是到默多尔斯克办这件事。当时，正值国内蒋介石发动“四一二”政变后不久，中苏虽然外交关系依旧，但我们这些由冯将军选派来的留学生，在莫斯科已明显感受到日渐寒冷的政治气候。我和几位中国留学生商量后，决定陪这位老人一同去默多尔斯克，祭奠这位王先辈。这既是对先烈的

1928 年尹心田摄于克里米亚亚而特疗养院

尊敬和深切怀念，也表示我们不忘十月革命历史，盼望中苏人民的友谊长存。

在莫斯科，我还曾如约到康格拉里司令家里看望。康格拉里不仅是一位外交家、军事家，还是一位素描技艺高超的画家。他和他的夫人、孩子，还有一位老太太，热情地招待了我。康格拉里主动提议为我画了两幅素描画像，送我一幅，他留下另一幅以作纪念。遗憾的是，从那以后我们再没有见过面。后来我才听说，这位老布尔什维克竟然惨死在 20 世纪 30 年代斯大林发动的苏联国内“大清洗”中。

## 五、痛心疾首的耻辱

在莫斯科陆军大学学习期间，我还遇到一件十分痛心的事，也是我这个中国留学生感到十分耻辱的事。沙皇俄国统治时代，我们中国由于战乱不止，灾荒连年，有不少老百姓，特别是山东那些闯关东谋生的灾民，便越境流落到苏俄各地，在莫斯科街头，就有不少中国人在那里开餐馆、干杂活。我们中国留学生也常光顾中国餐馆，品尝中国传统菜肴，改改口味。一些无儿无女的老华侨，晚年无依无靠，就在街头乞讨为生。一天，我去公园散步，看到一位白发苍苍的老妇，满脸污垢，衣不蔽体，脱掉鞋子，抖开裹脚臭布，露出“三寸金莲”，让游人“观赏”，并以此讨钱。我见此情形，真是羞愧难耐、目不忍睹，我的血压急速升高，心像要炸开一样，热血直往脑门上冲，我的脸火辣辣地发烧，连忙掏出身上所有的钱，放在老妇人身边的一个破盆子里，并催促她赶快从公园中离开。

我回到学校后，公园中老妇人的形象，在脑海中怎么也挥之不去，躺在床上怎么也睡不着觉，于是，干脆爬起来，提笔给我远在万里之外的河南南阳老家的父亲写了一封叙述此情此景的长信。因为，就在我出国的时候，得知我的侄女尹平（大哥的女儿），正在她妈妈（我的大嫂）的威逼之下开始缠小脚，痛不欲生。我在信中严肃地对父亲说，现在已经是民国十六年了，农村中的封建落后意识还是这么严重；我是革命军人，你们都是革命军人家属，应该带头反封建，反对裹脚等陈规陋习，请父亲和哥哥一定要劝嫂嫂为侄女放脚。后来，我从家信中知道，家父还是开明的，他立即接受了我的建议，硬迫使我大嫂给侄女放了脚。1929 年，我从苏联回国后，将侄女尹平（尹家秀）、侄子尹志云（尹家庆）、外甥任国璋等下一代人都从老家南阳接出来，在我身边读书。

到 1938 年，我把侄女尹平、侄儿尹志云和外甥任国璋等人，都送到革命圣地延安，走上了革命道路。现在，志云在沈阳装甲兵司令部任政治部主任，尹平是交通部一位主管人事工作的局级干部。

## 六、漫漫归国路

### （一）准备回国

1928 年的莫斯科，冬天似乎来得特别早，刚进入十月份，便下了头场雪。根据当时

国民政府的要求，经中国驻苏大使馆交涉，我们这些在苏联各军校毕业的留学生（不包括中国共产党选派的留学生），共近 70 人，于 1928 年 10 月上旬集中到莫斯科，住在列宁格勒大街的一座旅馆内，由使馆统一换装，集体回国。

当时，大使馆一位姓刘的三秘是我们的联系人。我们用的是集体护照，护照上的名字第一个就是我（正因为如此，这份护照以后还给我惹出了一个大麻烦，这是后话）。

当时，从苏联回国，本有三条路可走：

第一条路，从莫斯科出发，经西伯利亚大铁路，到达贝加尔湖东边的上乌斯金克市（乌兰乌德），然后经外蒙古库伦，从二连浩特回国。但当时由于政治原因，冯将军驻库伦的办事处早已撤回国内，这条路已无法通行了。

第二条路，从西伯利亚大铁路继续东行，到赤塔市后，转满洲里，经哈尔滨、长春、沈阳返回关内。但因当时张学良（张作霖已死）尚未易帜，东北还处于“独立并敌对”状态，我们也无法通过。

第三条路，从西伯利亚大铁路直达其终点海参崴（此时苏联已将其改名为“夫拉迪沃斯托克”，俄文的意思为“控制东方”），然后乘海轮转道日本至上海回国，我们走的就是这条路。

**（二）漫长的归途**

我们 10 月中旬从莫斯科出发，直到 1928 年年底方才回到上海。这次旅行，总共费时将近两个月，真可谓漫漫归国路。除了沿途有气候等因素影响外，也有不少因素是苏联和日本的故意为难造成的。

本来，当时从莫斯科乘直达车到达海参崴，顶多不过半月时间，但是苏方说我们是军校毕业生“集体行动”，属于部队调防形式，不准许我们乘坐从莫斯科直达海参崴的旅客快车，而要我们在苏联克格勃人员的“陪同”下，乘军列东行。这下麻烦可大了，出莫斯科后，我们乘坐的列车，先后在古比雪夫、新西伯利亚、赤塔、斯沃博德内，经过四次重新编组后，才终于到达海参崴。

俗话说，有利有弊。虽然我们旅途的时间拉长了，但是旅途中的见识也增多了，特别是在苏联远东地区，我们进行了一次“缅怀失去国土”的爱国主义旅行。

当今的青年人，可能并不清楚，俄国早在1861年农奴制改革之前，奉行的就是对外侵略扩张政策。16世纪下半叶，沙俄越过欧亚交界的乌拉尔山，迅速向东扩张。17世纪中叶，武装侵入我国黑龙江流域和贝加尔湖以东地区。自18世纪中叶起，沙俄不断侵占巴尔喀什湖以东、以南我国领土，相继吞并了西部哈萨克和北部哈萨克。可是，位于东亚那一片富饶辽阔土地上的清王朝，却在殖民侵略面前浑然不觉，缓缓地度着它古老的岁月。

1856年10月开始的第二次鸦片战争时期，在英法联军的背后，站着沙俄这个支持者。他扮演着“调停人”的角色，从中渔利。他抢在英、法之前，和中国签订了《天津条约》，沙俄乘清政府内外交困时，强行向黑龙江中下游推进，通过“瑷珲条约”(1858年)、“北京条约”(1860年)，割占了一百多万平方公里的中国领土。

在西北，沙俄则强迫清政府签订《勘分西北界约记》，割占44万多平方公里中国领土。不久，又借故出兵强占伊犁，一占就是10年，直到1881年《伊犁条约》签订，才把伊犁归还，但强行割占7万多平方公里中国领土。此后，沙俄又大举入侵帕米尔，强占我国萨雷阔勒岭以西2万多平方公里领土。

20世纪初，沙俄又乘中国爆发辛亥革命时机，武力吞并了中国北部的唐奴乌梁海地区。

当我们乘坐的列车在斯沃博德内等待编组时，我和张金瑞等人还专门到位于黑龙江边的海蓝泡市（苏联改名为布拉克维申斯克）去参观游览。当我们隔江遥望祖国的辽阔土地时，心中真有说不出的感慨。脚下原来就是我们自己的国土，十月革命后，列宁也曾庄严声明，将黑龙江、乌苏里江以东沙俄侵占中国的的大片土地归还中国，但他的继承人斯大林却食言了。

当我们最后抵达海参崴时，已是1928年12月初，大使馆的人员早已为我们订好了从海参崴至日本长崎的船票。经近20小时海上航行，我们顺利抵达位于日本四国岛西海岸北段的长崎港，但下船上岸时，却又遭到日方的刁难，耽误了很长时间。长崎是日本浪人集中的地方，一向对中国人很不友好，“民国老人”马相伯曾在此当过领事，其回忆录详述过长崎的种种故事。

日本古代的“幕蕃体制”，使“武士”成了日本统治阶级的重要成员，也造就了“武士道”、“尚武民族”和崇尚侵略好战的日本军国主义者。

军国主义者的特点之一，就是对强者尊崇和俯首帖耳，对弱者蔑视和趾高气扬。他们把用坚船利炮首先打开日本门户，迫使日本签订有史以来第一个不平等条约的美国联合舰队司令佩里这个老牌侵略者塑造成英雄，并在佩里当年的登陆地横须贺市久里滨竖碑纪念，把佩里奉为促使日本改革开放，走上富国强兵之路的“大恩人”。由此，人们对二战后日本为何甘愿与美国签订《日美安全条约》，积极充当美国的“马前卒”，也就不难理解了。

另一方面，在我国盛唐时代，日本也是对中国不仅佩服得“五体投地”，更是从政治、经济到文化、宗教……全面地、谦虚诚恳地向中国学习。但日本对近代中国，则是打心眼里瞧不起，这一点在长崎市表现的尤为明显。长崎是日本紧邻中国的一个大港，其附近还有日本西部最大的海军基地佐世保港。早在甲午战争之前，长崎市就发生过当时震惊中外的仇视、杀害中国水兵事件。中日甲午战争开始时，日本联合舰队司令东乡平八郎，就是从这里出发进攻中国的。甲午战争前，中国海军的旗舰定远号曾访问过长崎市。当东乡平八郎看到定远号军舰的大炮筒上晾晒有中国水兵的衣服时，见微知著，他就已断定：未来的中日海军之战，中国海军必败。

在我们 1928 年 12 月份归国途中到达长崎时，该地一些“日本武士的破落户后代——浪人”欺负、伤害中国人的事，也时有发生。我国驻长崎领事馆就曾提醒我们，在长崎候船期间，无事尽量不要外出，以免发生意外。一位领事馆的官员，甚至气愤地对我们说：“这些浪人坏透了，迟早要遭报应。”他的话“不幸言中”：二战结束前，长崎成了原子弹袭击的目标之一，全城化为一片焦土。

我们在长崎为了等班轮，又停留数日，才登上了从长崎至上海的轮船，于 1928 年 12 月 28 日抵达上海。

# 对冯玉祥将军发动“首都革命”（北京政变）的再认识

1924 年冯玉祥将军发动的“首都革命”（以下统称“北京政变”），是中华民国史上的一个具有深远影响的重大历史事件。可是，长期以来，我国史学界对这一历史事件不仅研究得不够，而且评价也偏低。我作为一个“北京政变”的亲历者，想在此对“北京政变”做进一步的认识，试图探寻冯玉祥将军发动“北京政变”的原因，剖析“北京政变”的历史影响，并引出历史教训。

## 一、冯将军发动“首都革命”（北京政变）的原因

冯玉祥将军为何在 1924 年发动“北京政变”？探寻其因，当从冯氏之经历、抱负，从其所处之环境，从当时整个中国之形势等几方面来分析。

冯玉祥将军是中国近代史上有古良将、清官之风的爱国将领，他于光绪八年（1882 年）诞生在一个贫苦农民的家庭里，祖父是雇工，父亲虽曾任淮军下级军官，但早年做过泥瓦匠，以后日子也过得拮据艰难。冯玉祥幼年只上过十五个月的学，十一岁即补兵吃粮。[①]此后，他虽然在旧军队中从伍卒渐升至将军，但一生“最喜接近大兵和老百姓”，“深知士兵生活，民间疾苦”。[②]清朝末年国家的危亡，民族的苦难，加之个人家庭的遭遇，使冯玉祥将军立下了铲除旧吏治、解民于倒悬的抱负和志向。

1899 年他在清军中发起组织反清团体武学研究会，1911 年武昌起义爆发，他在京畿重地的滦州首举义旗，投入辛亥革命的洪流。辛亥革命以后，他从军阀阵营中决裂出来，反对袁世凯称帝，反对张勋复辟，[③]1917 年他抗段祺瑞之命，拒绝与孙中山的护法军作战。冯玉祥将军的这些行动都是由他的抱负所决定的，1924 年发动“北京政变”正是这

一系列行动的延续。

自然，促成“北京政变”爆发的因素，既有冯玉祥将军主观方面的，亦有客观形势方面的。

从主观方面说，1922—1924年，冯玉祥的爱国主义思想较之辛亥革命时期，又提高了一步，这从冯玉祥对其部队的教育内容上可以得到充分的说明。冯玉祥一向注重对部队的教育训练，从招兵、练兵到带兵都着意研究，自成一套体系。比如他从当十六混成旅旅长起，就对官兵提出“五不准”戒条：（1）不准抽烟、喝酒；（2）不准嫖娼，赌博；（3）不准欺侮百姓；（4）不准私入民宅；（5）不准便服外出。“五不准”表现了冯玉祥不与恶浊世俗合流的爱民思想。1922—1924年，冯玉祥率部驻在京郊南苑，这时日本帝国主义的侵华野心更加明显，且越来越大。北洋军阀政府日益窳败，民族危机日益深重。冯玉祥对部队的教育遂从“五不准”更提高到爱国主义高度。每到“五九国耻纪念日”，他即令全体官兵集合在南苑操场，全军齐唱他自编的《国耻歌》。歌词是：“四年[4] 5月9日，二十一条件；日本要挟我国，欺我四万万；同胞奔走呼号，冒死赴国难；况我爱国军人，铁血男儿汉；况我爱国军人，铁血男儿汉！”然后他发表演讲。他经常讲的有这么几句话：“老百姓养只鸡，指望它下蛋；养只狗，指望它看门。老百姓养活我们这些军人指望什么？指望我们保护他们。要是我们不能保护老百姓，任凭他们受外国人欺压，那我们就连猪狗不如！”说到慷慨激昂处，说到外患国耻，冯玉祥常常痛哭流涕，全场官兵受极大感动。校阅毕，部队原地就食，所食馒头上皆用红色印上“不忘国耻”四个字。

冯玉祥将军这位颇富传奇色彩和平民色彩的将军，表现出强烈的民族自尊心和炽烈的爱国心，他是旧中国浑浑噩噩官场中具有特殊个性的一个“怪人”，但他却是清正、廉洁力量的代表，他始终与旧中国的当权者不相容。1923年10月曹锟以贿选取得“总统”职位后，冯玉祥便四下联络力量，立志发动政变，推翻这个腐败肮脏、贿选窃位的“北京政府”，请孙中山先生来京执政，拯救国家、民族，这就是冯玉祥发动政变之初衷。

促成“北京政变”爆发的客观因素，其一是冯玉祥与直系军阀的矛盾。

冯玉祥将军不投靠任何外国老板，没有任何帝国主义国家做后台，也没有一块自己固定的地盘，在军阀混战中争取生存空间是十分艰难的。冯玉祥曾有这样一首诗："南北争战苦未休，孤军驻守信阳州；梦中筹饷曾啼哭，残泪醒时湿枕头。"⑤也算道出了他的艰辛。"北京政变"前，吴佩孚官居直鲁豫巡阅使，权势炙手可热，实际控制着北京政府。他极不放心冯玉祥，先夺去冯玉祥有实权的河南督军一职，又自食其言，停发冯部北调南苑时答应给冯的每月 20 万元饷金。⑥冯玉祥看出吴的用心是处处挤压，"使我们即不饿死，亦必瓦解"，⑦矛盾发展到不可调和的地步了。有些文章中，将冯当年信阳扣火车索饷等举措说成是助曹（锟）反黎（元洪），显然是有失公允。

促成"北京政变"爆发的客观因素，其二是当时整个中国革命形势对冯玉祥的影响，其中主要是孙中山先生对冯的影响不断加深。

冯玉祥将军与孙中山先生建立联系，最早在1920年，那时冯率部队从常德北撤至汉口，孙中山先生派徐谦带着信到汉口看冯，鼓励他从事推翻军阀的革命事业，冯随即派其秘书任佑民赴广东回看孙先生。⑧从那以后，他们之间不断有联系，孙中山对冯玉祥的影响越来越大。冯玉祥在阅读了孙中山先生派人送来的手书《建国大纲》后，愈加钦佩中山先生，自认为成了中山先生的信徒。⑨ 1924 年国共合作后，不仅国民党员徐谦、黄郛等人与冯玉祥过从甚密，进步记者邵飘萍与冯玉祥也常相往来。经徐谦等人介绍，冯玉祥在北京又结识了苏联公使加拉罕，在与之交往中，对革命后的苏联感觉兴趣，并开始有了朦胧认识。⑩

孙中山先生的影响，全国革命形势的逐渐高涨，是促成冯玉祥发动"北京政变"，追求国民革命的重要客观因素。

概言之，"北京政变"乃是爱国将领冯玉祥在国家、民族灾难深重之际，在其受北洋军阀政府排挤之时，受国共合作后高涨革命形势影响，决心追随孙中山先生，追求国民革命而发动的。在有些人的文章中，将"北京政变"定性为"军阀间的战争"，定性为"冯玉祥反复无常的证据"，这显然是与历史事实不符的。

## 二、"首都革命"（北京政变）的历史意义

1924 年 10 月的"北京政变"，当时被叫着"北京政变"，以今日观点看，称之为"革

命”，评价似过高，但是，“北京政变”在历史上确曾产生了重大的反响，它影响了 20 年代中期中国历史的进程。

“北京政变”的历史作用，首先是彻底铲除了帝制。

1912 年中华民国建立，封建君主专制被推翻，但是由于辛亥革命的不彻底性，中国半殖民地半封建社会的性质没有变，作为封建君主专制象征的皇权，也具体而微地保存在北京故宫里，并且竟然在中华民国当时的首都存在了几达 14 年之久。冯玉祥认为这是中华民国的耻辱，他说：“稍明事理的人，此时无不以留着辫子为可耻；如今留着溥仪，即不啻为中华民国留了一条辫子，可耻孰甚？”其实，残清小朝廷不仅仅是“一条辫子”，一个尾巴，在民国初年，它还是封建余孽借以复辟帝制的偶像、祸根，是本已不完备的共和政体上的一块恶性肿瘤。顽固的复辟派分子张勋死后，清室竟敢“赐谥”其为“忠武”。1922 年 12 月，溥仪举行结婚大典，“册封”其妻溥容为“皇后”，着各色前清怪服的迎亲队伍，在中华民国的首都招摇过市，这简直是对中华民国的嘲弄。冯玉祥对辛亥革命后保存清室早就不满，一直耿耿于此，必欲处之而后快。冯玉祥在 1917 年击溃张勋复辟后，即发出通电，主张取消清室优待条件和宣统名义，贬溥仪为平民。可是击溃张勋后重新握权的段祺瑞却给了冯一个无有下文，不了了之。“北京政变”后，冯玉祥得遂其愿，11 月 5 日，即下令驱逐溥仪出故宫，宫内悬挂的所谓“宣统十六年十月初八日”（即 1924 年 11 月 5 日）的牌示，被立即摘下，这个“国中之国”被消灭了。后来在清理故宫财物时，还发现许多宫内与外界遗老遗少们交往的有关复辟的文件。这说明，冯玉祥“北京政变”铲除残清小朝廷，即清除了复辟帝制的一大隐患。

“北京政变”最大的历史影响，不在于它铲除了帝制，而在它促进了北方革命形势的发展，并且有力地配合了南方革命力量向北方的推进。

“北京政变”后，冯玉祥将所部改为国民军，并本其初衷，电请孙中山先生北上主持国是。由于“北京政变”打乱了第二次直奉战争的战局，并使掌握北京政府的直系军阀失败；由于冯玉祥及所部国民军在“北京政变”后，特别是“五卅运动”后进一步倾向革命，中国共产党即以为契机，一方面支持孙中山北上，争取召开国民会议，统一中国，同时不失时机地在北方恢复和发展工农革命运动。当时，在中共领导下，北方工人运动的发展状况是很为可观的。天津、河南、北京职工运动之勃兴，与全国铁路总工会第三次大会，均为此时职工运动发展之重要事实。此时天津亦被国民军占领，所有以前被李景林封闭之工会，概行启封，天津总工会亦已恢复，以前被李景林监押之工会领袖，亦均解放。如是天津职工运动大加发展，此时工会组织较前更为严密。在天津总工会组织下之工人，凡 3 万余人。唐山的煤矿工会，此时亦恢复……北京职工运动亦于此时兴起，组织有北京总工会，共有工人万余人，为北京从来所未看见的现象。河南职工运动此时非常发展，组织有河南全省总工会，有组织的工人凡 4 万余人，更时常发生罢工运动，胜利者居多。[12]农民运动在河南、河北某些区域也很有些发展，仅在河南一省，就有将近 20 万人的农民协会会员和 6 万多的农民自卫军。[13]

中国共产党北方区委利用“北京政变”后北方出现的新形势，于 1925 年 10 月底，在张家口召开了西北工农兵代表大会，“除中共北方区委书记赵世炎及罗章龙，谭平山等参加外，中共领袖李大钊亲临大会，并做了重要报告。冯玉祥的西北军也派代表出席了会议，大会最后通过了《国民革命的任务》《和冯玉祥的合作关系》等决议”。[14]

对于倾向革命的国民军，帝国主义和军阀们绝对不能容忍，英、日帝国主义者联合直奉两系军阀成反赤的联合战线，向接近民众的国民军进攻，号为“反赤战争”。[15]帝国主义供给奉系军阀大量军火，“1925 年和 1926 年头两个月，日、法、美三个帝国主义大国供给了奉系集团二十万四千支步枪，一万五千支马枪，七千万发子弹，四架飞机以及其他武器。[16]帝国主义甚至亲自出马，1926 年 3 月 12 日，日本帝国主义派军舰驶入大沽口，炮击国民军，国民军面对帝国主义的挑衅，奋起还击。

中国共产党指出：帝国主义者为什么援助张吴？当然因为他们都是拥护帝国主义在华利益的卖国军阀。为什么压迫冯玉祥？因为冯玉祥所领导的国民军是帝国主义的工具张吴两派军阀统治中国之障碍。冯玉祥之失败既是帝国主义的工具张吴之胜利，这正是此时中国民众应该对冯军表同情的缘故，[17]并且发出号召：“真正爱国民众尤应集中于广州国民政府革命旗帜之下，助他的北伐使命，同时亦不惜以重大牺牲实际援助冯玉祥所领导的

国民军”，[18]“我们应该一齐起来集中于这一步工作—打倒吴佩孚，援助国民军。国民军此时正在直接抵御吴、张反动联合的进攻，民众要肃清反动势力，必须援助这一支军队。”[19]

国民军在中国共产党和广大民众的帮助、支持下，在“北京政变”后的一段时间内，成了革命力量的一部分，对北方革命形势的发展做出了贡献。中国共产党充分肯定了国民军的这一贡献，指出：“自从五卅运动爆发于上海、香港以及全中国，又加以北方国民军之发展，郭松龄之倒戈反奉，那时帝国主义者在中国之地位，实有些根本动摇。”[20]上述结论明显将国民军作为动摇帝国主义在华统治的反帝力量之一。

国民军对全国形势发展的促进作用，还表现为它有力地配合了南方革命力量向北方的推进。“北京政变”后，奉直两系军阀集中兵力对付冯玉祥的国民军，这就减轻了对南方革命力量的军事压力。当南方广州政府决定出师北伐时，奉直联军正与退守南口的国民军鏖战。广东国民革命军 1926 年 7 月 9 日誓师北伐，两周即攻克长沙，再下岳阳，逼近武汉。吴佩孚明知南方吃紧，但因为南口尚未攻克，不敢抽兵，等国民军从南口总退却时，吴佩孚才慌忙率已被国民军大大削弱了的疲惫之师南下。北伐军的胜利进军，主要由于有中国共产党领导下的工农群众的热烈支持以及北伐军中共产党员们的殊死奋战，但国民军在北方起了配合作用，亦是客观有利因素之一。

总之，1924 年至 1927 年大革命的中心虽然在中国南方，但“北京政变”后北方冯玉祥国民军的崛起，对北方革命形势的发展、对南方革命力量向北方推进，都起了促进作用。

## 三、“首都革命”（北京政变）对冯将军自身的重大影响

冯玉祥发动了“北京政变”，“北京政变”反过来又极大地影响了冯玉祥本人。

前文已言，冯玉祥是一位有古良将、清官之风的爱国将领。冯玉祥的确以岳飞、戚继光等历史上之名将作为自己的楷模，并且将历代名将的事例编成小册子，教育所部官兵。在“北京政变”前，他又受了一些孙中山先生思想的影响，但知之不多，亦不深。所以，他虽本着铲除帝制、振兴民族、推翻腐败政府的辛亥革命志士之素愿毅然发动“北京政变”，但其时他对旧中国政治弊端症结何在？出路又在哪里？皆不甚了了，更谈不上对

政局有完整的深刻的看法。在处于“北京政变”后举足轻重的地位而自己又无系统施政纲领的情况下，他邀请孙中山先生北上主持国计，这是他在政变中最重要的行动。由于冯玉祥在“北京政变”中表现了进步的倾向，不仅国民党，而且共产党都加强了对冯玉祥及所部国民军的工作。

以李大钊为首的一批共产党人对冯玉祥和国民军做了大量工作，李大钊本人与冯玉祥多次接触，曾亲赴张家口，对冯剖析形势，帮助其决策。冯玉祥与鲍罗廷、加拉罕常常交谈，冯玉祥自己说：“我们的接触，越来越亲密，越来越接近，于是我的思想和许多政治方面的见解也慢慢起了变化。”[21]冯玉祥主动要求访苏，是他“北京政变”后思想变化的产物。在苏联期间，中共中央驻共产国际代表团领导人蔡和森也到冯玉祥住处，同冯及其随行将领进行了三天的交谈，阐述党的主张和国民革命的意义，这一切使冯对革命有了进一步的理解，也坚定了他继续参加革命的决心。[22]经过这次访苏，冯玉祥自己觉得“是没有办法而去，有了办法而来”，[23]认识到过去“虽然做过几点革命事业，我却没有鲜明的革命旗帜”，“对于革命只有笼统的观念，没有明确的主张，没有彻底的做法”。[24]五原誓师以后，刘伯坚、邓小平等一批共产党人在国民军中做了大量细致的工作，应该说在中国共产党帮助下，冯玉祥在北伐战争中写下了自己历史上有光彩的一页。

因此，可以说，“北京政变”是冯玉祥将军与中国共产党合作历史的开端。如果把冯玉祥与中国共产党的关系比作一条路，那么“北京政变”则是这条路的起点。然而，这是一条曲折的路，冯玉祥在经历了1927年至1930年的反共大逆转后，才又回到继续与中国共产党合作的正确道路上来。此后，冯玉祥在这条路上不再动摇，一直走到自己生命的结束，这样，冯玉祥就以光辉的篇章结束了自己的历史。从“北京政变”这个起点也好，从冯玉祥一生走过的路也好，都启发我们认识这样的真理：一切正直的爱国者，走古代良将、清官的传统道路，都不能拯救中国于半殖民地半封建社会的深渊之中，都不能拯救斯民于三座大山的重压之下，此其一；一切正直的爱国者，不管其经历如何曲折，只要是真爱国，他必然最终走上与中国共产党合作的道路，在中国共产党的帮助、领导之下，为实现振兴中华、振兴民族的伟大事业，做出实际的贡献，并且在这个伟大的事业中写下自己

光荣的历史，此其二。这是我们在剖析冯玉祥“北京政变”的历史影响之后所得出的两点重要的历史教训。

**作者注：**

① 本节由尹心田和刘宇教授合写。

② 参见周恩来《寿冯焕章先生六十六庆》。

③ 参见在冯玉祥诞辰一百周年纪念大会上乌兰夫同志的讲话，《人民日报》1982 年 9 月 16 日。

④ 四年，即民国四年，指 1915 年。

⑤ 选自《冯玉祥诗选》。

⑥⑦⑧⑨⑩⑪㉑ 参见冯玉祥《我的生活》。

⑫ 参见刘少奇《一年来中国职工运动的发展》，《中国第三次全国劳动大会会刊》第 7—10 期，1926 年 5 月。

⑬ 参见华岗《中国大革命史》之第四章《中国大革命的经过》。

⑭ 参见张家口地委党校董宝玉《冯玉祥年谱》，1982 年 2 月内部油印稿。

⑮⑳ 参见《中共中央第五次对于时局的主张》，1926 年 7 月 12 日。

⑯ 参见《苏》普里马科夫《冯玉祥与国民军》之“前言”，转引苏联国防部案。

⑰⑱ 参见《中国共产党为段祺瑞屠杀人民告全国民众》，《向导周报》第 147 期，1926 年 3 月。

⑲ 参见《中共中央、共青团中央为吴佩孚联奉进攻国民军事告全国民众》，1926 年 2 月 7 日。

㉒ 参见高兴亚《冯玉祥将军》。

㉓㉔ 参见冯玉祥《冯玉祥回国宣言》，1926 年 11 月 4 日。

# “持久的游击战”是战胜日寇的法宝

【编者按】此文是尹心田在抗战时期的一篇讲稿，曾登载于中央军委内部刊物《战区军风纪巡查团通讯》第三期。

“持久的游击战”一词，是冯副委员长于民国二十五年（1936年）3月27日在陆军大学将官班毕业宴会上的演讲中首次提出来的。当年，我有幸聆听了这篇即席演讲。去年（1938年）11月1日，冯副委员长在长沙广播电台又向全国军民做了“我们应该怎样为持久战而奋斗”的公开演讲，国内部分报纸也在第二天刊载了这篇演讲的全文或摘要。

这两篇演讲，一篇发表于抗战全面爆发之前，一篇发表于武汉会战失利之时。令我深有感触的是，假如冯副委员长的两篇演讲能够得到广泛宣传、深入贯彻，并被决策层及时付诸实施的话，那么，“七七”事变之后，大片国土也许就不会如此快地沦陷，武汉会战也许就不会如此快地失利。遗憾的是，历史不存在“假如”！

“七七”事变至今已经过去近两年了，蒋委员长所言“战端一开，地无分东西南北，人无分男女老幼”的全面抗战局面已经形成。此时，重温冯副委员长的两篇演讲内容，坚定全国军民抗战到底、打败日本帝国主义的必胜信心十分重要。

## 一、日本帝国主义在战争初期的胜利不足惧

正如冯副委员长在演讲中所言，日本帝国主义发动全面侵华战争“是有预谋的、经过长期精心策划和准备的国家行为”。日本是一个国土狭小、资源匮乏、土地贫瘠、自然条件恶劣的岛国，自古以来，日本人做梦都想往大陆上靠。灭亡中国、变中国为其独占殖民地的梦想，是日本的既定国策。从日本明治维新以来，特别是中日甲午战争日本胜利给它带来的横财，不仅让它尝到了发动侵略战争的甜头，也大大助长了它鲸吞中国的狼子野心。日本以迅速增强的国力和军国主义体制来侵略贫穷积弱的中国，在战争开始阶段取得军事上的胜利是必然的。但是，正因为日本国小、人少、资源贫乏等致命因素的限制，在

速决战达不到目的之后，它是打不起持久战和消耗战的。战争越持久，对它越不利，所以我们说，战争初期日本人所取得的任何胜利都不足惧。

## 二、幅员辽阔是我国抗日的天然优势

日本帝国主义国小、人少、资源贫乏的劣势恰恰都是我们的优势。我国虽然经济没有日本发达，战争动员不如日本，但是，由于我国国土辽阔，回旋余地大，正是坚持持久游击战的最好条件。

一年多来，日本帝国主义凭借多年准备积累的装备优势、海陆空军配合，像凶猛的山洪一样，势如破竹般横冲直撞，侵占了我国华北华东大片国土和上海、南京、北平、天津、济南、杭州、徐州等多座城市，兵锋直达武汉。但是，凶残的日本军队也确实和山洪一样，虽然来势汹汹，但一出“山口”，便会分散在广袤的平原之上，最后被大地完全吸收。我国辽阔的国土，将日本帝国主义的兵力化整为零，它除了能占领大城市和交通沿线外，所有沦陷的其他地方便成了我们的游击区。如果从地形上划分，这些游击区可以分为山地和平地两类。从打游击的角度来看，当然是山地游击战比较容易，因为山地既易于隐蔽自己也易于打击敌人、脱离战斗。同时，山地既不能使敌人集中兵力进行大兵团作战，也不能发挥飞机、大炮、坦克这些敌方占优势而我方占劣势的技术兵器的作用。但是，平地照样也是可以打游击战的，冯副委员长的老部下魏凤楼、冯文华、马忍言等都是去年初被冯副委员长派回老家（平原地区）组织乡亲打游击的，他们利用熟悉本乡本土地形、熟悉当地风土人情和拥有的社会关系等优势，不仅主动出击，而且都取得了不错的战绩。

## 三、发动群众依靠群众是游击战的最基本原则

在我国四万万同胞中，虽然有汉奸、卖国贼，但那毕竟是少数，绝大多数同胞是爱国的，是不会出卖祖宗的。过去我们积弱，吃亏在人虽多，却是“一盘散沙”，是“东亚病夫”，是搞“窝里斗”。但是，当亡国灭种的现实威胁步步逼近时，越来越多的人正在觉醒，越来越多的人正在投身于抗日救亡的神圣事业。觉醒的国民所发挥的巨大力量是战胜日本帝国主义的最根本力量，任何外部强敌也消灭不了不屈的中华民族。游击战的实质就

是不愿意当亡国奴的同胞，为国家、为民族救亡求生所采取的最高级、最广泛的斗争方式。正因为如此，我们必须深刻认识到，游击战争是必须广泛发动群众才能进行的战争，是群众性的特殊形式的战争，如果没有广大群众的参与，游击战根本不可能生存，当然，也更谈不上发展与胜利。正因为如此，发动群众、组织群众、联系群众、依靠群众、帮助群众、武装群众才是游击战争最基本的原则。

## 四、坚持持久的游击战是战胜日寇的法宝

游击战是寄存在群众运动基础上的战争，是广大中国国民参加中国抗日战争的最高形式。群众发动得越广泛，游击战便进行得越有成效。游击战和两军对垒的正规军事行动不一样，它没有战线，也不分前后方，凡是有日寇和汉奸卖国贼存在的地方，都是游击战的战场。游击战的目的很明确，就是削弱和消灭敌人的力量，全面配合正面战场作战。不论是破坏伪政权组织运转，还是直接打击日寇，或破坏交通运输线、烧毁敌人仓库和给养、制造爆炸事件、散发传单标语、迷惑敌人制造谣言……都是游击队的战斗任务。为了完成这些任务，游击队可以遵循“灵活”、“主动”、“积极”的战术原则，动用一切手段进行战斗。

“灵活”就是出其不意，攻其不备，避实击虚，避强攻弱，打得赢就速战速决，打不赢啃不动，也绝不恋战，迅速转移不被敌人咬住。打仗中即便吃了亏，也不能意气用事，要及时撤出战斗，绝不能吃大亏、折老本。

“主动”就是在发动群众、充分掌握敌情的前提下，利用敌人的弱点，选择有利的时间和地点进行战斗。这就必须在下决心行动之前，对形势做出正确判断，要牵着敌人的鼻子走，而不能被敌人牵着鼻子走。若是敌人谨小慎微，也要用声东击西、布置假象、以利相诱、激怒敌人等种种手段造成敌人的弱点利用之。

什么是“积极”呢？就目前总的战争态势而言，日寇的军事实力是大于我方的，是他们在进攻，我们在抵抗。由于依仗其军事优势，日寇对游击队通常也是采取主动进攻的。但是，面对比自己强大之敌，绝不能畏惧，更不能“游”而不“击”。和日本帝国主义这个强大敌人打游击，游击队的处境可以用一个“小孩子和大人打架”来做形象比喻。若论个头、体力、打架技巧，小孩子是肯定打不过大人的。但大人总有放松警惕之时，正如俗话

所说：老虎也有打盹的时候。大人是在明处，小孩子是在暗处，在大人有准备的时候，小孩子当然是打不赢的。但是小孩子如果能瞅准机会，在暗处对大人进行偷袭、奇袭，例如，在背后或高处猛砸大人一石头，或趁大人睡觉时打上一闷棍，小孩子就往往能出奇制胜。

总之，游击战就是要充分扬己之长，击敌之短，以最小代价换取最大战果，不干赔本买卖，积小胜为大胜，以空间换时间，坚持长期斗争，把日寇从肥拖瘦，从瘦拖死，在不断的战斗中消弱敌人壮大自己，为正规军创造补充兵团，并部分光复沦陷国土，断绝日寇从沦陷区取得人力和资源补充，直到最终配合正规军战略反攻，彻底战胜日寇。

## 五、游击战战胜入侵强敌的成功范例

在中外战争史上，都有成功运用游击战的范例，我们可以举出不少历史上的事实来证明发展抗日游击战争的重要性。

以俄国的战史为例，在18世纪，法国的“常胜将军”拿破仑，曾发动了著名的侵俄战争。拿破仑率领着曾横扫欧洲的数十万法军，和今天的日寇一样，气势汹汹地闯入俄罗斯境内。大军在俄罗斯国土上所向披靡，一直打到俄国腹地，并占领了首都莫斯科。但是，由俄国农民和部分正规军混编的游击队或纯粹由俄国农民编成的游击队，竟然完全破坏了法国军队的后方补给线，加之俄国实行了坚壁清野、除特除奸等有效措施，庞大的法国军团在俄国的严冬季节冻饿交加，不仅大大削弱了战斗力，甚至无法生存，最后只得不战而退。而俄国军民却利用法军撤退的大好时机，沿途截杀法军，取得了这场战争的彻底胜利，拿破仑本人几乎是成了“光杆司令”逃回法国的。

同样，当普（普鲁士）法（法国）战争发生后，强大的普鲁士军团虽然依仗着精良的装备和高昂的斗志，在战争初期打败了法国的正规军，并占领法国的大片国土。但是，由于后勤供应被在本土作战的法国游击队完全截断，庞大的德国军团同样吃了大败仗，不得不狼狈退出法国。

当然，由于时代不同，武器装备不同，人员结构不同，历史上的经验并不能完全照搬到目前的抗日战争中，但我们完全可以对过去的游击战争进行研究，从中吸取有益的经验教训，并把它运用在当前的抗日战争中，使游击战在最终战胜日本帝国主义的战斗中发挥更大作用。

# 历史上的白江口之战

【编者按】这是尹心田1953年给南京军事学院高级系学员讲授战史课时的一篇讲稿，未发表。

## 一、从几个历史认识误区谈起

### （一）中日两国“一衣带水 千年友好”的说法与历史事实不符

一谈到中日关系史时，有些人便会以“一衣带水 千年友好”开始。中日两国仅有黄海相隔，在交通不发达的古代，称得上是“天堑相阻”。但在今天，乘飞机不过是一个多小时的航程，乘海轮也一天可达，确实是“一衣带水”，但说“千年友好”就完全不符合历史事实了。

从7世纪开始，中日两国间就发生过多次大规模战争，既有陆战，也有海战。鲜为近代人所知的中日白江口海战，就是一场十分重要的战争。这是本节课的重点，我将在下面详述。

### （二）日本对华侵略并非从中日“甲午战争”开始

有些文章说，日本侵华起于1895的甲午之战，这也不符合历史事实。自从7世纪日本在白江口海战中大败之后，确实认识到自己不是大唐帝国的对手，老实了一个时期。但当北宋灭亡、宋朝南迁为南宋、金朝入主中原、中国大陆上内战不断之时，日本统治集团又开始趁火打劫，不断派遣不同规模的武装集团骚扰中国大陆。元朝时，忽必烈东征日本，但因不明气象，遭遇台风，水师全军覆没，日本人靠“神风”相助，躲过一劫，捡了一个大便宜。从那时以后，日本针对中国大陆有目的、有组织的海盗行为一直没有间断，不仅烧杀抢掠，还有计划地占领中国沿海岛屿、港湾，建立“前进基地”甚至殖民。特别是以丰臣秀吉为首的日本统治集团，不仅把印度果阿的葡萄牙政权、菲律宾马尼拉的西班

牙政权和中国的台湾地区当成侵略和吞并的对象，还把侵扰中国大陆当成日本的国策。直到明朝名将戚继光率领“戚家军”从中国福建沿海直到山东半岛，将这些“倭寇”狠狠地收拾了一顿后，日本的这些有组织侵略行为才稍稍收敛。

### （三）“田中奏折”并非田中本人的发明

臭名昭著的“田中奏折”尽人皆知，它明确指出“要征服世界必先征服中国，要征服中国必先征服满蒙，要征服满蒙必先征服高丽（朝鲜）”。日本的统治者从中日甲午战争开始，正是沿着“田中奏折”所指的道路行动的。众所周知，日本是一个国土狭小、自然条件差、火山地震频繁、土地贫瘠、资源匮乏的岛国，自古以来，日本人一直受到这些不利因素特别是频发的火山、地震、海啸威胁，从内心深处对脚下的大地感到不踏实和恐惧，巴不得有朝一日到自然条件好、有安全感的大陆存身。公元六七世纪以后，日本基本解决了国内部族间的统一问题，便瞅准了侵略大陆的“理想之路”。日本当年的齐明天皇不仅提出了类似“田中奏折”的看法，还把自己的行政中心从日本内地的飞鸟京迁到沿海的难波城，一心图谋向海外（首先是朝鲜方向）发展。而在日本历史上被称为“猴子”的丰臣秀吉，则比齐明天皇走得更远。丰臣秀吉在用武力统一全日本后，先后于1592年和1596年两次派大军侵略朝鲜，这两次侵略战争都被中、朝联军挫败，日本侵略军无功而返。前后长达七年的日本侵朝战争，不仅给朝鲜人民带来了无穷灾难，也给日本人民带来了沉重的战争负担和牺牲。这两次无果的侵略战争，最终使得在日本国强大一时的丰臣秀吉统治集团走向衰败，而田中只不过是把日本历代统治者的想法具体化而已。

## 二、白江口之战

白江是今日韩国境内之锦江（古称熊津江）接近入海口处的一条支流。7世纪在白江口所发生的、在当年可算是世界上最大规模的一次海战，对整个东方的政治格局曾产生了极大影响。

### （一）战争背景

7世纪时，恰值中国大唐盛世、贞观之治时期，而当时的朝鲜半岛，却正处于“三国鼎立”的局面，这三个国家分别是高句丽、百济和新罗。三国都想独自主宰朝鲜半岛，但都没有统一半岛的能力，于是，便分别与中国和日本结盟，企图借外力来使自己成为朝鲜半岛的唯一主人。和唐朝交好的是新罗国，百济国和日本关系密切，为取得日本的帮助，还派太子扶余丰入日本为人质。而地处半岛北部的高句丽，原来并不是一个独立的国家，早在我国秦汉以前，它就是中国辽东地方政府所辖之地。大唐建国后，就有意将高句丽收回。所以高句丽也投靠日本，企图靠外力帮助与大唐对抗。653年，百济国首先明确表示与日本“通好”，对抗大唐王朝，如此一来，朝鲜半岛就形成了以新罗国、大唐王朝为一方，以百济国、高句丽国和日本国为另一方的两个敌对政治阵营。这种相持局面并没有维持多久，到655年，百济、高句丽两国在日本国的挑唆和纵容下，联合进攻新罗国，妄图先消灭新罗，把朝鲜半岛上的亲中国势力铲除。在此情况下，新罗国王金春秋立即向大唐王朝告急，请求派兵援助。

当时，作为大国之君的唐高宗，对于出兵援助新罗国这样的大事，还是十分慎重的，便先派出使臣分别去朝鲜半岛上的三个国家进行调解斡旋，希望能够维持原状，和平解决朝鲜半岛问题。但高句丽和百济两国，自恃两国力量远大于新罗国，又有日本国的支持，所以根本不买大唐王朝的账。唐高宗在遣使调解无果的情况下，只得先后派出了程名振、苏定方、薛仁贵等大将，率兵征讨高句丽，企图以此解新罗国之危，但大唐王朝对高句丽的军事行动并未能奏效。当时，与高句丽国结盟的百济国，趁着唐朝对高句丽用兵之际，在日本国的全力支持下，开辟“第二战场”，也向新罗国发起了进攻，新罗国形势岌岌可危。

660年，新罗国王金春秋再次向大唐王朝告急，请求大唐王朝火速出兵救援。唐高宗接到金春秋的告急文书后，立即命令时任左武卫大将军的苏定方率领水陆大军十万余人，从今天的山东省荣成县成山头（即胶东半岛的最东端）渡海直接攻击百济国。当时，百济国军队的主力屯军于锦江口，他们在大唐水陆联军南北夹击之下，很快溃败，唐军乘胜追击，并与新罗军会师，合力攻打百济国都城泗沘，不到十天，唐朝大军便灭亡了百济国，并在原百济国的境内设置了熊津等五个都府。苏定方委派其手下大将刘仁愿留守

百济国旧地，为增强在朝鲜半岛的驻军实力，大唐王朝后来又派了大将刘仁轨率兵四万余人增援。

百济国的后台日本国当然不甘心百济被大唐灭亡。当时日本的齐明天皇立即做出了送百济国太子扶余丰回国并全力扶植他复国的决定。但是，正当齐明天皇移驾易宫、调兵遣将准备在朝鲜半岛同中国大干一仗时，天公不遂其愿，661 年 7 月，齐明天皇因病驾崩。太子中大兄继位，称天智天皇。天智天皇子承父业，为完成齐明天皇遗愿，他调兵遣将、紧锣密鼓准备一番后，于 661 年 9 月派遣大军护送百济国太子扶余丰回国继位。此时，日本已准备举全国之力，在朝鲜半岛与中国一决雌雄。

**（二）白江口之战**

663 年 6 月，日本天智天皇命令日本名将毛野稚子等率领精兵三万进攻新罗国，很快连下沙鼻岐、奴江两城，切断了新罗国与驻守朝鲜半岛唐军的联系。面对日军咄咄逼人的态势，唐高宗再派大将刘仁师率 7000 名精兵渡海至熊津，与守将刘仁轨会师抗日。刘仁轨是一位有勇有谋的战将，他认为，周留城是敌军最重要的巢穴，打下周留，其他城池不攻自破。周留城建在距离白江口不远的左岸山地上，一面临水，三面环山，地势险要，易守难攻。刘仁轨经过详细侦查、细致判断敌情后，制订了详尽的攻城计划，他决定兵分两路，一路由刘仁愿、刘仁师、会同新罗国王金法敏率军从陆路进攻；另一路由刘仁轨、杜爽率领唐朝和新罗王朝的联合水军，由熊津江入白江口，逆水而上，从水上进攻。

663 年 8 月 17 日，进攻周留的战斗正式打响。唐（朝）新（罗）联军在陆上从三面同时发起进攻，战斗进展顺利。周留告急，日将庐原君臣率领日本精锐水军火速越海增援，并准备从白江口直接登陆解周留之围。当时，尽管唐新联军已经从三面包围了周留城，但是只要能确保周留与白江口一线安全和畅通，百济就能源源不断地得到日本从海上的支援，周留便可据险固守，因此白江口成了维系周留存亡的生命线，两军都誓在必争。

刘仁轨率领的唐新联合水军首先到达白江口，8 月 27 日庐原君臣率领的日本水军也已经抵达白江口，形成了两军对峙的局面。当时，日本舰队有战船 1000 多艘，兵力 1 万余人。唐新联军舰队有战船 170 艘，兵力 7000 余人。日军虽然在人、船数量上占优势，但因大唐帝国当年国力雄厚、技术先进，故船坚器利，武器装备优于日本，战船总吨位虽不及日本，但个体吨位远超日本。

两只水军开战后，刘仁轨首先采取以逸待劳战术，率战船列于白江口，以威严的阵势和旺盛的士气，在中日第一次较量中就令对手“深感不利而退”。在第二天的海战中，刘仁轨又利用唐军战船高大坚固的优势，实行“双船并进”战术，将个头较小的日本战船左右夹住以后，施以火攻，连焚日本战船 400 多艘，日本水军副将朴市田来津被击毙，百济王扶余丰逃之夭夭，唐新联军取得了海战的最后胜利。

日本水军惨败逃跑的消息传至周留城后，百济守军士气瓦解。扶余丰的儿子、百济国王子扶余忠见大势已去，遂于 9 月 7 日率城中守军和日本援军向唐朝大军投降。在朝鲜半岛上的其他日本陆军，得知海军大败后，斗志全无，纷纷狼狈逃回日本，中日两国的第一次军事较量以大唐王朝完胜结束。

### （三）白江口之战的历史意义

白江口之战，是中国历史上的第一次抗日战争，这场战争的直接结果是，迫使日本势力退出朝鲜半岛，也使日本第一次入侵中国的妄想破灭。

白江口之战和日本的惨败，说明了在 7 世纪时，日本根本不是中国的对手。当年损失惨重的弹丸小国日本，深知大唐王朝一旦下决心收拾日本，天堑黄海和东海也救不了他们，这才毕恭毕敬向唐朝天子称臣，接二连三派“遣唐使”访问大唐王朝，并以学习中国的先进文化和技术来改造自己。但是，日本统治者的狼子野心是根深蒂固的，中国国力强大时，它“温顺友好”，中国稍有风吹草动时，它便“趁火打劫”。

作为中国军人，我们不仅应该牢记白江口之战，也应该牢记刘仁轨、刘仁愿、刘仁师等军事先贤。和平局面是用实力打出来的，不敢言战，哪有和平？！

# 王翦灭楚及其历史意义

【编者按】本文是1953年尹心田在中国人民解放军南京军事学院任教时，给该院高级系学员讲授战史课的一篇讲稿，未发表。

“千古一帝”秦始皇，用了不到10年的时间结束了历时250多年的战国群雄割据局面，完成了中国历史上的第一次统一大业。这一期间各国间大小战争无数，战将如群星璀璨。而为秦始皇统一中国之战中贡献最大者，非秦国名将王翦莫属。

## 一、王翦其人

王翦，战国时期秦国频阳东乡人（津陕西铜川），他自幼便经战乱之苦，立志练武，熟读兵书，报效国家，平定天下。他从18岁开始，就自愿报名应征，参加秦军，驰骋沙场。由于他智勇双全，作战勇敢，屡立战功，很快便由小兵逐级升为大将。王翦和他的儿子王贲，从公元前235年开始，经数年征战，便灭了燕、赵、魏诸国。其间，王翦遇到的真正对手是赵国名将李牧。二人在用兵上旗鼓相当，谁也很难战胜对方。但王翦技高一筹，用反间计离间李牧与赵国君王的关系，使李牧有力无处使，最后王翦完胜赵国，连赵王也当了俘虏。

## 二、灭楚前的插曲

公元前225年，王翦的儿子王贲带兵攻破大梁城灭了魏国，接着，秦始皇召开了计划灭楚的御前会议。当时，秦国有名大将叫李信，此人年轻气盛，作战勇敢，曾经领精兵数千追击燕太子到衍水，大破燕军并将燕太子丹生擒。太子丹就是“荆轲刺秦王”这一历史活剧的总导演，秦始皇早把他恨透了，李信能活捉自己的大仇人，秦始皇当然对李信宠信有加。

在讨论灭楚计划的御前会议上，当秦始皇问诸大将，灭楚需要多少兵力时，年轻气盛的李信马上回答："最多二十万就行了。"当秦始皇又问王翦时，王翦则回答说："少了六十万不行。"秦始皇当着众大臣的面评价这一老一少二位将军："王将军老矣，何怯也！李将军果势北勇，其言是也。"（《史记·王翦白起列传》）于是决定派李信和另一位秦国名将蒙恬领兵二十万伐楚。王翦虽然明知自己的判断是对的，但见到秦王不采纳自己的正确意见，便不做任何争辩，推脱自己体弱多病，回铜川老家养老去了。

李信伐楚结果不出王翦所料，二十万大军先小胜后大败，不仅士兵死伤无数，还损失了 7 位有名战将。

秦始皇闻讯大怒，撤职查办了李信。但秦始皇毕竟是个干大事的人，能够知错就改，及时吸取教训。他放下秦王的架子，亲自从咸阳跑到铜川，向王翦认错，并诚意请他复出带兵。

## 三、王翦灭楚

王翦见秦始皇确实是诚心认错，才答应复出，他给秦始皇详细分析了楚国国情，说楚国人口多，地域广，动员百万大军抗秦不成问题，何况又是本土作战，以逸待劳，秦国士兵就算再勇敢，没有六十万大军是不行的。秦始皇这次完全听从了王翦的意见，倾全国之兵力，凑够了六十万大军，全部交给了王翦，并催王翦尽快发兵出征。

但拿到兵符的王翦，此时反到不急着出兵了，却一而再、再而三地向秦始皇讨要赏赐，希望秦始皇把靠近国都咸阳、渭水之畔的大片良田、豪宅赏赐给他，并要求把原在铜川老家的亲人、族人迁到京都的良田豪宅居住，大张旗鼓地宣传"不能让子孙受苦"。这还不够，在出征的途中，王翦又几次派专人回京，落实秦始皇的赏赐问题。王翦的举动，当时许多人不明白原因，不以为然。其实，这正是王翦的高明之处。老谋深算的王翦，向来是使用反间计的高手，此时，秦始皇将倾国之兵交给王翦指挥伐楚，若对他稍有猜疑或敌人也施以反间计，不但灭楚难成，连举族性命都难保，所以必须用这种办法来取得君王对自己的完全信任。

王翦率领的大军和前来迎战的楚军遭遇后，便立即下令停止前进，就地筑垒坚守，

不理会乘胜而来的楚国大将项燕的一再挑战，甚至对登门侮辱谩骂也置之不理，却要求士兵们吃好喝好，每日沐浴休息照常进行。他自己也是不搞任何特殊，与士兵同吃同住，锻炼身体，养精蓄锐。

两军相持一段时间后，楚将项燕错误认为，秦军新败，主将李信又被撤职查办，秦军一定是没有胆量和实力再向楚国进攻，在此驻防，不过是为了保护刚被其占领不久的原韩国国土而已，于是对秦军放松了应有的警惕。就在楚军松懈之时，王翦率领六十万大军突然发动进攻，以排山倒海之势冲向对峙的楚军。项燕的大军迅速瓦解，兵败如山倒。秦军乘胜一直打到寿村（今安徽省寿县），楚王负刍当了俘虏。项燕原想渡过长江继续抵抗，但王翦迅速抓住战机渡江追击，将项燕逼上绝路，拔剑自刎，楚国至此灭亡。

## 四、王翦灭楚的历史意义

1. 当年在秦始皇准备消灭的六国中，楚国是地域最大、人口最多的国家，只是由于其统治集团无能，才没有对秦国造成更大威胁。但秦国决定在灭韩后立即灭楚，其战略方针无疑是正确的。因为秦灭楚之后，便可立即将原楚国的物力、财力、人力为己所用，从而可以在以后对付赵、燕、齐等国时，占有更大优势。

2. 战争的胜负是由多种因素综合造成的。秦国之所以很快灭楚，是与秦始皇本人的雄才大略有直接关系的。秦始皇原本轻信李信，认为他年轻有为，比年纪大的王翦强。但是当李信遭到惨败后，秦始皇不仅能够认识到自己的错误，还能够放下架子，礼贤下士，亲自从咸阳北上铜川，到王翦老家诚心认错、请王翦出山，并能够听从王翦的正确意见，将秦国举国之兵交给王翦率领去打这关键一仗。

而王翦本人在肩负重任之后，也深知一般君王的心理，不仅诚惶诚恐，还用自己的智慧彻底消除了秦始皇对自己的可能疑虑，君臣高度一心，是灭楚的最根本保证。

3. 历史的发展与秦始皇和王翦的正确计划完全相符。秦国在灭掉楚国后，立即启用王氏父子挥师北上，灭掉赵国和燕国。王翦之子王贲又乘胜挥师南下，一举灭掉齐国。

至此，秦始皇第一次统一全国的大业胜利完成，王翦父子功不可没。

# 武汉会战及其历史教训

## ——最好的防御是进攻

【编者按】本文是 1953 年尹心田在中国人民解放军南京军事学院任教时，给该院高级系学员讲授战史课的一篇讲稿，该讲稿曾得到刘伯承院长的赞许。

1937 年 7 月 7 日抗战全面爆发后，在不到一年的时间内，猖狂的日寇已占领了中国华北及华东的大片国土，南京、上海、北平、天津、济南、青岛、杭州、徐州等大中城市相继沦陷。当时，国民政府临时迁至武汉市。

武汉地处湖北省中部的江汉平原，居于汉水与长江交汇处，平汉与粤汉铁路在此衔接，多条公路穿境而过，素有“九省通衢”之誉。江汉平原北有大洪山、桐柏山，南有幕阜山，东有大别山，西有大巴山，平原上河港纵横，湖泽密布，易守难攻。

当年，国民政府从南京迁至武汉后，当然预计到了日寇来攻，便于 1938 年 6 月初，制订了保卫大武汉的作战计划。该计划的要点是：

1. 以第一兵团防守鄱阳湖以西的九江和德安地区，阻止日军西进。

2. 以第二兵团集结于九江以西的马头镇、鄂城、武昌、咸宁地区担任阻击和机动作战任务。

3. 以第三兵团占领信阳、罗山、潢川、商城、麻城，掩护武汉北部安全。

4. 以第四兵团防守黄陂至黄梅一带，担任长江北岸的防守和机动作战任务。

5. 以二十一、二十六、二十七三个集团军占领正阳关、六安、舒城、安庆和太湖地区，沿途阻击日军，消耗日军主力。

6. 以鄂北、河南、苏北等地的部队对日寇相机侧击，配合武汉作战。

历史资料表明，当年（1938 年）日寇原准备在徐州会战后乘威南下，直捣武汉。但未曾想到，蒋介石“破釜沉舟”，炸毁花园口黄河大堤，造成豫东大片黄泛区，阻止了日寇快速南下的步伐。于是，日寇遂改变了作战计划，决定兵分两路，一路从安徽溯江而上（主攻方向），一路由北向南，两路呼应，合击武汉。

武汉会战于 1938 年 6 月 7 日打响。当天，日寇波田支队（这是一个在台湾“归化”日本后，主要由第二代台湾人组成的混成旅团）和部分日本海军陆战队精锐部队，在十多艘军舰掩护下溯江西进，十二日占领安庆，并在空军配合下，与 6 月 29 日攻占彭泽。在此期间，第一兵团虽然曾经组织过几次反攻，但皆因指挥不力、兵力投入不足而均未奏效。7 月 3 日，波田支队在军舰掩护下，从湖口登陆，与第一兵团激战四天后，第一兵团终因失利而退却。至此，日寇全面占领了鄱阳湖以东地区。

在长江之北，原已占领合肥的日寇第六师团，与沿江进攻的波田支队配合，在 1938 年 6 月 9 日南下，占领舒城，18 日攻占潜山，并向太湖方向进攻。但由于我二十六集团军等部队的强势侧击，迫使日寇东撤。至此，长江北岸的战局形成了对峙状态。

从 1938 年 7 月 9 日起，溯江西进的日寇，海陆空协同作战，于 7 月 29 日占领九江。在日寇向江西西北部的瑞昌进攻途中，由于遭到我第三集团军的逐次阻击，开始时进展缓慢。至 8 月 20 日，日寇动用飞机、化学武器等兵分三路进攻瑞昌，攻势猛烈，战至 8 月 24 日，瑞昌失守。

当江南日寇合击九江之时，长江北岸的日寇于 7 月 25 日向太湖、黄梅一线发起了猛烈进攻，并于 8 月 2 日攻占黄梅。接着，日寇又在攻占武穴以后，在舰炮火力支援下，猛攻田家镇要塞。我三个军曾给日军一定的打击，但要塞最后仍然失守。10 月 19 日，日军攻占浠水，直接向武汉进击。

而在大别山北麓，日军四个师团于 8 月下旬分兵两路自合肥出发，主力一路由商城直扑武汉，并于 10 月 24 日占领宋埠。另一路沿淮河南岸西进，直取信阳，该路于 10 月 29 日占领应城。至此，中国军队在武汉南北的屏障皆尽丢失，日寇对武汉的钳形包围已经形成。于是，中国在伤亡六十余万军人后开始全线撤退，武汉保卫战以我方失败而告终。

武汉会战（或称武汉保卫战），是八年抗战中最大的一次战役，无论是作战区域、作战规模、双方投入兵力、伤亡人数等均属各战役之首。武汉会战的失败，既有政治原因，也有军事原因。政治原因我们暂不分析，仅就军事原因做一探讨。

从军事角度讲，武汉会战的失败，虽然有军队腐败、将领无能、各部队保存实力、相互间钩心斗角、互不信任和兵源素质差、装备落后、后勤不继、联络失灵、缺乏空中支援等诸多原因，但是，最大的原因是，战役指挥者（首先是蒋介石、何应钦等人）在战役的指导思想上从一开始就犯了致命错误。他们过高地估计了武汉地区易守难攻的地利优势和我方兵力在人数上的优势，试图以超过日寇数倍的兵力和武汉周边的地利条件，在武汉地区的周围，布置一圈“马奇诺防线”，将日寇阻挡在这个防线之外，以此保障大武汉的安全。

但是，这恰恰是犯了兵家大忌！稍有军事常识的人都应该知道，防御是被动一方（或力量薄弱一方）采取的作战方式，它只能是一种手段，而非目的。任何弱小的一方，如果只是实行单纯防御，其结果只能在被动挨打中走向最终失败。道理很简单：一块再坚硬的顽石，只要被动地被滴水冲击，最后也会“水滴石穿”。

由于战役领导人错误地建立环形防线，处处设防，以分兵把口、层层阻击的专守防御战术，来抵抗日寇有明确方向和目标的重点进攻，结果是兵力优势、地利条件、以逸待劳等所谓优势，完全发挥不了作用。

当年，虽然第二十六集团军等中国部队有过攻势行动，局部也取得了一些小战绩，但总的说，由于战略指导思想不对、领导不力、用兵太少、不讲实际效果等原因，在整个武汉大会战期间，我方根本没有任何大规模出击的战例，当然更谈不上什么战果和成功记录。不仅如此，还由于指挥无能，坐失了突袭合肥、景德镇等战略要地、把战争引向敌占区的最佳时机。第三集团军虽然以逐次阻击的战术，阻滞了日寇的进攻步伐，但因为作战指导思想是消极防守，不敢打反击，结果仍然在日寇不断加强的连续进攻下败北。

从古到今，凡是实行分散兵力、专守防御者，没有不打败仗的，中外皆是如此。历史上的巴列夫防线、格尔铁里防线、马奇诺防线、国民党的长江防线，还有在古建筑领域引以为豪、在实战中毫无作用的长城，这些专守防线无一不是以失败而告终。在这里，我

们再回忆两个中国历史上著名的战例。

**1．魏王豹分兵专守，兵败被擒**

公元前205年，正当刘邦和项羽在河南荥阳交战的关键时刻，身居刘邦后方的魏王豹拒绝和刘邦合作，起兵反汉，使刘邦处于腹背受敌的不利局面。为此，刘邦当机立断，派大将韩信领兵三万，先解决魏王豹。

魏国据黄河以东，即今天山西省的中、南部一带，西进可以威胁刘邦的根据地关中地区，南下可以截断关中地区与荥阳的联系，并与项羽形成南北夹击刘邦的态势，魏王豹还联系了处于魏国北面的代、赵两国作为自己的盟友。魏王豹西凭天堑黄河，将自己的指挥部设于安邑，分兵扼守临晋、茅津、龙门等津渡要点，准备以逸待劳，用持久的单纯防御作战，“拒敌于国门之外”的战术对付刘邦。

韩信根据魏军兵力部署情况，在临晋城西岸的黄河边，公开集中了大量船只，佯作在此渡河主攻，迷惑晋军。同时，却令曹参率精兵秘密迂回至临晋北面的夏阳，用木罂（一种用木材制成的、形似酒罐的小型渡河工具）渡过黄河，并以迅雷不及掩耳之势南下猛攻临晋魏军的侧背。在魏军突遭袭击忙乱之际，黄河西岸的汉军主力变佯攻为真正的攻击。大批骑兵渡河后，两军前后夹击，一举消灭了魏军主力，并趁势直捣魏王豹的指挥中心安邑。结果，总兵力超过韩信近两倍的魏王豹，由于迷信天险、处处设防、分兵把口、专守不攻，以致兵力分散、处处不利，整个限于被动。韩信突袭安邑大获成功，魏王豹和魏国主将王襄等人，最终难逃被韩信生擒的可悲下场。

韩信平魏一战，正应了兵书中的一句老话：“兵不在多而在精，将不在勇而在谋。”

**2．吕文焕兵败战略要地襄樊**

襄樊位于南阳盆地南部，在靠水运为交通命脉的古代，襄樊和南阳一样，是中国联系南北的水陆交通要冲，是兵家必争之地。

1268年，忽必烈率蒙古大军进攻襄樊。由于襄阳和樊城两个城池建筑坚固，又互为犄角，相互支援，易守难攻，所以忽必烈定下了持久围困的战略方针。但蒙古军的合围并不是十分强固的，守将吕文焕若能抓住时机主动出击，对外联系和取胜的机会很多。但吕文焕却过分依仗城池的坚固，采取了消极防御方针。他只知道依靠外援解困，却把自己主动囚于城中，从而使得包围襄樊的蒙古军在没有任何背部威胁的情况下，从容地去打击南宋的各路援军。结果，襄樊在坚守五年后，终于失守。自此以后，南宋再无回天之力，直至被元朝灭亡。

消极防守者放弃在有利时机主动出击，所以就一直处于被动挨打的地位。虽然说，弱军战胜强军，在战略上总是采取守势，但这种守势，绝不是要求你在作战中放弃主动、拒绝进攻。只有千方百计争取战斗中的主动权，才能弥补自己的不足之处；只有利用一切机会夺取战争的主动权，自己才有胜利的希望。这就是毛主席所说的，打仗“要牵着敌人的鼻子走”。总之一句话：最好的防御就是进攻。

# 书中有关历史人物简介

**丁良骏（？—？），**山东省人。早年参加西北军，1926 年由冯玉祥保送到苏联基辅军官学校学习。 1928 年回国后，任西北军军官学校（校长张自忠）学生队骑兵中队长，后升任骑兵科科长。

**万选才（1888—1930），**字得英，祖籍洛阳县成坡。1920 年入镇嵩军，任骑兵营营长。1921 年升任该部第一三九团上校团长。1926 年 4 月，任镇嵩军第一军第一混成旅旅长。1927 年春接受冯玉祥部收编，任国民联军第一军副军长兼第一师师长。1928 年 4 月任第二集团军第八方面军第二十八军军长。1929 年 5 月任暂编三师师长、第十九师师长。1930 年中原大战期间，任反蒋联军第三方面军第六路总指挥兼河南省主席。同年，其上级刘茂恩投蒋，将其逮捕，后押至南京枪决。

**于右任（1878—1964），**原名伯循，陕西三原人，前清举人。1906 年参加中国同盟会，曾参与创办复旦公学。1907 年后在上海创办《神州日报》等进步报刊，参与推翻清王朝的革命活动。1912 年任中华民国南京临时政府交通部次长，后任陕西靖国军总司令。1924 年后，参与组织西北国民军联军。1927 年初，任国民军联军驻陕总司令，宁汉合流以后，任命陕西省政府主席，但未到任。1928 年 2 月出席国民党二届四中全会，被推选为国民党中执委会常务委员、国民政府常务委员、军事委员会常务委员。1930 年 11 月，在南京出席国民党三届四中全会，被推选为国民政府委员兼监察院院长。1949 年到台湾后，任台湾“监察院”院长。是国民党第二至六届中央常委，1964 年病逝于台北。

**于学忠（1890—1964），**字孝侯，山东省烟台市蓬莱县人。1911 年毕业于通州速成随营学堂步兵科，曾在毅军、吴佩孚直系军中任职。 1927 年后转投奉系张作霖，历任镇威军第四方面军团第二十军军长、东北军临绥驻军司令、平津卫戍司令、第一集团军司令。1932 年任河北省主席。1933 年 4 月任东北军第一军团总指挥兼陆军第五十一军军长，1935 年任甘肃省主席，1936 年促进西安事变和平解决。抗战期间，任第三集团军副总司令、总司令，1939 年，任鲁苏游击战区总司令，次年，兼任山东省政府主席、鲁南游击总指挥。1944 年 3 月，调任国民政府军事参议院副院长。1945 年 5 月，当选为中国国民党第六届中央执行委员。解放战争期间，任总统府战略顾问委员会委员。新中国建国后，曾任第一届全国政协委员、国防委员会委员、河北省人民委员会委员、河北省体委主任等职。

**支应遴（1889—1959），**字聘卿，山西省闻喜县人。1906 年考入太原陆军小学堂，1909 年加入中国同盟会，辛亥太原起义中任学生队管带。19112 年晋南民军编为混成旅，任运城城防营营长，后投冯玉祥部，毕业于北京南苑航空学校，历任参谋、团附、旅长、师长等职。 1928 年 4 月，任西北军洛阳军官学校校长。1929 年 9 月，任反蒋国民军第三十四师师长。中原大战后，随冯玉祥退入山西，任汾阳军官学校校长。1933 年 4 月，协助冯玉祥组建察哈尔抗日同盟军，任第一军第二师师长。抗战中，任第九十六军游击指挥官、苏鲁战区校阅组组长、第一战区长官部参议、西安军医学校总务处长等职。1946 年授陆军少将。1950 年被选为山西省各界人民代表会议代表，山西省政府委员，1950 年 8 月，任山西省人民法院院长。1959 年在山西太原因病逝世，终年 70 岁。

**方振武（1885—1941），**字叔平，安徽省寿县人。早年毕业于安庆武备学堂，辛亥革命时曾参加进攻南京的战斗。民国成立后，任南京临时政府第一军北伐前哨司令。1914 年参加中华革命党。1918 年任广东护法军政府海军陆战队大队长。1924 年任张宗昌部直鲁联军别动队支队司令、补充旅旅长、第二十四师师长。1926 年 1 月率部加入冯玉祥的国民军，任第五军军长、国民军援陕副总指挥、第五军团总司令等职，后改隶蒋介石指挥，任国民党第四军团总指挥，济南卫戍司令，第六路军总指挥兼安徽省政府主席等职。1929 年 9 月因参与反对蒋介石被扣，1931 年获释。1933 年与冯玉祥、吉鸿昌在张家口组织察哈尔民众抗日同盟军，任副总司令、北路前敌总司令，在察哈尔东部抗击日军入侵。抗战时期受蒋介石胁迫去香港。1941 年 12 月由香港返回内地时被国民党军统特务杀害。

**王明（1904—1974），**又名陈绍禹，安徽六安人。1925 年去莫斯科中山大学学习，同年加入中国共产党，曾任中共中央委员、中央政治局委员。1931 年 9 月去苏联，任中共驻共产国际代表。1937 年回国，任中共中央书记处书记、中共中央长江局书记。1938 年中共中央六届六中全会决定撤销长江局，免去他的书记职务。1942 年延安整风运动他受到了严厉批评。中华人民共和国成立后任中央法律委员会主任、中央人民政府法制委员会主任委员、政协全国委员会委员等职。1956 年被选为中共第八届中央委员，但已去苏联就医，从此拒不回国，1974 年 3 月 27 日卒于莫斯科。

**王瑚（1865—1933），**字禹贡，号铁珊，河北省定县人，清光绪甲午科进士。曾任四川省知县、广西省知府、陆军第二十九混成协协统、吉林东北路兵备道等职，1913 年署湖南民政厅厅长。1914 年 5 月，任肃政厅肃政使。1918 年 10 月，任陕甘禁烟专使，不久督办湖南赈务。1920 年 8 月，任京兆尹。12 月，调任江苏省省长。1923 年，冯玉祥聘请其讲文化课，从此二人成为莫逆之交。1925 年，任包宁铁路督办。1927 年，任豫陕考试委员会委员长。1928 年，任赈务委员会委员长兼黄河水利委员会副委员长。1932 年，被聘为北京辅仁大学教授。1933 年，冯玉祥在张家口组建抗日同盟军，他迅即前往，对冯说："我虽不能上前线，只在队伍前一站，对抗日士兵也是一种鼓舞。"1933 年 4 月 25 日，逝世于北平。

**王乃模（1889—1948），**又名范庭，福建省闽侯人。1913 年 12 月考入北京陆军大学第四期。1920 年 3 月，任陕西陆军第二混成旅步兵第一团中校团副。1921 年 8 月任中央陆军第十一师（师长冯玉祥）少将参谋长。1924 年 6 月，任陆军检阅使署参谋处长、参谋长。第二次直奉战争后，任国民军航空队司令。1925 年 5 月，任国民军总司令部高级参谋兼任京汉铁路管理局局长。1931 年初，任南昌行营高级参谋兼参谋处上校科长。1933 年任二十六路军总部参谋长。抗日战争期间，任第二集团军（司令孙连仲）司令部中将参谋长，1939 年冬，应陕西省主席邀请，担任陕西省公路局局长，后因病去职，专任军事委员会高级参谋。 1948 年 2 月 28 日因病在南京逝世，终年 59 岁。

**王子亮（1900—1984），**字寅初，河南省沈邱县人。1921 年春投入冯玉祥部队当兵，历任排长、连长。1927 年 8 月，任第二集团军第四方面军炮兵团营长，中原大战西北军解体后，任第二十九军三十七师第一〇九旅二一八团第三营营长。1933 年春随部参加长城抗战负伤。1933 年 6 月，升任第二十九军第一三二师第三九六旅上校团长，抗战爆发后，升任第七十七军第一三二师三九六旅少将旅长、第七十七军第一三二师副师长。1945

年，任陆军第三十军政治部主任。1948 年 9 月 22 日授陆军少将。1949 年 12 月，于四川德阳率部起义，曾任解放军七兵团军官教导团大队长。1951 年任西北军区参议室高级参议。1955 年任甘肃省人民政府参事室参事。1984 年 10 月 27 日在兰州病逝，终年 83 岁。

**王丕襄（1901—1992），**字赞亭，山东省菏泽县人。1920 年入第十六混成旅当兵，1923 年被调到冯玉祥身边当卫士，1924 年升任手枪队长。1926 年，任国民联军第二师第五混成旅第十四团第三营营长。1927 年 4 月，任国民联军总司令部上校副官，同年 9 月，升任第二集团军第十三军直属迫击炮团团长。1929 年 5 月，任国民革命军第八军第十七师第四十七旅少将旅长，中原大战后只身一人前往山西峪道河投奔冯玉祥。1933 年 4 月，任察哈尔抗日同盟军少将副师长兼旅长。卢沟桥事变爆发后，随冯玉祥在第三、第六战区参与对日作战。抗战胜利后，退役。新中国成立后，后曾任济南市政协委员、山东省政协文史专员等。1992 年元月在济南病逝，终年 91 岁。

**王正廷（1882—1961），**字儒堂，浙江奉化人，天津北洋大学预科毕业。1905 年留学日本，次年加入同盟会。武昌起义时，任湖北都督府外交副主任。民国成立后，任唐绍仪内阁工商部次长兼代总长。1913 年 4 月当选为参议院议员及副议长，一度代理议长。1917 年第二次国会解散，率议员赴广州，参加护法运动，9 月署理广州军政府外交总长。1919 年为中国出席巴黎和会全权代表。1922 年 12 月任外交总长兼代国务总理。1924 年任外交总长、财政总长及关税会议委员长。1927 年，任国民党中央执行委员、陇海铁路督办等职。1928 年 6 月，任南京国民政府外交部部长。1936 年 8 月出任驻美大使，后任上海市参议员、中国红十字会会长等职。1949 年初去香港，1961 年 5 月 21 日在香港病逝。

**王克敏（1879—1945），**字叔鲁，浙江杭州人，前清举人；1900 年以大清国留学生监督的名义到日本，并担任大清国驻日大使馆参赞，回国后于外交部任职。1917 年后任中国银行总裁、财政部部长等多项要职，曾三度出任财政部部长。1931 年，任北平财政处理委员会副委员长。1935 年后任职冀察政务委员会委员，并出任东北政务委员会、北平政务委员会等多项要职。1937 年 12 月 14 日出任日军扶植的傀儡政权“中华民国临时政府（北京）”行政委员长。1940 年 3 月，改任华北政务委员会委员长，后出任伪南京国民政府内务总署督办、中央政治委员等要职。抗战胜利后，王克敏被国民政府以汉奸罪名逮捕，1945 年 12 月 26 日于狱中自杀身亡。

**王学智（1888—1947），**字趋庭，安徽省合肥人，早年参加第十六混成旅。1917 年，历任工兵排排长、电话队队长、炸弹连连长、工兵营营长。1927 年 5 月任第二集团军交通司司长兼运输司令，后改任第二集团军兵站总监部铁路运输监督、陇海铁路管理局局长、第二集团军铁路运输司令。中原大战后，脱离军职。1936 年 8 月，任天津市工务局局长。抗战爆发后，留在北京隐居。1940 年 5 月 16 日，张自忠在湖北宜城十里长山抗日阵亡后，王学智同张自忠的胞弟张自明，奔走在湖北和重庆之间，为张自忠料理后事，结束后重回北京东四五条家中赋闲，1947 年因病去世。

**王宠惠（1881—1958），**字亮畴，广东东莞人，1900 年毕业于天津北洋大学堂法科。1901 年留学日本。1911 年在广州加入同盟会。1912 年 1 月任南京临时政府外交总长，3 月改任唐绍仪内阁司法总长。1915 年任东吴大学法学院教授。1921 年 10 月任国民政府全权代表之一，出席在美国华盛顿召开的太平洋会议。1922 年 9 月署理国务总理，由于军阀曹锟的反对，被迫于 11 月 29 日下台。1923 年被国际联盟选为海牙常设国际法庭正法官。1924 年被授予东吴大学名誉法学博士。1927 年 6 月出任南京国民政府司法部长。1937 年 3 月起任国民政府外交部部长。抗日战争爆发后，曾以外交部长名义发表抗日声明。1945 年 4 月出席在美国旧金山召开的联合国宪章制宪会议。1946 年 11 月出席蒋介石非法召开的国民大会，并参与《中华民国宪法》的制订工作，不久，再任司法院院长。1949 年去香港，后转赴台湾，1958 年 3 月 15 日卒于台北。

**王治邦（1895—1989），**字润民，安徽省宿县人。1910 年离家出走到山东当兵，加入冯玉祥部第十六混成旅。1922 年，任第七混成旅第二团第三营第九连连长。1925 年初任营长，同年升任西北边防督办公署卫队旅第一团团长。1926 年任国民联军第七旅少将旅长，1927 年 5 月，任第二集团军征募第一组第二集团团长。1929 年 5 月，任国民革命军第二十五师第三十七旅旅长。中原大战后，任第二十九军第三十七师第 110 旅少将旅

长。1933 年，率部参加长城抗战。1934 年，入南京陆军大学特别班第二期深造，抗战期间，任第五战区长官部少将高参。1942 年调汤恩伯部任少将参谋。1945 年抗战胜利后，离汤部经漯河回到安徽宿县老家赋闲。新中国成立后，曾任宿州市政协第一、二届委员。1989 年，因病去逝，终年 84 岁。

**王倬如（1910—1988），**又名王德宽，北京人。1933 年毕业于北平政法大学，同年 8 月，冯玉祥第二次上泰山，特设了一个图书室，王倬如任管理员。1936 年至 1945 年，担任冯的机要秘书。1946 年冯玉祥去美国后，受党组织派遣，到北平从事革命活动。新中国成立后，任外交部礼宾司司长。1954 年，任中华人民共和国政府代表团顾问，出席日内瓦会议。1955 年任中华人民共和国代表团秘书长，出席万隆会议。1979 年后，任外交部国际问题研究所顾问，1988 年 6 月 21 日在北京病逝。

**王恩九（1901—1939），**又名王同锡，河南省鲁山县人，1920 年入开封法政专门学校。1922 年秋只身赴北京，加入陆军检阅使冯玉祥部队。1924 年后任国民军参谋长石敬亭的机要秘书。1926 年 9 月，任甘肃省政府总务科科长，后任国民联军驻甘肃总司令部少将粮秣总监、甘肃省红水县县长、隆德县县长。1936 年加入中国共产党，1938 年，调任新四军八团留守处交际副官，参加河南省委统战工作。1939 年任中共河南省委候补委员兼统战部部长，同年 11 月，在河南省确山县竹沟被国民党反动武装分子杀害，和王恩九同时牺牲的还有中共河南省委的其他同志，史称“竹沟惨案”。

**王梓木（1895—1967），**名铎，又名王世平。1925 年 7 月，考入西北陆军学校，同年加入中国共产党，先后任西北军骑兵师第五师政治处主任、国民党西安最高党部政治干事、国民联军第二集团军军官学校政治教员、教育副官，国民联军第二集团军总司令部参谋、军械官、机要处处长等职。1929 年，任第三路军参谋处处长。1936 年担任北方局联络工作、情报部长。1937 年 6 月到延安，历任中共北方局情报处处长、延安抗大军事教员、中共南方局军事组组长、八路军驻武汉办事处主任、八路军驻重庆办事处军事组组长、八路军总司令部高级参谋、嫩江省人民政府副主席。新中国成立后，任黑龙江省人民政府副主席、辽宁省人民政府副省长等职，1967 年 6 月 18 日在沈阳逝世。

**邓文（1893—1933）**，字宪章，吉林省梨树县人。九一八事变后，任骑兵第一旅第二团团长，后升任骑兵第四旅旅长。1932 年 4 月，任骑兵第四旅旅长，同年 6 月，任第一军军长，10 月，率部参加进攻黑龙江省会齐齐哈尔战役。1933 年 2 月率部参加热河抗战，热河沦陷后，邓文率残部进关，5 月，参加冯玉祥组织的察哈尔抗日同盟军，任第五路总指挥兼第十师师长。1933 年 7 月 31 日于张家口福寿街 18 号被刺身亡，时年 40 岁。

**邓宝珊（1894—1968）**，原名邓瑜，甘肃天水人。1921 年，任陕西陆军暂编第一师团长。1924 年参加"北京政变"，任国民军旅长、师长。1926 年后，任国民联军援陕前敌副总指挥、国民联军驻陕副总指挥。1927 年，任国民革命军第二集团军第五方面军副总指挥兼第十七军军长。1930 年，任反蒋联军第八方面军第三军军长，后代理总司令，参加中原大战。1933 年，代理甘肃省政府主席。1934 年，任新编第一军军长。1937 年任第二十一军团军团长，同年改任晋陕绥边区总司令，驻防榆林。1948 年调任华北"剿匪"总司令部副总司令，同年积极协助傅作义与解放军平津前线司令部进行和平谈判，促成北平和平解放。新中国成立后，任甘肃省省长、全国政协常委、国防委员会委员、民革中央副主席等职，1968 年 11 月 27 日在北京病故。

**邓哲熙（1894—1981）**，字仲之，河北省大城县人，1917 年毕业于天津北洋法政专科学校，入日本明治大学法律专修科深造。 1919 年被介绍到湖南常德冯玉祥部第十六混成旅任少尉书记官。1921 年，任陕西督署军法科科长。1922 年春，任河南督军署军法科科长，同年任陆军检阅使署军法处处长。1925 年初，任西北边防督办公署军法处处长，不久任绥远省财政厅厅长。1927 年任河南省司法厅厅长，省高等法院院长，河南省民政厅厅长、代理河南省主席。1933 年春，任察哈尔民众抗日同盟军总部军法处处长。1933 年，任南京立法院立法委员。1936 年调任冀察政务委员会委员兼河北省高等法院院长。抗战胜利后，任河北省高级法院院长。新中国成立后，历任中央民族学院办公室副主任，社会主义学院总务处长。第二、三、四、五届全国政协委员、民革中央团结委员、民革北京市委员会常务委员等职，1981 年病逝于北京，

**邓鉴三（1877—1950）**，又名邓长耀，河北省静海县人，幼年读私塾，后中秀才，曾

在北京太医院攻读中医，后到保定开医院，与驻防保定的冯玉祥相识，常为冯讲授经史。不久二人义结金兰，成冯的盟兄。1907 年，到冯玉祥部队任军医。1918 年，任湖南临沣县县长。1925 年初，任绥远省民政厅厅长。1926 年，任平凉道尹、陕西省临潼县县长、陕西省民政厅厅长，一度代理陕西省主席。1933 年春，在张家口协助冯玉祥组织抗日同盟军，失败后上泰山帮助冯玉祥整理回忆录。1935 年 11 月，随冯玉祥去南京，任国民政府监察院参事。抗战期间。曾任第三十三集团军总司令部顾问。1946 年，任黄河水利委员会委员。新中国成立后，任天津市政协委员，1950 年病故于天津。

**邓德堂（1901—1984），**字润生，河北省任丘县人，其父邓树林在保定当兵时与同营的冯玉祥、尚冠军（鄚州人）结为金兰之好。 1920 年初，加入第十六混成旅，任上士司书。1922 年，被提升为冯玉祥总部上尉监印官。1924 年，任张家口造币厂中校会计主任。1926 年，任第一军上校军需处处长。1928 年任青海省财政厅厅长、垦务局局长。中原大战后，任甘肃省泾原区行政督察专员兼平凉县县长。1935 年 12 月，任第二十六路军总部少将副官处长。抗战期间，任第二集团军总司令部少将副官处长，1945 年退役后在河南许昌从事汽车运输业。新中国成立后，成为北京市东城区民革成员。1984 年病故，时年 83 岁。

**冯文华（1909—1968），**幼名镇远，安徽省巢县人，冯玉祥侄孙。1924 年进入西北军军官子弟小学学习，1929 年毕业于西北军军官学校。1933 年，任察哈尔抗日同盟军卫队连长、营长，后任冯玉祥将军随从副官。1935 年年加入中国共产党。1938 年 8 月，任巢县民众抗日自卫军副司令。1939 年所部编为新四军二纵二大队，任大队长。4 月，任新四军五支队副参谋长。次年，新四军江北指挥部军政干部学校改为抗日抗大八分校，任教育长。1944 年，任抗大四分校副校长兼教育长。1945 年 5 月，任新四军四师参谋处处长。1946 年，任淮北二师九旅及华东野战七纵队参谋长、三野教导师师长等职。1949 年，任华东海军司令部军训处处长，后调军委海军司令部训练部任副部长。1956 年，调任中国人民国防体育协会航海运动部部长。1958 年，任国家体委航海运动司司长。1968 年 11 月，因病在北京逝世。

**冯宏谦（1902—1993），**又名马忍言，冯玉祥之侄，安徽省巢县人，早年就读于杭州蚕桑学校。九一八事变后，前往山西，追随冯玉祥参加抗日，次年升任少尉排长。1938年5月回家乡组织民众抗日，任巢县抗日游击队司令。日寇入侵巢县时，被任命为巢县县长。1939年后，任安徽省蒙城县县长，阜阳行政督察专员公署上校保安副司令，安徽省政府视察室主任。1946年3月，随张治中赴西北，任军事委员会西北行营上校人事处处长。1948年12月任第九十一军第二四六师少将副师长，后任西北行营少将高参等职。新中国成立后，曾任民革中央委员、合肥市政协常委、副主席、安徽省政协委员、全国政协委员等职，1993年7月病逝。

**冯洪国（1910—1973），**安徽巢县人，冯玉祥长子。14岁时，被送往苏联中山大学学习。1929年，进入日本陆军士官学校习炮兵专业。1930年加入中国共产党。1933年随冯玉祥在张家口组织抗日同盟军。七七事变前夕，在北京南苑任29军军训团大队长。抗战期间，在刘汝明部队任团长，随部在豫西南地区打击日军，后入陆军大学特别班受训。新中国成立后，在四川省参事室工作，1973年去世。

**冯治安（1896—1954），**字仰之，河北省故城县人。1912年加入冯玉祥部队，历任排长、连长、营长。1925年1月，任西北边防督办公署卫队旅第二团团长，不久升任卫队旅旅长。1927年任第二集团军第二十三师师长，1928年，调任第二集团军第二方面军第二十三军军长。北伐结束后，任第二集团军暂编第四师师长。1929年10月，任国民军第四路第十一军军长，参加反蒋战争，中原大战后，任第二十九军第三十七师师长。1933年，率部随宋哲元参加长城抗战。1936年7月任河北省政府主席兼二十九军三十七师师长。抗日战争爆发时驻防卢沟桥，指挥第三十七师吉星文团抗击日军进攻，8月，升任七十七军军长。1938年7月，冯治安的七十七军与张自忠的五十九军在湖北麻城合并为第三十三集团军，张自忠任总司令，冯治安为副总司令。1940年5月，张自忠将军在枣宜会战中殉国，冯治安继任第三十三集团军总司令，并兼任第六战区副司令长官。1945年5月，当选国民党六届中央监察委员。1945年8月抗战胜利，12月，任国民政府军事委员会徐州绥靖公署副主任，兼任第三绥靖区司令、京沪杭警备副司令。1949

年上海解放前夕去台湾，任总统府战略顾问、光复大陆设计委员。1954 年 12 月 16 日病逝于台北，终年 58 岁。

**冯钦哉（1890—1963），**原名敬桂，字钦哉，山西万泉人。1909 年加入中国同盟会。1918 年，赴陕西省加入胡景翼率领的靖国军，被靖国军将领杨虎城招为部下，后任靖国军第三路第三团团长。1925 年，任国民军第三军第三师第六旅旅长。1927 年春，升任国民革命军第二集团军第十军第一师师长。1928 年秋，任第二集团军暂编第二十一师第一旅旅长。1929 年 4 月，杨虎城投靠蒋介石，冯跟随杨虎城，调任新编第十四师旅长。1931 年 4 月，升任第四十二师师长，翌年升任第七军军长，兼任陕西省政府委员。1936 年 1 月，获授陆军少将位。西安事变期间，拒绝杨虎城的命令，并与刘峙通电全国，反对张、杨，从此，冯离杨附蒋，其部被扩编为第二十七路军，冯任总指挥。七七事变后率部开赴前线，参加保定战役和娘子关战役，翌月代理第十四集团军总司令，同年夏，任山西宣慰使。10 月，任第一战区副司令长官，驻洛阳。1941 年，任察哈尔省政府主席。抗日战争胜利后，任第十一战区副司令长官，兼任张家口绥靖公署副主任，并当选“国民大会”代表。1947 年 12 月，任国民政府主席北平行辕副主任。翌年 8 月，任华北剿匪总司令部副总司令。新中国成立后，加入中国国民党革命委员会，任政协北京市第一届委员会委员。1963 年 1 月 22 日病故于西安家中。1980 年，民革北京市委员会撤销过去给予他的一切处分，恢复政治名誉。

**冯基道（1891—？），**安徽巢县人，冯玉祥长兄，1891 年出生，曾任西北军参议、顾问、京绥铁路警务处处长。

**加仑（1890—1938），**原名瓦西里·康斯坦丁诺维奇·布柳赫尔，1890 年出生于苏联雅罗斯拉夫尔省巴尔辛卡村，曾以加伦为化名担任国民革命军军事总顾问，参加中国大革命和北伐，并指导中共发动南昌起义，是苏俄国内战争时期成长起来的一颗将星，他曾创造过用一个步兵师打垮了装备有大量坦克、装甲车的机械化的白卫军的奇迹，是 1935 年苏联第一批五大元帅之一，远东方面军司令，也是苏联远东方面长期防御日本侵略的最高将领。于 1938 年 11 月 9 日在苏联内部大清洗时被斯大林秘密处决，1956 年平反，恢复名誉。

**加里宁（1875—1946），**全名米哈伊尔·伊万诺维奇·加里宁，1875年11月出生于苏联特维尔省。1898年加入俄国社会民主工党，曾遭逮捕流放。1912年当选为俄共（布）候补中委和俄罗斯局委员，参加创办彼得堡《真理报》，十月革命后任彼得格勒市长、市政委员。1919年起任全苏中执委会主席、中委。1922年任苏联中央执行委员会主席。1926年起任政治局委员。1938年起任苏联最高苏维埃主席团主席。1946年，于莫斯科逝世。

**司玉贵（1900—1935），**字文明，河南省许昌县人。1922年，考入陆军十一师学兵团受训，结业后历任排长、连副、连长。1926年任国民联军第十三师迫击炮营营长。1929年任反蒋国民联军第七路第十六师第四十七旅第一团团长。1930年6月率部参加中原大战。10月上旬改编为中央军第六师独立旅，司玉贵任该旅第一团团长，不久升任少将旅长。1935年病故。

**甘自励（1907—？），**广西省苍梧县人，黄埔军校第六期毕业，历任国民党军队宪兵排长、连长。1940年任军委会运输统制局水陆交通统一检查处柳州水陆交通统一检查所所长。1943年任财政部缉私署曲江查缉所所长。1944年，任苍梧县民团指挥部副司令、多贤乡自卫工作委员会委员。1945年，任军统局桂林办事处西江工作队队长。1947年，任广西省政府参议、广州绥署少将参议。1948年，任梧州专署少将高级参谋。1949年梧州解放前夕逃香港，后事不详。

**田金凯（1894—1962），**字捷三，河南省堰城县人。1913年加入冯玉祥部，1919年任第十六混成旅手枪队队长。1920年升任上尉队长。1925年升任西北陆军第六师第十七混成旅第五十团上校团长。1926年升任国民一军骑兵一师师长。1927年任国民革命军第二集团军骑兵第二师中将师长。1929年任反蒋联军第五军中将军长，中原大战后任国民政府军委会中将参议。1937年携眷回故籍。1941年出任汤恩伯部漯河警备副司令。1948年迁汉口经商。1962年4月，在汉口病逝，终年68岁。

**白英振（1906—？），**字威如，河南省郏县人。1928年春考入设在河南开封的第二集

团军军官学校，1929年10月，被调到冯玉祥总司令部任传令员，担任冯玉祥的日记写作、小账管理、读书念报等任务，中原大战后入国民政府中央炮兵学校学习，毕业后历任连长、营长、团长、科长、上校参谋处长等职。抗战胜利后任第四绥靖区司令部上校课长，整编第六十八师少将参谋长。1949年10月，随刘汝明由厦门去台湾。1988年回大陆，在平顶山市襄城县其女儿处定居，后事不详。

**石友三（1891—1940），**字汉章，吉林省长春县人。1912年，投入冯玉祥部，先任马夫，后任岗兵、传令兵和冯的贴身勤务兵。1921年8月，任陕西督军署卫队团学兵营营长。1922年后，任第八混成旅第二团团长，第八混成旅旅长，国民一军第六师师长，国民联军第六军军长兼援陕军第五路总司令，第二集团军第一方面军副总指挥兼第五军军长等职。1929年5月，与韩复榘叛冯投蒋，任安徽省政府委员兼主席。 1930年再度投奔冯玉祥，任反蒋联军第四方面军总司令。大战后期，首先退出战场。1931年7月，举兵攻打张学良，失败后只身逃往济南，依附韩复榘。1936年1月，任冀北保安司令，冀察政务委员会委员。抗战爆发后，任陆军第一八一师师长，六十九军军长、第十军团军团长、山东省政府委员、冀察战区副总司令兼察哈尔省政府主席。1940年4月9日任第三十九集团军总司令，同年图谋投降日军并与华北伪政权合流。1940年12月1日被高树勋派人在河南濮阳县柳下屯活埋。

**石敬亭（1884—1969），**字筱珊、筱山，山东利津人，早年毕业于东北武备学堂。1911年参加滦州起义。1912年任绥远第十六混成旅参谋官，后升旅参谋长、团长。1921年任河南省督军公署少将军务处处长，后任第十一师参谋长兼教导团团长。1924年任国民军第一军第四混成旅中将旅长，同年12月任西北军陆军第五师师长。1926年4月，任第五军军长兼西北军干部学校校长。1927年4月任国民革命军第二集团军总参谋长，并代理国民革命军第六方面军总指挥，同年7月被任命为陕西省政府代主席。1928年任国民革命军第二集团军第六方面军总指挥兼第二十二军军长，同年4月代理山东省政府主席。1930年改任陇海铁路督办。1932年6月任国民政府军事参议院上将参议。1935年11月，当选为国民党五届中央执行委员会候补委员，12月任冀察政务委员会委员。1938 年任军事委员会军风纪巡察团第二团上将主任委员。1941 年任第四军风纪巡察团主任委员、第一战区副司令长官。1941 年 5 月当选为国民党六届中央执行委员会委员。新中国成立前夕去台湾，1951 年被聘为〞总统府〞国策顾问。1957 年起，曾被聘为中国国民党第八、九届中央评议委员。1969 年 1 月 19 日患舌癌病逝于台北，终年 84 岁。

**乔明礼（1894—1965），**字节之，河北省获鹿县人。1917 年 1 月入保定军官学校第五期步兵科，1918 年 9 月毕业，任第二师排长、连长。1925 年任国民军第五军（军长方振武）一团团长。1928 年任国民革命军第一集团军第四军团（方振武部）第四十五师二六七团团长。1933 年任察哈尔民众抗日同盟军副师长。1937 年抗战全面爆发后，任河北民军干部养成所教育长、河北民军总指挥。1945 年 10 月，随第十一战区副司令长官兼新八军军长高树勋起义，后历任民主建国军第二军军长、中共中央军事委员会军训部高级研究员。1955 年后，任河北省农林厅副厅长等职。1965 年 2 月 16 日在北京病逝。

**任子勋（1903—？），**陕西省定边县人。1925 年 8 月，考入西北陆军干部学校学习。1926 年 11 月，赴苏联入基辅军官学校学习。1928 年底回国后，在冯玉祥部队历任团副、团长、副员等职。1935 年任第八十四师二五〇旅四九九团上校团长，抗战爆发后参加忻口会战。1941 年 11 月升任第十七军八十四师少将副师长。1940 年 7 月，入陆军大学特别班第五期深造。1942 年 7 月毕业后任新编第二师副师长。1943 年 12 月任第十七军八十四师少将师长，1945 年 2 月授陆军少将。1946 年 4 月任整编第十七师八十四旅旅长。1947 年 3 月任整编第九十师副师长。1948 年 2 月入中央训练团受训，后弃职赴渝。1949 年 11 月 30 日在重庆迎接解放，后事不详。

**任玉润（1907—？），**字兰圃，陕西省省富平县人，早年参加西北军。1925 年 10 月由国民二军送到苏联基辅军官学校炮兵科学习，回国后长期在冯玉祥部从事军事教育工作。1930 年曾短期任汾阳西北军军官学校教育长。1933 年 9 月，入中央军校高教班第二期受训，后事不详。

**刘田（1902—1937），** 又名刘芸田，字汉超，湖南省湘乡县人，湖南常德德山中学毕业。1924年前往北平，参加国民军。1928年，任第二集团军第二十九师手枪营第二队队长，后任手枪营营副。中原大战后，任汾阳军官学校炮兵团团长。1933年，随军校开赴张家口，参加抗日同盟军，同年8月部队被第二十九军改编，任第一四三师特务团上校团长，后改任该师第二旅第四团团长。1937年在张家口与日军作战中阵亡。

**刘骥（1887—1964），** 字谷生，菊村，湖北省钟祥县人。清末入新军，在张绍曾部当兵，与冯玉祥结为知己，加入武学研究会。辛亥革命后，曾参加滦州起义。1925年7月，任北京临时参政院参议，10月，任察西镇守使，同月，任京兆道尹。1927年1月，任湖北省政务委员会委员，中央政治委员会武汉分会委员，3月，任武汉国民政府军事委员会陆军处处长，12月，任国民政府军事委员会委员。1928年，任国民革命军第二集团军第三十军军长、第二集团军参谋长。1929年1月，任军政部陆海空军抚恤委员会委员、副委员长，黄河水利委员会委员，2月，任编遣委员会遣制部副主任，5月，任湖北省政府委员兼建设厅厅长，9月，任陆海空军抚恤委员会委员长，同年参加冯玉祥起兵反对蒋介石，任联军总参谋长，失败后辞职。1931年任军事参议院参议。新中国成立后，寓居南京，1964年病故。

**刘汝明（1895—1982），** 字子亮，河北献县人。1912起投军冯玉祥部当兵，后累升至团长。1924年，任国民军警备一旅旅长。1926年五原誓师后，任国民联军第十师师长。1927年任国民革命军第二集团军第二军军长，兼暂编第二师师长。1929年南京编遣会议后，任第二集团军暂编第十师师长。中原大战后，任第二十九军副军长。1935年，任察哈尔省政府主席兼第一四三师师长。七七事变后，任第七集团军副总司令兼第六十八军军长，1939年，先后任第二集团军副总司令、总司令等职。抗战胜利后，先后任国民党第四绥靖区司令官、第八兵团司令官。1949年去台湾，1982年病逝。

**刘汝珍（1904—1999），** 字子瑞，河北献县人，刘汝明之弟，历任冯玉祥西北军中下级军官、赵登禹部第一三二师独立第二十七旅第六七九团团长、独立第二十七旅旅长、六十八军暂编第三十六师师长、国民革命军第六十八军中将军长。日本投降后，整编为第六十八师，任师长。1948 年秋，改任六十八军军长，隶属刘汝明第八兵团，淮海战役期间，曾随其兄北上增援杜聿明部，旋因败局已定，又随军退回淮南。1949 年，任第八兵团中将副司令官兼第六十八军军长，担任铜陵至九江段长江防务。是年 4 月，解放军突破长江防线后，遂率部南逃，于安徽祁门地区被歼，旋率残部逃金门，转赴台湾。晚年，举家移居美国洛杉矶，于 1999 年 11 月在家中无疾而终。

**刘伯坚（1895—1935），**又名刘永福，四川平昌人，早年曾就读于成都高等师范学堂。1920 年赴欧洲勤工俭学。1921 年与周恩来等发起组织中国少年共产党。1922 年转为中国共产党党员。1923 年入东方大学学习。1926 年回国应邀在冯玉祥部任国民军第二集团军总政治部副部长，离开冯部后，任中共湖北省委组织部长、江苏省委常委、宣传部长。1928 年再次被派往苏联学习军事，并出席了中共六大。1930 年回国到中央苏区，任苏区工农红军学校政治部主任。1931 年底，参与领导宁都起义并任红五军团政治部主任，后任中革军委总政治部宣传部副部长，中央红军长征后，留在苏区坚持斗争。1935 年 3 月率部队突围时不幸负伤被捕，21 日壮烈牺牲。

**刘郁芬（1886—1943），**字兰江，河北清苑人，早年入保定陆军小学，后于保定陆军速成学堂步兵科毕业。1913 年到冯玉祥部任上尉参谋兼模范连教官、军官教导团教官，后任第十六混成旅参谋长，第十一师团长，第二十二旅旅长，国民一军二师师长，代理甘肃军务督办，北伐时任第二集团军第七方面军总指挥兼甘肃省主席。1929 年任反蒋国民军第三路军综合指挥，中原大战时任西北军后方司令兼陕西省代主席。杨虎城率十七路军进陕西后，刘郁芬率甘陕两省政府官员及家属拟东渡黄河投冯（时在山西），由杨部赵寿山放行，使刘安全渡河，刘后任国民政府军事参议院参议、冀察政务委员会委员等职。抗战中投降汪精卫政权，任开封绥靖主任，后升任汪伪南京政府总参谋长。1943 年病死于北平。

**刘珍年（1897—1935），**字儒席，河北省南宫县人，早年入保定陆军军官学校第八期步兵科。1927 年，任直鲁联军第一二一旅旅长，次年任国民革命军暂编第一军军长。1930 年，任第十七军军长，后其部被所编为第二十一师，任师长。后与国民党山东省主

席韩复榘矛盾日益加深，遂于1932年9月在掖县、莱阳爆发“韩刘之战”，蒋介石以“调停”战事为名，将刘珍年调往江西，进剿工农红军。因扬言要向红军投诚，在离职去杭州疗养时，被蒋介石派人扣押，1935年在南昌被杀。

**刘振三（1903—1971），**刘振三，字育如，河北省故城县人。1919年参加第十六混成旅。1921年任陕西督军署卫队团第三营第一连正目。次年升任学兵团步兵营第一连排长。1926年3月，任察哈尔都统署手枪营连长。1927年调任西北军官学校入伍生第一营营长。1928年升任第二集团军军官学校第一大队大队长，后调任第二集团军暂编第六师第十八旅第七团团长。1930年任第二方面军第六师特务团团长。1931年任第二十九军第三十八师特务团团长。1933年初调任第一一三旅第二二五团团长，同年升旅长。1937年升任第一八〇师师长。1940年升任第五十九军副军长兼第一八〇师师长。1943年升任第五十九军军长。1944年带职入陆军大学将官班甲级第一期学习。1946年改任整编第五十九师师长。1948年改任第五十九军军长。1949年初调任淞沪警备司令部副司令，同年辞职赋闲去台湾，1971年在台北病逝。

**刘桂堂（1892—1939），**诨号刘黑七，山东省平邑县人，曾入绿林。1928年归附国民革命军，任新编第四师师长。1930年中原大战时，任阎锡山部第二十六军军长。1931年又任张学良部第六混成旅旅长，同年12月，任韩复榘部山东警备司令。1933年7月1日，任察哈尔抗日同盟军第六路军总指挥，后投降日伪，任伪满第三路军总指挥。1934年被韩复榘打败后寓居天津。1937年再次投靠日寇，任“皇协军”前进总司令。1938年归附国民政府，任新编第三十六师师长。1939年率部进攻中国共产党领导的抗日根据地，11月，被八路军路南部队击毙。

**刘镇华（1882—1955），**字雪亚，河南省巩县人，早年毕业于保定法政专门学堂监狱科，回河南后在开封中州学堂任庶务长，并加入中国同盟会。辛亥革命时任豫西观察使兼镇嵩军统领、豫西剿匪总司令，投靠袁世凯。1917年，率部入陕帮助陈树藩与靖国军作战。1918年3月任陕西省长。1922年任督军兼省长。1925年投靠阎锡山，后又改投直系。1926年初，被吴佩孚任命为陕甘“剿匪”总司令，召集其旧部进攻陕西。1926年4月中甸围困西安长达8月之久，造成大量军民死伤。1927年7月投冯玉祥，任第二集团军第八方面军总指挥。中原大战中叛冯投蒋，先后担任任豫陕甘边区绥靖督办、豫陕鄂边区绥靖督办、安徽省主席兼鄂豫皖边区“剿匪”司令。1936年精神失常，抗战期间在陕西城固住闲。1949年去台湾，1955年病逝。

**吉星文（1908—1958），**字绍武，乳名黑星，河南扶沟人。1922年县立初中毕业后，随族叔吉鸿昌参加西北军，历任冯玉祥部连、营长。长城抗战后，因功升任第三十七师第二一九团团长。七七事变时，坚守卢沟桥头及宛平县城，升任第三十七师第一一〇旅旅长、一七九师师长、第三十七师师长。1946年任整编第七十七师第三十七旅旅长。淮海战役后，部队整编，任第一二五军军长，独立三六〇师师长。1949年渡台。1955年任澎湖防卫副司令。1958年晋升中将，任金门防卫副司令。8月23日，于金门炮战中被解放军炮火击中身亡。

**吉鸿昌（1895—1934），**原名恒立，字世五，河南省扶沟人。1913年入冯玉祥部，1917年任手枪队队长，1922年，任第十一师第二十二旅第四十三团营长。1925年10月，任绥远都统署警务处处长兼骑兵团团长。1926年6月，任第十八师第三十六旅旅长。1928年，任第三军第十九师师长。1929年7月任第十军军长兼宁夏省主席。中原大战后，归附蒋介石，任第二十二路军总指挥兼第三十军军长，后因不愿与红军作战，被迫离开军队到欧洲考察。1933年5月，与冯玉祥、方振武等人在张家口成立抗日同盟军，任第二军军长兼北路前敌总指挥。失败后，吉鸿昌拒绝宋哲元的收编，在北平、天津等地从事抗日活动。1934年初经宣侠父介绍，在上海秘密加入中国共产党。1934年11月在天津被捕，11月24日，在北平陆军监狱，被国民党当局杀害。

**孙玉田（1895—？），**河北省静海县人，孙良诚堂弟。1914年经孙良诚介绍到冯玉祥部当兵，后入冯部模范连上学，毕业后任正目、排长。第一次直奉战争后，升任连长、营长、团长。 1927年11月，任第二集团军第七方面军第二十一师第六十三旅旅长，中原大战后，任第二十九军特务团团长。1933年任特务旅旅长。1940年任第三十三集团军第七十七军第一三二师副师长，同年3月，任鲁西行署警保处少将处长、保安旅旅长。1942

年，随孙良诚投降日伪，任汪伪第二方面军第三十八师少将师长。抗日战争胜利后，任国民党第一〇七军第二六一师中将师长。1949 年 1 月 9 日，被人民解放军俘虏，入华东军区解放军官训练团学习。1964 年 12 月 28 日获特赦，后事不详。

**孙良诚（1893—1951）**，又名良臣，字少云，河北静海人。1912 年入冯玉祥部当兵，先后任第十一师二十一旅四十一团团长，西北边防督办公署新编第一混成旅旅长，国民军第一军二师一旅旅长等职。1926 年春任国民军第一军二师师长，10 月任国民联军援陕军总指挥。1927 年 6 月任国民革命军第二集团军第一方面军总指挥兼第三军军长。1928 年 2 月任国民政府军事委员会委员，5 月任山东省政府主席，12 月任西北军副总司令兼前敌总指挥，通电反蒋。1930 年 3 月任反蒋联军第二方面军第二路军总指挥，参加中原大战。1933 年任察哈尔民众抗日同盟军骑兵挺进军军长。1939 年 2 月任河北省政府委员兼冀察战区游击指挥官。1940 年春任苏鲁豫皖边区游击总指挥兼鲁西行署主任。1942 年 4 月率部投降日伪，任伪第二方面军总司令，开封绥靖公署主任，苏北绥靖公署主任等职。抗战胜利后被蒋介石任命为新编第二路军总司令，第一绥靖区副司令官兼第一〇七军军长，上海解放后被捕，1951 年在苏州狱中病故。

**孙连仲（1893—1990）**，字仿鲁，河北省雄县人。1912 年投军，入北洋陆军第二镇。1914 年入冯玉祥部陆军第十六混成旅炮兵营，历任排、连、营长，第一次直奉战争后，任第十一师炮兵团团长。1924 年秋，任陆军检阅使署卫队旅旅长，后任骑兵第二师师长。1926 年 9 月，五原誓师后，任第十二师师长。1927 年 9 月，任第二集团军第二方面军总指挥兼第十四军军长。1928 年 9 月，任青海省政府主席，中原大战后，任第二十六路军总指挥。抗日战争期间，先后任第二集团军总司令、第六战区司令长官，曾参加台儿庄战役。1945 年 6 月任第十一战区司令长官兼河北省政府主席。1947 年改任保定绥署主任仍兼河北省政府主席，12 月调任首都卫戍司令。1949 年去台湾，任战略顾问委员会顾问、国防部中央后备军人指导委员会委员，国民党中央委员会纪律委员会委员等职。1990 年 8 月在台北病逝。

**孙桐萱（1895—1978）**，字荫亭，河北省交河人。1926 年入冯玉祥部队第十六混成旅，后被选入军事教导团。1922 年，任第一团八连连长。1925 年，任第二团第一营营长，天津战役后，升任国民军第一师第一混成旅第二团团长。1926 年国民军五原誓师后，历任第一师第二旅旅长，十五师、二十师师长，十二军军长。抗战期间，任第三集团军总司令，先后参加了徐州会战和武汉会战，后兼第一战区豫皖苏边区游击总指挥，曾在河南创办桐萱中学，在天津投资东亚毛呢公司等实业。1943 年，被蒋介石以“通敌有据”的罪名下令予以扣押，但未能定罪。1946 年退出军界移居北平，1978 年病逝。

**孙殿英（1889—1947），**字魁元，中国河南永城人，早年入毅军。1926 年任直鲁联军第十四军军长兼大名镇守使。北伐战争中，被国民革命军打败，所部改编为国民军第十二军，仍任军长。1928 年驻防河北蓟县马兰峪，盗掘慈禧和乾隆陵墓。1930 年蒋、冯、阎中原大战时，依附阎、冯，任第五路总指挥兼安徽省省长，失败后入张学良部，任师长。1933 年奉命赴热河赤峰抗日，相持七昼夜，继任青海西区屯垦督办。1937 年抗日战争爆发，任冀北保安司令。1943 年投敌，所部被汪精卫改编为新编第五军，任军长。1947 年被人民解放军俘虏，死于狱中。

**池峰城（1903—1955），**名凤臣，字镇峨，河北景县人。1920 年加入北洋军冯玉祥第十六混成旅。1927 年任国民革命军第二集团军第十旅第三营营长，中原大战后，任国民党政府军陆军第二十六路军第三十一师师长。抗战期间，分别担任第二集团军第三十一师师长、第六战区江防军副总司令、第三十三集团军副司令等职，曾率部参加了著名的台儿庄会战。解放战争中，任国民党军保定警备司令部警备司令、国防部中将部员。1949 年参加北平和平解放，1955 年 3 月 16 日病逝。

**祁光远（1903—1951），**字德政，河南省西平县人。早年投奔冯玉祥部当兵，先后任排长、连长。1925 年 10 月，到苏联基辅军官学校学习，回国后任营长、团长，中原大战后，任第二十九军第三十八师第一一四旅第二二八团团长。1937 年 7 月，任第三十八师师部手枪团团长，11 月，任第五十九军第一八〇师独立第三十九旅旅长。1938 年 3 月随部开赴山东临沂，抗击日军第五师团主力，取得临沂大捷。1938 年 7 月，部队整编，祁光远升任第五十九军第三十八师副师长。1946 年 10 月退役后，返回河南省西平县原籍赋

闲。1951 年逝世，年 49 岁。

**米文和（1893—1970），**字坦甫，河南郾城人。1913 年加入冯玉祥部，历任团长、旅长、第六师师长等。1930 年参加中原大战，9 月随石友三投蒋，任第十三路军第二师师长。1933 年在张家口任抗日救国军第四军军长。抗战爆发后，任第六十九军暂编第二十八师师长，第六十九军副军长。1942 年 1 月任第六十九军军长，10 月，兼任第三十九集团军副总司令。1945 年 8 月，任第二集团军副总司令兼第一八一师师长。抗战胜利后，任第四绥靖区中将副司令兼整编第一八一旅旅长。1948 年 9 月晋中将军衔，后任第八兵团副司令官、第五十五军副军长兼一八一师师长。1948 年 11 月 8 日，在河南商邱地区作战时被解放军俘虏。1970 年病死狱中，时年 76 岁。

**米振标（1858—1928），**字锦堂，陕西省清涧县人，清末毅军姜桂题部属，毅军行伍出身，历经中下级军官，一步步上来的。民国初年姜桂题任热河都统，米任林西镇守使、帮办热河军务。姜调职后，奉系的汲金纯任热河都统，毅军维持原状，米振标则在姜桂题死后当了毅军军统。1924 年任热河都统，后投靠皖系，又投靠直系，1924 年后，又投靠国民二军，任河南军务帮办兼毅军总司令。1925 年为善后会议会员，国民二军覆没后归附吴佩孚。1927 年奉系进入河南，率米振标毅军投降奉军。因反复无常，毅军被奉军解除武装，米振标父子被扣押，1928 年逝世。

**许长林（1895—1969），**字寿山，河北省静海人，自幼父母双亡，在法国人的教堂当童仆，14 岁时投入冯玉祥的部队，曾两次入模范连集训，先后任排长、连长。1920 年，任十一师残废军人工厂厂长。1922 年年末，任陆军检阅使署副官。1924 年升任团长。1926 年春，任国民军第六师第十八混成旅旅长。1927 年 5 月任第二集团军第一方面军第五军第九师师长。1929 年 1 月任第二十四师第七十一旅旅长，中原大战后，任二十九军团长、第三十七师副师长。1939 年，任五十九军第一八〇师师长。1945 年任七十七军一七九师师长，1948 年 8 月任七十七军副军长。11 月 8 日，何基沣、张克侠率五十九军、七十七军大部起义，许长林未参加，1949 年 10 月被俘，1960 年被特赦，1969 年 12 月病逝。

**过之翰（1887—1965），**字觐宸，安徽省蒙城县人。1911 年考入南京陆军讲武堂，加入同盟会。1913 年参加冯玉祥部。1925 年任段祺瑞执政府财政部常务次长兼盐务署长，五原誓师后任国民联军总司令部军需处处长、西北银行总经理等职。中原大战后，任察哈尔省政府委员兼财政厅长、冀察政务委员会财务处处长。七七事变后，初随宋哲元抗战，后因年老在上海、香港隐居。新中国成立后，任上海市徐汇区政协常委、民革上海市委委员、上海市文史研究馆馆员。1965 年病逝。

**过之刚（1890—1957），**字羡五，安徽省蒙城县人。1912 年投冯玉祥营充正兵，后升哨官，次年升模范连排长。1915 年 5 月升任连长。1917 年，随部参加讨伐张勋，次年升营长，被誉为冯部的十三太保之一。1922 年任四十四团团长。1924 年，参加首都革命，10 月 22 日，过团与韩复榘团一举接收北京城防，授少将军衔，晋升旅长。1928 年 5 月，任第二集团军第十五军军长。次年，毕业于北京陆军大学，任马鸿逵部监军。1930 年，任河南省新编第一军军长，中原大战后，投奔韩复榘，任山东省顾问。1937 年七七事变后，过避居天津法租界。1939 年迁入北京旧居。1957 年 3 月病故。

**过家芳（1908—1998），**字馨庭，安徽蒙城人，西北陆军干部学校、陆军大学第十三期毕业。长期在西北军任职，1933 年任第二十九军三十七师一〇九旅二一七团三营营长，参加长城抗战，卢沟桥事变爆发后任第二十九军军事训练团团长。1938 年春参加徐州会战。1940 年任第七十七军一七九师五三七团团长。1943 年 9 月兼任第七十七军一七九师副师长，抗战胜利后曾任第七十七军一三二师少将师长。1948 年 11 月 8 日在淮海战役中于徐州北运河率部起义，后任解放军第三十四军副军长，南京警备司令部参谋长，南京公安学校副校长，安徽省军区副参谋长，全国政协委员。1998 年 12 月病逝于南京。

**阮玄武（1894—1986），**字又玄，舒城县人。早年毕业于保定陆军军官学校，历任西北边防军排长、连长。1924 年，任第二十四混成旅杨化昭部团副。11 月，任奉军先遣第二梯队司令部参谋长，次年夏任团长。1926 年 1 月，任国民五军第二旅旅长，第一师师长。1927 年，任国民革命军第二集团军第一军军长。1928 年，任第一集团军第三十四军

军长。1929 年春部队所编，任第四十四师师长，中原大战时，任反蒋联军南路军前敌总指挥。1933 年春，任察哈尔抗日同盟军第五军军长。1935 年，任陆军独立第三十九旅中将旅长，平津失守后，辗转经香港到重庆，后任第一战区司令长官部高级参谋办公室中将主任，军政部中将副部长。新中国成立后，任上海市静安区政协副主席、区人大副主任、中国国民党革命委员会上海市委员会副主席等职，1986 年 3 月病逝于上海。

**何应钦（1890—1987）**，字敬之，贵州省兴义人。1908 年到日本，入陆军士官学校步兵科，同年加入同盟会。1926 年回国，历任黔军团长、旅长、参谋长等职。1924 年任黄埔军校总教官、教导团团长，教导处代理处长。1925 年 2 月后，历任国民革命军旅长、师长、军长等职，中山舰事件后，任黄埔军校教育长。1928 年，任浙江省主席、第一集团军参谋长。1929 年，国民党三大上，选入中央行政委员会并任中央政治委员会委员，同年，任陆海空军总司令部参谋长。1930 年任军政部部长。1934 年任军事委员会北平分会委员长。1935 年签订《何梅协定》，屈从日本对华北的要求。1937 年任参谋总长，仍兼任军政部部长。1944 年任陆军总司令。1948 年任国防部长。1949 年初，任行政院长。1950 年任台湾当局“总统府”战略顾问委员会主任。1950 年起被聘为国民党中央评议委员。1987 年病逝于台北。

**何其巩（1899—1955）**，字克之，安徽省桐城县人，早年就学于安徽公学和江淮大学，后赴北京任教。1925 年，任西北边防督办公署秘书，同年，奉冯玉祥之命去苏联考察，回国后任绥远都统署秘书长，五原誓师后升任国民联军总部秘书长。1927 年 5 月，任第二集团军总司令部秘书长。1927 年 6 月至 1928 年，任豫南行政长兼民团军军长，后调任国民革命军第二集团军总司令部内防处处长。1928 年 6 月，任北平市首任市长。1929 年 6 月任首都建设委员会委员、赈务委员会委员。1933 年任行政院驻北平委员会秘书长。1935 年任冀察政务委员会委员。1936 年 10 月，被聘入中国大学校董会工作并代理校长，抗战胜利后曾任国民政府军事委员会驻平特代表。1947 年辞中国大学代校长职。1955 年因病逝于北京，终年 56 岁。

**何基沣（1898—1980）**，曾用名何芑荪，河北藁城人。1923 年保定陆军军官学校毕业后入冯玉祥部队任职，五原誓师后，任团长、旅长、副师长。1932 年起，任第二十九军三十七师副旅长、旅长。1933 年春率部参加长城抗战。1937 年率第一一〇旅驻防卢沟桥地区，七七事变中，指挥部队抗击日军，后任第一七九师师长。1939 年 1 月秘密加入中国共产党。1940 年任国民党军第七十七军副军长兼一七九师师长。1943 年任七十七军军长。1946 年任徐州绥署第三绥靖区副司令官。1948 年 11 月，与张克侠率国民党军第五十九军、第七十七军 2 万余官兵于贾旺、台儿庄防地起义。1949 年 2 月任人民解放军第三十四军军长，南京解放后，兼任南京警备司令部副司令员。1954 年起，任水利部副部长。1958 年任农业部副部长。曾被选为第五届全国政协常务委员。1980 年病逝北京。

**余心清（1898—1966），**字翰之，安徽省合肥人，早年入金陵神学院。1922 年后，历任冯玉祥部随军牧师、军官子弟学校校长、开封训政学院院长、抗日同盟军总务处长兼察哈尔省政府民政厅长。1933 年任福建人民政府经济委员会代理主席。抗日战争时期，历任第三集团军政训处中将处长，行政院赈济委员会常委。1946 年任第十一战区政治设计委员会副主委，次年秋被国民党当局逮捕。1949 年经营救获释，曾出席中国人民政治协商会议第一届全体会议，后历任中央人民政府办公厅副主任、典礼局局长，政务院机关事务管理局局长、国家民委副主任，民革中央常委。1966 年 9 月去世。

**佟麟阁（1892—1937），**原名凌阁，字捷三，河北省高阳人。1912 年参加冯玉祥部队，历任军职。1925 年任国民军第一师师长，次年，兼陇南镇守使。1931 年任第二十九军教导团长兼张家口警备司令。1933 年 5 月任察哈尔省政府代理主席、察哈尔民众抗日同盟军第一军军长。1935 年，任二十九军中将副军长兼军官教导团团长。1937 年七七事变爆发后，任北平南苑驻地指挥官，7 月 28 日，遭日本飞机袭击，头部受重伤，英勇殉国。31 日，国民政府追赠为陆军上将。中华人民共和国建立后，被追认为革命烈士。

**吴化文（1904—1962），**字绍周，山东掖县人。1920 年从军，任司书、传令兵。1924 年 8 月，经冯保送就学于陆军大学第七期深造，毕业后在冯玉祥部任参谋。1930 年，

任第三路军手枪旅旅长，兼济南警备司令。1943 年 4 月 27 日率部降日，任汪伪第三方面军总司令，日本投降后，被蒋介石改编为第五路军，任总司令兼津浦铁路南段警备司令。1946 年 3 月，任山东保安第二纵队司令。1947 年 3 月 8 日，任国民党整编第八十四师师长。1948 年 8 月，任第九十六军军长。1948 年 9 月在济南战役中起义，参加人民解放军。历任人民解放军第三十五军军长、浙江省交通厅厅长、浙江省政协副主席等职。1962 年病逝。

**吴佩孚（1874—1939），**字子玉，山东蓬莱人，秀才出身。1906 年任北洋陆军第三镇曹锟部管带。1912 年，任第三师炮兵第三团团长、第六旅旅长。1917 年，任陆军第三师师长。1922 年第一次直奉战争后，支持曹锟，控制北京政府，历任两湖巡阅使、直鲁豫三省巡阅使等职。1924 年 9 月，第二次直奉战起，吴任“讨逆军总司令”，为奉军及冯玉祥国民军所败。1925 年 10 月，出任“讨贼联军总司令”，派兵攻入河南，与奉系南北夹击国民军。1926 年夏在鄂南汀泗桥、贺胜桥与北伐军作战，连遭惨败，10 月北伐军攻占武汉三镇，吴部主力被歼，从此一蹶不振。1932 年回到北平赋闲，曾通电声讨溥仪充当伪满傀儡，拒绝日伪拉他下水。1939 年患牙病高烧不退，12 月 4 日，被受命于土肥原的日本牙医谋杀。

**宋聿修（1906—1992），**字秀德，河北枣强人，西北陆军干部学校、陆军大学第九期毕业，长期在西北军任职。1932 年任第三十军三十一师中校参谋。1933 年任察哈尔民众抗日同盟军参谋处副处长。1937 年 5 月任骑兵第七师参谋长。1938 年春兼任绥西军官训练班总教官和大队长，5 月离职专任冯玉祥随员。1939 年后，任第二集团军总部少将高参兼参谋处副处长、处长，第二集团军参谋长。1945 年 12 月任第四绥靖区参谋长。1947 年后任第四绥靖区总参议。1948 年 10 月 28 日在开封迎接解放，后任河南省开封市政协副主席，民革开封市委主委，民革河南省委副主委，民革中央监察委员。1992 年病逝。

**宋希濂（1907—1993），**字荫国，湖南省双峰县人，中央陆军军官学校第一期步兵科、日本千叶陆军步兵学校中国将校班、陆军大学将官讲习班第一期毕业。1926 年参加北伐，历任国民革命军第七十一军军长，第十一集团军总司令，新疆警备总司令，华中剿匪副总司令兼第十四兵团司令。1949 年被人民解放军俘虏。1959 年 12 月被特赦。1980 年宋赴美探亲，后定居美国。1982 年 8 月任纽约“中国和平统一促进会”首席顾问。1984 年参与发起成立黄埔军校同学会，任副会长。1993 年 2 月 13 日，因患严重肾衰竭在纽约逝世，享年 86 岁。

**宋哲元（1885—1940），**字明轩，山东乐陵人，1912 年入陆建章部随营学校，次年起追随冯玉祥，自连长累迁至团长。1922 年升任第二十五混成旅旅长。1924 年任国民军第一军第十一师师长。次年 12 月，出任热河都统。1927 年任国民革命军第二集团军北路军总司令，同年 11 月任陕西省政府主席。1930 年参加中原大战，失败后在晋南地区重整旧部，被张学良收编为东北边防军第三军并任军长，第三军后来整编为第二十九军，宋仍任军长。1932 年 9 月任察哈尔省政府主席。1933 年率部参加长城抗战，在喜峰口、罗文峪等地痛击日军。1935 年任平津卫戍司令兼冀察绥靖公署主任。同年 12 月，冀察政务委员会成立，任委员长。1937 年 8 月任第一集团军总司令。1938 年春任一战区副总司令，不久染上肝病，于 1940 年 3 月辞职改任军事委员会委员，并回到其夫人常淑清的故乡四川绵阳疗养，4 月 5 日病逝。

**张璧（1885—1948），**字君玉，河北省霸县人，毕业于保定速成武备学堂，入吴禄贞北洋陆军第六镇任参谋官。民国成立后，任北洋陆军驻关外军参谋长、总司令。1913 年任云南护国军第三军第一梯队参谋长。1922 年任京师警察总监，后兼河东盐运使，北京税务处会办等。1924 年 10 月，拥护冯玉祥“北京政变”，将所部改编成国民军。1924 年，冯玉祥重新任命张壁为京师警察总监，同年 11 月 12 日，与北京警备总司令鹿钟麟等人将逊帝溥仪驱逐出故宫。1931 年 11 月，参与制造“天津事变”。1937 年 7 月，任冀察政务委员会委员，日本人占领平津后，曾任伪北平公安局局长。1945 年抗日战争胜利后，作为汉奸被国民政府逮捕，押于苏州监狱，后被判处 15 年徒刑。1948 年病死狱中，终年 63 岁。

**张人杰（1901—1941），**字和三，河南省郑州人。1921 年投奔第十六混成旅当

兵。1927 年，任第二集团军第一方面军总部手枪队队长。1929 年 6 月，任第十三路军第二十四师第七十旅旅长。1930 年 5 月，任反蒋联军第二方面军第一路第四军第三师师长。1933 年 5 月，参加察哈尔抗日同盟军，任第二军第三师师长，8 月任第二十九军骑兵旅旅长。1939 年末投商丘张岚峰伪“和平救国军”，任张部师长。1940 年夏，率部反正，被编为国民革命军新编第七军并任军长，不久被调重庆军委会任高级参议。1941 年 8 月 4 日，回原籍柴郭村探家时遭特务绑架，后被害于柴郭村西南岗地，时年 40 岁。

**张之江（1882—1966），**字子姜，河北省盐山县人。1903 年入伍北洋常备军。1912 年参加滦州起义。1914 年后，长期在冯玉祥部任职。1921 年升任陆军第十一师第二十二旅旅长，次年，任第七混成旅旅长。1924 年参与发动“北京政变”，同年升察哈尔都统兼国民一军骑兵旅旅长。1926 年 2 月代任西北边防督办兼国民军总司令。1927 年 10 月，任国民政府军事委员会委员，12 月，任国民政府委员。中原大战后，任江苏绥靖公署督办、军事参议院上将参议、中央国术馆馆长等职。新中国成立后，他以爱国人士的身份，被特邀为第二、三、四届全国政协委员。1956 年，担任全国十二单位武术表演大会评判委员会主任。1966 年 5 月 21 日，在上海病逝，享年 84 岁。

**张升永（？—？），**1927 年 7 月，任第二集团军总司令部第一混成旅手枪团团长。1929 年 5 月，任国民军第二路第一军（军长孙良诚兼）第一混成旅旅长，随部参加豫西反蒋。中原大战期间，任反蒋联军第二方面军第二路第三十七师副师长。抗战期间，任第三十三集团军驻巴东办事处主任，第三十三集团军驻重庆办事处主任等职。1947 年，接替尹心田，任第三绥靖区总司令部副官处处长。

**张允荣（1896—？），**字省三，河北省滦南县人，早年入北洋陆军第五师当兵，1915 年在四川加入冯玉祥第十六混成旅，历任参谋、副官、军需长。1925 年 6 月，任西北边防督办公署特派驻外蒙库伦办事处代表。五原誓师后，任国民联军总司令令部内防处长。1927 年 12 月任甘肃省财政厅厅长。1928 年 12 月，任国民政府行政院参事。1929 年 3 月，代理陕西省财政厅厅长。1933 年 5 月，任察哈尔抗日同盟军政治部部长、察哈尔省财政厅厅长，后任察哈尔警备司令兼保安处处长、察哈尔省保安处中将处长。1935 年 12 月 24

日，任河北省政府委员。1936 年 1 月 12 日，任河北省保安处处长。抗战期间，任第一战区长官司令部高参，新中国成立后在北京定居。

**张公干（1908—2003），**安徽省宿县人，1928 年春考进西北军官学校学习。1929 年夏，被调任冯玉祥将军传令员、秘书，营长、团长、军部副官处长等职。1931 年秘密加入中国共产党。1939 年 9 月，任刘汝明第二集团军第六十八军副官处处长，抗战胜利后，任整编第六十八师第 356 团团长。1947 年 9 月在山东鄄城率部起义。新中国成立后，任师长、冀鲁豫军区第四军分区司令员、新乡军分区司令员等职。1964 年离休，2003 年 2 月 9 日因病在新乡逝世，享年 95 岁。

**张吉墉（1892—1965），**字幼青，河北沧县崔尔庄人，北洋法政学堂毕业。1925 年春，任西北边防督办公署军法处处长。1926 年 9 月任国民联军军总司令部军法司司长。1927 年 5 月 1 改任第二集团军总司令部军法处处长。1928 年 3 月，署河南省高等法院院长，11 月任山东省政府委员兼民政厅厅长。1935 年 4 月，应宋哲元之邀，出任察哈尔省高等法院院长。1933 年 5 月，冯玉祥与方振武、吉鸿昌等在张家口组织察哈尔民众抗日同盟军，张同朱庆澜为冯募捐。8 月，冯玉祥在蒋介石派重兵威逼下辞职，张吉墉和宋哲元从张家口把冯接到北京，张陪冯回泰山。1935 年 12 月任河北省政府委员兼民政厅厅长。1938 年 6 月去职还乡。新中国成立后，同侄子一块生活，1965 年在新疆病逝。

**张存实（1890—1964），**原名张振亚，河北省蠡县人，早年参加冯玉祥的西北军，曾任少校副官，后被送入苏联东方劳动大学学习。1926 年，在苏联秘密加入共产党，回国后被分配到上海中共中央军事部工作。1933 年春，受党组织的委派，赴张家口，协助冯玉祥组建抗日同盟军。同年 8 月，同盟军被迫解散，张存实因为失去了和党组织的联系，回到河北暂住。抗战爆发后，经人介绍到河北民军任政治组上校组长。1939 年 12 月，张存实同河北民军副总指挥王长江分别率部起义，参加八路军，后部队改编成冀中民军，张存实任政委。1941 年，张存实调任晋察冀军区情报处处长，从事隐蔽战线领导工作。解放战争时期，在中共中央东北局工作。新中国成立后，在中国农业科学院工作。1964 年

突发脑溢血在辽宁兴城病故，享年75岁。

**张自忠（1891—1940）**，字荩忱，山东临清人。1914年投北洋陆军第20师当兵。1916年入冯玉祥部，从排长升至旅长、师长 。1927年任第二集团军军官学校校长。1930年中原大战后任东北边防军第三军第二师师长，第二师被改编为第二十九军第三十八师后，仍任师长。1933年参加长城抗战。1935年底任冀察政务委员会委员兼天津市市长（仍兼三十八师师长）。1937年8月原三十八师扩编为第五十九军。1937年12月代理五十九军军长。1938年10月任第三十三集团军总司令，11月就任第五战区右翼兵团总司令。1940年5月枣宜会战中，于16日下午四时许在宜城南瓜店壮烈牺牲，后国葬于重庆北碚。国民政府在1942年12月31日，明令入祀全国忠烈祠。

**张作霖（1875—1928）**，字雨亭，汉族，奉天省海城县人。早年投入绿林，后归顺清军担任马队管带，1911年辛亥革命，被东三省总督赵尔巽重用，任“奉天国民保安会”军事部副部长。1912年9月，被袁世凯任命为第二十七师师长。1922年—1924年先后两次发动直奉战争，并控制北洋政府。1927年6月16日在北平（今北京）被孙传芳、张宗昌、吴俊升、张作相等拥为“中华民国军政府”海陆军大元帅，6月18日在北平中南海怀仁堂就任大元帅，行使大总统职权，并令潘复组织军政府内阁。1928年6月3日晚自北平回沈阳途径皇姑屯火车站时，被日本关东军埋炸药炸成重伤，回到官邸后不治身亡，终年53岁。

**张克侠（1900—1984）**，原名张树棠，河北沧州市献县人。1923年保定陆军军官学校毕业后，加入冯玉祥将军部队。1924年到广州投奔孙中山，任陆军讲武学校教育副官及队长。1925年参加北伐，担任北伐军营长，不久，返回冯玉祥将军领导的西北军任学兵团团副。1927年春去莫斯科中山大学学习。1929年，秘密加入中国共产党。1933年5月，任抗日同盟军高级参谋、干部学校副校长。卢沟桥事变爆发后，任冯玉祥将军的第六战区司令部高级参谋、副参谋长等职。1939年后，历任第五十九军参谋长、第三十三集团军参谋长、副总司令等职，抗战胜利后，任第三绥靖区副司令官。1948年11月8日，与何基沣一起，率五十九军两个师、七十七军一个半师共二万三千余官兵，在贾汪、台儿庄防地举行起义。新中国成立后，历任人民解放军第三十三军军长兼任上海淞沪警备区参谋长、林业部副部长、中国林业科学研究院院长等职。1984 年 7 月 7 日在北京逝世。

**张砺生（1888—1975），**原名张秉文，河北省尚义县人。早年入宣化府中学堂，毕业后考入天津法政学堂。1910 年加入中国同盟会，辛亥革命爆发后，赴上海会见孙中山，后当选第一届国会众议院议员。1919 年任护法国会议员。1927 年 10 月，任骑兵第十一师师长。1928 年 4 月，代理察哈尔都统。1928 年冬，任国民革命军骑兵第二师师长。1933 年 6 月，参加察哈尔民众抗日同盟军，任察哈尔自卫军军长。1935 年 12 月，任察哈尔省建设厅厅长。1938 年 10 月，在延安会见了毛泽东。1946 年任察哈尔省政府代主席。1949 年 9 月参加中国人民政治协商会议第一届全体会议。新中国成立后，任中央人民政府政务院参事、历任第一、第二、第三届全国人民代表大会代表。1975 年，在北京逝世，享年 88 岁。

**张岚峰（1902—1952），**字腾霄，号子杰，河南柘城县人。1922 年考入冯玉祥部学兵团。1926 年到日本陆军士官学校学习，1929 年毕业回国，曾任冯玉祥部炮兵团团长、军官学校校长。1931 年入日本早稻田大学研究经济，后参加日本特务组织。1936 年回北平（今北京），任冀察政务委员会参议。抗日战争爆发后，被华北侵华日军委为豫皖招抚使，组织〞剿共军〞，任军长。汪伪政府成立后，历任和平救国军第一军军长、第四方面军总司令。抗战胜利后，被蒋介石委任为国民党第三路军司令，参加反共反人民内战。1947 年 1 月，在豫东战场被俘。1949 年春，张岚峰被押往北京功德林监狱接受改造。1952 年春，因脑血管破裂死在狱中。

**张学良（1901—2001），**字汉卿，辽宁省海城人。1919 年就读于东三省陆军讲武堂。1920 年以炮兵科第一名毕业，初任东北军第三混成旅第二团团长。1922 年，任奉军第三混成旅旅长，后升任师、军长，军团司令、东北保安司令、东北边防司令长官、全国陆海空军副总司令、北平绥靖公署主任、军事委员会北平分会委员长、西北“剿总”总司令等职。1936 年张学良与西北军杨虎城发动了震惊中外的“西安事变”，扣押蒋介石，逼蒋抗

日，奠定了第二次国共合作、全民抗战基础，此后遭无限期软禁。蒋介石逝世后，1990年起逐渐得以恢复人身自由。1993年4月受聘为东北大学名誉校长，5月受聘为哈尔滨工业大学名誉理事长。1995年离台，侨居美国夏威夷。2001年病逝。

**张俊声（1893—1979），**字子英，河北省景县人。1916年11月投效陆军第十六混成旅，任旅部差遣、连长。1921年后，任营副、营长、团副。1924年首都政变后曾进驻中南海，负责囚禁大总统曹锟。1926年，任第十师第二十五旅八十三团上校团长。1927年10月，任第二集团军总司令部高级副官，后升任少将副官长、郑州市公安局局长。中原大战后，任第二十九军少将参议、张家口第一公安分局局长。1935年4月，任天津市特三区行政公署主任兼公安分局局长。抗战期间，任第一集团军总司令部少将参议、第三十三集团军总司令部少将顾问。1946年2月退役。1978年在北京市参加民革。1979年病故于北京，终年86岁。

**张培哲（1902—1980），**河北省无极县人。1925年7月，考进西北陆军干部学校骑兵科学习。1926年被冯玉祥保送到苏基辅陆军学校炮兵学院学习。1928年底回国后，长期在冯玉祥身边做随员。1936年任军事委员会参谋本部上校参谋，后任中央警官学校任教官。抗战爆发后，随邵力子出使苏联，任中国驻苏大使馆武官。1943年8月，授陆军少将。日本投降后从苏联回国，被国民政府任命为第一任沈阳市市长。东北解放后返回南京，任国防部少将副员。新中国成立后，任南京大学教授、南京理工大学教授等职。1980年病逝于南京。

**张维玺（1889—1944），**字楚玉，山东馆陶人，毕业于东三省武备学堂学兵营。1911年随冯玉祥参加滦州起义，历任团长、旅长、陆军第十三师师长、第十三军军长、西北军第十三路总司令、国民革命军第二集团军第六方面军总指挥。1930年中原大战后，回天津家中隐居。1936年12月，应冯玉祥电召到南京进入陆军大学特三期学习，1938年毕业后，任国民政府军事委员会参议兼贵阳军训部督练官。1943年春，为解决其父、妻在敌占区被捕一事，去河南开封找孙良诚解救。1944年在随孙良诚赴江苏泰州后，于当年10月逝世，终年55岁。

**张慕陶（1902—1941）**，字信斋，笔名金刃，陕西省栒邑县人，1902 年出生。1924 年在西安省立三中读书，不久加入中国社会主义青年团，次年冬转为中国共产党党员。1926 年任国民联军总政治部政治处处长，大革命失败后，任中共陕西省委委员兼团省委书记。1928 年，出席了在莫斯科召开的中共六大。1928 年冬回国，任顺直省委组织部长。1930 年，任中共长江局军委总兵委书记。1932 年，受中共中央北方特科派遣，前往张家口任中共特委书记，帮助冯玉祥筹组察哈尔民众抗日同盟军，并任抗日同盟军军事委员会常务委员兼总政治部主任，同盟军失败后，被当时左倾机会主义路线在北方的推行者以“反党”等罪名，再次开除了党籍。1938 年 2 月，在山西临汾被以“托派汉奸”的罪名逮捕。同年 7 月，经杨虎城部李兴中将军多方疏通而获释，不久，陕西省政府主席蒋鼎文秉承蒋介石旨意，派共产党叛徒马子静以高官厚禄诱其加入国民党，遭到拒绝，遂被蒋鼎文逮捕，先后被押于西安新城大楼及陕南的沔县、略阳、南郑等县，达两年之久。1941 年 1 月 5 日，张慕陶被秘密枪杀于南郑县，时年 40 岁。

**李炘（1892—1977）**，字显堂，河北省威县人。1917 年 10 月，投军陆军第十六混成旅，1921 年 8 月任陆军第十一师第二十一旅步兵第四十二团团副。1922 年冬，任陆军检阅使署军务处长。1925 年初，任绥远都统署参谋长兼警务处处长、张家口戒严司令。1926 年 4 月，任西北骑兵第二师第五旅旅长。1927 年任第二集团军总部内防处处长。次年，任第二集团军警察学校校长。1932 年 6 月 25 日任军事参议院参议。1933 年 5 月，任察哈尔抗日同盟军军事委员会委员。1938 年 6 月 2 日兼河北省建设厅厅长，后任三十三集团军总参议、国民政府军事委员会高参、第八战区巡回督导团团长。陕西荣誉军人管理处中将处长。新中国建国后，进入西南革命大学学习，结业后任西南军政委员会参事、四川省政协委员。1977 年因病去世，终年 84 岁。

**李大钊（1889—1927）**，字守常，河北省乐亭县人。1907 年夏至 1913 年夏，入天津北洋法政专门学校求学。1913 年底东渡日本留学。1916 年 5 月回国后任北京《晨钟报》总编辑、《新青年》杂志编辑、北京大学经济学教授兼图书馆主任，主办《每周评论》。1920 年在北京发起建立共产党的早期组织，中国共产党成立后，负责北方区委工作，领

导北方地区革命斗争，在中国共产党第三次代表大会上被选为中央委员。1924 年 1 月，国民党一大在广州召开，被选为国民党中央执行委员，同年 6 月赴苏联参加共产国际第五次代表大会。1925 年 1 月，当选为中共四大中央委员。同年 10 月，任中共北方区执行委员会书记，多方与冯玉祥国民军合作，开展推翻北京军阀政府的斗争。1926 年“三一八”惨案发生后，遭到段祺瑞政府的通缉，遂避入苏联驻北京大使馆兵营，继续坚持斗争。1927 年 4 月 6 日，奉系军阀张作霖派军警搜查苏联大使馆，李大钊等 60 余人被捕，28 日在北京英勇就义。

**李书城（1882—1965），**字晓圆，又名筱垣，湖北省潜江市人。16 岁中秀才，1902 年官费留学日本，入东京弘文学院师范科。1903 年归国，参加武昌花园山聚会，负责秘密联络新军。1904 年赴日入陆军士官学校第五科步兵科。1908 年归国任广西陆军干部学堂监督，后兼陆军小学堂监督，暗中发展革命势力。1911 年进京，任军咨府第五厅科员兼官报局副局长。武昌起义后，任战时总司令部参谋长，次年任南京临时政府总统府秘书处军事组长兼陆军顾问官。南北议和后，任南京留守府总参谋长。1913 年参加“二次革命”。1916 年参加护法运动，任广州护法军政府军委会委员。1924 年参与发动“北京政变”，后脱离国民党。1948 年在湖北发起反蒋和平运动，1965 年病逝北京。

**李文田（1894—1951），**字灿轩，河南省浚县人，保定陆军军官学校第六期步科毕业，任西北军团长、旅长及兵工厂总监。中原大战后，任第二十九军第三十八师副师长。1936 年 1 月，任察哈尔省保安处处长，年底，驻防天津市任公安局局长。抗战爆发后，三十八师师长张自忠赴北平，天津军政要务遂由李文田承担。7 月 27 日，响应军长宋哲元的自卫守土通电，李文田立即指挥所部，向天津日军全面出击。后奉命沿津浦线南撤，转战河北、河南、江苏、湖北等地抗日前线。1937 年 10 月，第三十八师扩编为五十九军，李文田任副军长。1946 年 7 月任第三绥靖区副司令长官。1948 年 9 月授陆军中将军衔，后因不满打内战脱离军队。1951 年逝世，享年 57 岁。

**李平一（1908—？），**又名李景合，李品一，河南省荥阳县人。1926 年肄业于河南省立中州大学中文系。1928年改名李景合，考入西北军官学校第一期学习，并秘密加入中国共产党。1929年6月，被调到冯玉祥的传令队任传令员。1939年，任冯玉祥的随从秘书，专门负责为冯记日记，同年12月，入中央军校高教班第六期受训。1940年6月结业后仍返回冯处任秘书，后被派到第一战区游击第一纵队司令部任参谋处长。1944年夏，在河南陕县被日军击溃，突围后辗转回到重庆后，曾被委任军事委员会少将高参。1947年，考入中央训练团县政训练班受训，结业后任河南省商水县县长。新中国成立后，任开封市人民法院审判员，民革河南省委副主委、顾问。民盟中央委员、河南省政协委员、常委等职。

**李石曾（1881—1973），**又名煜瀛、石僧，河北高阳人。1902年任驻法公使随员，后留学英国，于巴黎创办留学会组织，曾加入同盟会，主编《新世纪》周刊，宣传无政府主义。1911年回国组织京津同盟会。1924年任清室善后委员会委员长，办理接收故宫事宜，同年任国民党中央监察委员。1927年，任广州国民政府委员，后任北京大学教授。抗日战争期间，从事外交活动。1948年被聘为南京国民政府总统府资政，1949年以后去瑞士，1952年当选为台湾国民党中央评议委员。1956年定居台北，1973年病逝。

**李兴中（1889—1962），**字实甫，河北宁河人。1914年毕业于保定军校，曾参与反袁起义，1924年起，在冯玉祥部下任职，曾随冯赴苏联考察。1926年任国民联军参谋处长，后任国民军驻陕总司令于右任的参谋长。1929年任第二集团军训练总监，后任20师长。1933年参加察哈尔抗日同盟军，后到杨虎城部，任17路军兼西安绥署参谋长，参与了西安事变。1937年任38军177师长。1938年任31军团96军长。1945年任第四集团军总司令。新中国建国后任河北省第一二届委员会副主席，民革中央委员、民革河北省委员会主任委员等职。1962年7月24日因病在北京去世。

**李向寅（1892—1962），**字丙午，河南省商水县人。1913年9月加入冯玉祥部队。1921年9月，任陕西督军署卫队团手枪营营长。1924年任第十一师第二十二旅第四十四团三营营长。1925年任西北边防督办公署卫队旅手枪团团长，同年10月，升任骑兵第二

旅旅长。1926 年 10 月，随鹿仲麟、邓哲熙等人到苏联进行观光访问。1927 年 6 月，任第二集团军总司令部手枪团团长。12 月，任河南省民军第四军第一师第一旅旅长兼舞阳县县长。1928 年 4 月 24 日，任豫西第而区行政长官。1940 年 7 月 17 日，任河南省汝南县县长。抗战胜利后返回商水原籍赋闲，1949 年初迁往郑州定居。1962 年在郑州病世。

**李纪才（1888—1961）**，字乾三，祖籍湖北均县人，曾在陕西讲武堂学习，后参加陕西新建陆军第一混成协，并加入中国同盟会。1916 年陈树藩督陕时任独立骑兵营营长。1922 年任暂编陕西陆军第一师步兵第二旅补充团团长、第二旅旅长。1925 年任国民二军第一师第二旅旅长，后任第九师师长。1927 年任第二集团军第十九军军长，宁汉合流后任新编第五师师长。1929 年底任襄樊警备司令，后调任国民革命军总司令部参议。抗日战争爆发前离开军界，先后携眷在天津、西安居住。1948 年 2 月任国民政府监察院监察委员。1949 西安解放前夕去兰州，10 月赴台湾，1961 年病逝于台北。

**李连海（1905—1973）**，字穆春，河北省通县人，蒙古族，李德全胞弟。1924 年秋参加西北军。1926 年与刘汝珍等人被冯玉祥选派到苏联基辅军官学校学习炮兵，回国后长期担任冯玉祥将军随员。1927 年夏，受冯玉祥委派和张允荣，亲自护送苏联顾问鲍罗廷等人回到莫斯科。1928 年 8 月，入日本陆军士官学校第二十一期炮兵科学习。1933 年参加冯玉祥领导的察哈尔抗日同盟军，任大队长。1940 年 6 月，任新编第七军暂编第二十四师第一旅旅长。1946 年 9 月，任第四绥靖区少将高参。新中国建国后，任山东高级军官训练团副团长，兼中共山东分局勤建公司副经理，后专业到地方工作，任江苏省城建厅材料处处长、南京市城建局副局长等职。1973 年病逝。

**李宗仁（1890—1969）**，字德邻，广西桂林人。广西陆军学堂毕业，曾任广西绥靖督办。北伐战争时期，任国民革命军第七军军长、第三路军总指挥、第四集团军总司令、武汉政治分会主席。抗日战争时期，任第五战区司令长官兼安徽省政府主席。1943 年后历任汉中行营主任、北平行辕主任。1948 年 4 月，任国民政府副总统。1949 年 1 月，任代总统，同年 12 月去美国。1965 年 7 月回到北京，致力于祖国统一。1969 年 1 月在北京病逝。

**李宝善（1898—1973），**字长卿，河北省满城县人。保定军校第六期步兵科毕业，曾在国民五军方振武部任参谋、处长。北伐完成后，部队缩编，任第二集团军第四军团第四十四师少将参谋长。1930年后，任第二十九军第三十七师上校参谋处长、第三十七师少将参谋长。1937年8月，任第一集团军第七十七军参谋长。1941年1月，任第三十七师副师长、代理师长。1943年10月，任第三十三集团军第七十七军副军长，后任第三十三集团军干部班教育长。1947年6月，任整编第七十七师副师长，兼第三十七旅旅长。1948年6月，任徐州"剿总"第三绥靖区第七十七军第三十七师师长，1949年1月10日，在河南永城东北被解放军俘虏。1959年12月4日获特赦，1973年在原籍病逝。

**李忠毅（1903—1961），**字刚吾，北京市通县南关人，早年入日本陆军士官学校第二十三期学习，1932年回国。1933年初，随冯玉祥在张家口参加察哈尔抗日同盟军。1938年9月，投奔日伪豫东宣抚使张岚峰，任张部第二路司令。1940年年6月29日，与张人杰、曹大中等人率一万多人反正，部队改编为新七军，李忠毅任副军长兼暂编第二十四师师长。1945年8月14日，调任第四十二军副军长，不久兼任该军第一师师长。1947年，任中央训练团西安分团办公处处长，后任国防部参议。1949年去台湾。1961年1月去世。

**李云龙（1889—1954），**字虎臣，陕西省临潼县人。1916年投靠西北护国军郭坚部，任警备第六营营副，不久又投奔胡景翼，任第四营营长。1918年1月，任陕西靖国军右翼步兵第二团团长，8月，任胡景翼第四路第四支队司令。1921年任陕西陆军第一师第一团团长。1926年，任国民军二军第十师师长。1927年任国民联军第八路总指挥。1928年，任第二集团军第五方面军第二军军长兼第一师师长。1931年，任第三十四师副师长，抗日战争期间，任陕西省第一二届临时参议会参议员、国民政府顾问等职务。新中国成立后，任西安市第二、第三届各界人民代表会议协商委员会委员。1954年因病在西安逝世。

**李彦青（1886—1924）**，山东省临邑县人，自幼闯关东跑到东北，在长春一家洗澡堂子里当招待。辛亥革命前二年，结识在澡堂洗澡的时任第三镇统制的曹锟，李彦青善于逢迎，颇得曹锟的欢心，不久，被曹锟弄到身边当差专门为他搓背洗脚。曹锟从长春回保定时把他带回保定，后被任命为军需副监，兼兵站总监，曾任曹锟公府收支处处长兼任北京官钱局督办，管理曹锟财产，被曹锟直系军阀政府封为陆军将军。因其贪赃枉法，1924年秋冯玉祥发动“北京政变”后将其逮捕捕。1924年12月15日，京师警备总司令鹿钟麟下令将其绑赴天桥执行枪决。

**李席儒（1904—？）**，安徽省寿县人。1925年7月到苏联基辅炮兵学校学习。1929年回国后任西北军官学校教官，后被调任反蒋联军第二方面军第八路军第十九师第二旅旅长，中原大战后任汾阳军校教官。1933年春，任抗日救国军总指挥方振武的随从参谋，不久兼任抗日救国军随营青年学校副校长，7月，任抗日救国军骑兵师师长。1935年，到河北保定投奔高树勋，任河北省保安处视察员。抗战爆发后，任高树勋部新编第六师五旅参谋长，后任新八军参议。1949年后任安徽省蚌埠市民革成员、市政协委员。

**李烈钧（1882—1946）**，字协和，别号侠黄，江西省武宁县人。日本陆军士官学校毕业，曾加入中国同盟会。辛亥革命后，曾任江西都督府参谋长，安徽都督。1912年被孙中山委任为江西都督。1913年任江西讨袁军总司令。1915年，任护国军第二军总司令。1917年，任大元帅府参谋总长。抗日战争时期，主张对日抗战，并与冯玉祥等力促蒋介石恢复孙中山联俄、联共、扶助农工的三大政策等，因长期患病，1946年2月20日在重庆病逝。

**李啸苍（1904—1989）**，山西省芮城县人。1922年5月，应召入开封河南督军署学兵团陆军十一师学兵团学习，毕业后，在新兵团担任初级军官。 1925年7月，被选送到苏联基辅军官学校学习，回国后任国民联军南路军学生队长、第十七路军教导团少校教官、团副，独立第一旅少校参谋，第二十六路军总指挥部少将高参，抗战爆发后，任第六十八军参议、第六战区长官部副官、湖北随县鄂豫边区挺进军稽查处主任等职。1939

年后，任第三十八军参谋、参谋处处长。新中国成立后，任三原军分区军事教官、西安市政协委员、西安市人民政府参事室参事等职。1989 年 8 月病故。

**李鸿伯（1875—1947），** 又名李学钧，字鸿伯，河南省安阳县人，幼年受业于同邑进士张凤台，光绪二十九年中癸卯恩科举人，任清内阁中书，擢民政部主事。共和创建后，任河南省民政长公署秘书兼第一科科长。1920 年 7 月，任河南省长公署秘书长兼河南督军署高等顾问。1922 年冬任河南省长公署总参议。1923 年 12 月辞职归里，啸傲林泉。日寇侵占期间，坚持大义，始终拒绝出任伪职。1945 年家乡解放后，主动将全部田产交民主政府分配。1947 年在家乡病逝。

**李德全（1896—1972），** 河北省通州人，冯玉祥夫人。北京汇文女子大学毕业，1924 年与冯玉祥结婚。1925 年，在北京创办求知学校任董事长。1926 年 3 月，与冯玉祥同赴苏联，1927 年春返国。1930 年中原大战后，随冯隐居泰山。1936 年任首都女子学院研究会常务委员，七七事变后任中苏文化协会常务理事，创办中国妇女联谊会，后任中国人民救济总会执行委员会副主席等职。1946 年 9 月，随冯玉祥赴美国考察，并出席在美举行的世界妇女代表大会。新中国成立后，任北京师范大学保育系教授兼主任、中华全国妇女联合会副主席、中华人民共和国卫生部部长、中国红十字会总会会长、全国政协副主席等职。1958 年加入中国共产党。1972 年在北京病逝。

**杜春沂（1891—1967），** 字仙洲，山西省五台县人，保定军校第二期步兵科毕业。1924 年任警卫团团长。1927 年任警卫旅旅长。1928 年任独立第十一师师长。1931 年后任独立第十一旅旅长。1937 年 8 月 1 日，山西青年抗敌决死队第一总队在太原组建，杜春沂任总队长。后任第六十六师师长，太原绥靖公署中将参谋长兼第八十三军军长，驻陪都重庆办事处处长等职，新中国成立后，曾任四川省人民政府参事室参事等职。

**杨懋（1888—1965），** 字振声，山东省海阳县人。陆军军医学校毕业后投入第十六混成旅，历任第十六混成旅炮兵团军医官、第十一师军医官、绥远督统署军医课课长兼陆军医院院长、平民医院院长、北京京汉铁路医院院长等职，1926 年 9 月，任国民联军总部军医处处长。1927 年 4 月冯玉祥第二集团军总司令部军医处处长兼国民联军兵站总监部

卫生总监。1935 年春，在北京西四牌楼丁字街口开办振声诊疗院。新中国成立后，曾任北京丰盛人民公社医院医师。1964 年被聘为北京市文史研究馆馆员。1965 年病逝，时年 77 岁。

**杨虎城（1893—1949）**，原名虎东，字虎城，陕西蒲城县人。1911 年参加辛亥革命。1915 年参加陕西护国军。1917 年参加护法斗争，任陕西靖国军第五路司令。1924 年，经孙中山介绍加入国民党，同年任国民三军第三师师长。1927 年任国民联军第十路总司令，率部东出潼关参加北伐。1929 年脱离冯玉祥，被南京政府任命为新编第十四师师长。1930 年任国民革命军第十七路总指挥兼陕西省政府主席。1936 年 12 月 12 日与张学良发动西安事变，扣押蒋介石，提出抗日救国八项主张。后迫于压力，于 1937 年 4 月辞职，出洋考察。抗日战争爆发后回国，要求参加抗日，不久在南昌被囚禁。1949 年 9 月 17 日在重庆中美合作所旧址戴公祠被杀害。

**汪精卫（1883—1944）**，字季新，又名兆铭，广东省番禺县人。1904 年留学日本，1905 年参加中国同盟会，曾任《民报》主编。1910 年因参加暗杀摄政王载沣被捕，辛亥革命后出狱。1924 年，被选为国民党中央执行委员。1925 年在广州任国民政府主席。1927 年在武汉发动“七一五”反革命政变，以后，历任南京国民政府行政院长、外交部部长等职。抗日战争爆发后，任国民党副总裁、中央政治委员会主席、国民参政会议长。1938 年 12 月，逃离重庆，发表颜电，公开投降日本。1939 年底，和日本签订卖国密约。1940 年在南京成立伪国民政府，组织伪军，协同日本侵略军进攻抗日根据地。1944 年死于日本。

**肖明（1896—1959）**，原名肖鸣，湖南省新田县人。1919 年冬赴法国勤工俭学。1921 年回北京，入中法大学读书。1922 年加入中国共产党，主要从事工人运动。1924 年秋赴苏联学习。1926 年回国，任冯玉祥所部国民联军北路军总司令部政治部副部长。1927 年后，任渭南县委书记、特委委员，次年和刘志丹、王沛南等组织渭华起义。1930 年，任全国铁路总工会秘书长、北平市委书记、华北特委组织部长并负责兵运工作。1931 年赴山西汾阳峪道河与冯玉祥两次密谈并代表中共与冯建立合作关系。1933 年，与冯玉祥组织抗日同盟军。1936 年在中共北方局联络部工作，曾代表中共赴南京密会冯玉祥。抗日战争期间，曾在延安整风中受到不公正待遇，被康生、柯庆施等“隔离审查”达半年之久，纠左后方才恢复自由，后调任中共北方分局宣教委员会书记。新中国成立后，任北京市委工委书记、市总工会主席等职。1959 年在北京逝世。

**苏进（1907—1992），**河南郾城人。1922 年入陆军十一师学兵团。1929 年被冯玉祥派选留日学习军事，主修炮兵，曾任国民联军总部副官，洛阳军官教导团队长，手枪旅参谋长，国民革命军第二十六路军手枪团副团长。1931 年参加宁都起义，次年加入中国共产党，先后在红军部队担任第五军团十五军一二七团团长、四十四师师长、红一军团随营学校总队长、红军大学参谋科科长、庆阳步兵学校训练部部长等职。抗日战争期间，任陕甘宁边区警备司令部参谋长，八路军一二〇师三五九旅副旅长。1945 年后，任东北民主联军铁道司令部司令员，炮兵纵队司令员，第四野战军特种兵副司令员。新中国成立后，任中国人民解放军炮兵副司令员，1992 年 2 月 29 日因病在北京逝世。

**辛海岑（1897—？），**字化龙，河南省商丘县人。早年加入第十六混成旅。1922 年任陆军十一师学兵团炮兵连长，后任营长、团长、旅长等职。1927 年，任第二集团军教导团军士班大队长、第二集团军总司令部承启长。10 月，任河南全省民团军训练处处长。11 月，任河南全省民团军第三军第二师师长。1935 年，任察哈尔省保安队上校大队长。抗战期间曾任第六十九军代理军长兼一八一师师长。

**邱山宁（1877—1957），**原名邱斌，字岘章，山东省济南人，与冯玉祥有金兰之谊。1908 年陆军大学毕业，先在云南陆军讲武堂任教官。1915 年春，任援川司令部中校参谋。1916 年，升任第十六混成旅参谋长。1927 年任第二集团军教导团教官、第三十八军参谋长。1928 年任第二集团军训练总监部副总监。1933 年任同盟军总部军事委员会常务委员兼总部参谋长。1937 年任第三战区长官司令部高级参议。抗战后期，参加日伪政权，任伪河南绥靖军总司令寇英杰部第一军军长。1948 年 8 月，任中国新社会革命党指导部部长。1949 年由南京去台湾，后曾到香港赋闲。1957 年逝世。

**邵力子（1882—1967），**字仲辉，笔名力子，浙江省绍兴人。1906 年留学日本，加

入同盟会，回国后曾与柳亚子发起组织南社。1920 年在上海参加共产主义小组，次年加入中国共产党，曾任上海大学代理校长。1925 年任黄埔军校秘书处处长。1926 年 8 月退出中国共产党。1927 年后，历任国民革命军总司令部秘书长，中国公学校长，甘肃省政府主席，陕西省政府主席，中国国民党中央宣传部部长，驻苏联大使，国民参政会秘书长。1949 年 4 月为国民党和谈代表团成员，后脱离国民政府。新中国成立后，历任中央人民政府政务院政务委员，全国人大常委，全国政协常委，民革第二至四届中央常务委员。1967 年在北京病逝。

**邵飘萍（1886—1926），**原名新成，又名镜清，后改为振青，浙江东阳人。1902 年入浙江高等学堂学习。1912 年任《汉民日报》主编。1915 年参加反对袁世凯卖国的斗争。1916 年担任《申报》、《时报》及《时事新报》主笔，同年 7 月，在北京创办新闻编译社，中共特别党员，著名新闻工作者。1918 年创办《京报》，自任社长，《京报》成为北方进步舆论的阵地。1926 年 4 月 26 日，被奉系军阀张作霖杀害。

**邹桂五（1899—1993），**黑龙江省肇东人，北京大学法律系毕业。1924 年加入国民党，第二次直奉战争后，加入国民军。1925 年 7 月，赴苏联基辅军官学校炮兵科学习，回国后历任教育长、大队长、主任、科长、参谋长。中原大战后，任第十七路军干部训练班副主任。1936 年，任国民政府军事委员会咨议。1939 年，任暂编第三十六师参谋长。后改任第六十八军第一四三师参谋长。1946 年退役，解放后曾任东北人民大学外语系主任，长春教育学院院长。1984 年离休，1993 年在长春病逝。

**陈良（1896—1994），**字如初，浙江省临海县康谷峪根陈村人。1917 年留学日本。1921 年毕业于东京青山农学院。回国后，在浙江省立第六师范学校任教三年。1924 年入广州黄埔军校，随陈果夫在浙江进行黄埔军校秘密招生工作。1925 年 8 月完成任务后，任黄埔军校政治部科长，次年任军校经理处金柜主任、经理处科长。1927 年至 1934 年，任中央军校经理处处长。1932 年参加“一二八”淞沪抗战，任第五军军需处处长。1934 年至 1935 年，任国民政府军政部军需署副署长。1935 年，任军政部会计长。1936 年，被授予军需总监。1939 年 9 月兼任三青团中央干事会干事。1940 年 8 月，任军政部军需署署长。1946年8月，调任国民政府联合勤务总司令部副总司令。1947年9月至1949年3月，先后任粮食部常务次长和政务次长、财政部政务次长兼田粮署署长。1949年4月，调任上海市政府秘书长，协助汤恩伯负责筹措上海国民党守军军需供应。同年任代理市长，5月1日至5月24日任市长。4月，将上海银行等处库存的约值3亿美圆的黄金、白银运往台湾。5月初，任上海市物资调节委员会主任委员，组织指挥将上海市的石油、煤炭、棉布、被服、交通电器、化工器材等物资约5万吨运往台湾。在职期间，曾接受进步人士茅以升等人的劝告，拒绝执行国民党当局对上海市政设施的破坏计划。同年5月24日，将市长职务交给赵祖康后，撤往台湾。1949年9月，任国民党政府“国防部”参谋次长。1950年，任国民党当局“交通部”部长，后任“行政院”主计长1994年10月9日，在台北去世。

**陈天秩（1903—2001）**，字典五，河南省夏邑县人。1922年初参加陆军十一师学兵团，结业后任冯的传令员、随身副官，负责记录冯的日记。1926年入莫斯科中山大学学习，回国后，担任冯玉祥的传令队长、西北陆军军官学校大队长、第二集团军将校队队长等职。1929年末，任国民政府军事委员会参议，同年，任独立工兵团团长。1933年5月，任察哈尔抗日同盟军第五师副师长。1935年12月，任国民政府军事委员会上校咨议。抗日战争期间，任冯玉祥将军督练新兵长官部政治组少将组长。1939年，任第七十七军政治部主任，第三十三集团军干部训练班班副。抗战胜利后退役，任江苏省淮阴县县长，后改任句容县县长。1949年4月23日率部起义。新中国成立后，任北京中国人民银行总行研究员、中国国际贸易促进会等职，2001年病逝于北京

**陈君文（1900—？）**，又名陈佐武，福建省厦门市人，日本士官学校第二十二期毕业，曾任山西汾阳军校教官。1933年后，任第二十九军副团长。1935年冬，入陆军大学第十五期深造，毕业后任冯玉祥的私人秘书、陆军大学教官、陆军步兵学校教官兼学员练习团团长、第三战区司令长官部机要室参谋主任。1941年，任军事委员会军令部高级参谋。1942年，任军令部第二厅第二处处长。1943年9月任中央军校七分校教育处副处长。1946年任整编第一师参谋长，同年7月退役后赴香港创办福建中学、福建华侨学校，后

在香港病逝。

**陈连富（1897—1957）**，字继陶，山东省郓城县人，20岁到河北廊坊第十六混成旅投军。1925年初，任西北边防督办公署副官，同年10月，改任任卫戍司令部副官处处长。1926年升任冯玉祥国民联军总司令部上校副官处处长。1927年任第一方面军总指挥部参谋处处长，1927年任第一方面军第三军第十二旅旅长。1938年随鹿仲麟由武汉进入华北地区，任河北游击总司令部警备旅旅长。 1943年授陆军少将。1945退役，1957年病故。

**陈国梁（？—？）**，又名陈冠杰，河北省大兴县人。早年留学美国，曾任冯玉祥的英文秘书。1930年中原大战后，任北京“求是中学”校长。1933年5月，任察哈尔抗日同盟军总司令部秘书处处长。 后由冯玉祥介绍给孔祥熙，任财政部专员，后调任安徽省烟酒税局局长，江苏省烟酒税局局长。1938年6月，任河北省政府委员、财政厅厅长。1939年7月，任四川省政府委员兼建设厅厅长。1940年9月，任甘肃省政府委员兼财政厅厅长。

**陈明韶（1902—1954）**，字肖轩，河南省郑州市人。1927年入洛阳西北军军官学校受训，结业后任连长、营长。1931年后，任汾阳军校军官队队长并秘密加入中国共产党，任中央汾阳特委委员。1933年4月，任察哈尔抗日同盟军第二师第一团副团长。1935年12月，任河北省保安处办公室上校参谋兼第一科科长。抗战爆发后，任河北省保安二十五旅副旅长、冀鲁第一纵队副司令、保安第三旅旅长兼大名县县长、新八军第二十九师副师长。1945年10月与高树勋率新八军及河北民军于邯郸马头地区举行起义，部队整编后，任民主建国军第一军副军长。1950年4月任中国人民解放军第五十军教导团团长，不久随部队赴朝参加抗美援朝作战。1951年夏在回国途中不幸染病，1954年因病去世。

**陈继淹（1898—1953）**，字希文，河北省阜平县人。1921年转入冯玉祥部队，任陕西督军署参谋课上尉参谋。1922年任河南督军署参谋处副处长。1925年任察哈尔都统署参谋长。1926年任国民军总司令部兵站副总监，后被冯玉祥任命为国民军驻外蒙库伦办事处处长。1928 年任国民政府蒙藏委员会委员，中原大战期间，任西北军驻太原办事处处长。1935 年任平津卫戍司令部参谋处处长，后任北平市公安局局长。1941 年陈继淹任第三十三集团军第五十九军副军长。1943 年任第三十三集团军第七十七军副军长。1945 年任第三绥靖区总部中将参谋长。1948 年当选第一届国民大会河北省代表，同年 11 月 8 日，张克侠、何基沣在徐州贾汪地区率部起义后，陈继淹随冯治安继续南撤，定居上海。1953 年逝世，终年 55 岁。

**陈调元（1886—1943），**字雪暄，河北省安新县人。1902 年入保定参谋学堂，1908 年入陆军大学第一期深造，毕业后在湖北陆军中学任地理教官。1917 年任江苏第七十四混成旅旅长。1920 年任徐海镇守使。1924 年任江苏第四师师长，同年 12 月，任五省联军安徽总司令兼第六师师长。1926 年 3 向北伐军输诚，任国民革命军第三十七军军长兼北路军总司令。1928 年，任国民革命军第一集团军第二军团军团长。1929 年任山东省政府委员及主席。1931 年，任安徽省政府主席。抗战期间，任军事委员会点验委员会及抚恤委员会主任委员。1943 年 12 月在重庆北碚病逝。

**陈璧君（1891—1959），**字冰如，祖籍广东省新会县，生于英属马来亚槟榔屿乔治市。1907 年，与访问槟榔屿的汪精卫结识，随汪赴日本参加同盟会活动。1910 年与汪等谋刺清摄政王载沣未成，后赴马来西亚募款，策划营救被捕入狱的汪精卫。1912 年，与汪精卫结婚，同年 8 月，夫妇二人同赴法国留学。1917 年回国，参加反对北洋军阀的斗争。1932 年，任国民党中央监察委员。抗日战争爆发后，陈璧君力主对日本和平。1938 年 12 月，与汪精卫等人经河内逃往上海。1940 年 3 月，协助汪精卫在南京成立伪国民政府。日本投降后，陈璧君被重庆国民政府逮捕。1946 年 4 月，被江苏高等法院判处无期徒刑，终身监禁。1959 年在上海提篮桥监狱医院病逝。

**周凤岐（1879—1938），**字恭先，浙江长兴人，浙江武备学堂毕业。辛亥革命后，历任浙江都督府参谋长、旅长、浙江省警备司令部总参议，后任浙江第三师师长、国民革命军第二十六军军长、上海戒严司令部副司令等职。1927 年被蒋介石调往上海，率部参加四一二反革命政变，曾任淞沪戒严副司令兼浙江省政府军事厅厅长，国民政府军事委员会

委员，后参加反蒋活动。抗日战争爆发后，勾结日伪，谋图出任浙江伪省长。1938 年 3 月 7 日在上海被刺杀。

**周佛海（1879—1948），**湖南沅陵人，早年留学日本。1921 年 7 月参加中国共产党第一次全国代表大会，会后和张国焘等发起成立中国劳动组合书记处，后任国民革命军总司令部政治部主任，国民党中央执行委员会委员、民众训练部部长、宣传部部长等职。1938 年投降日本帝国主义。1940 年后，历任汪伪国民党中央执行委员会常务委员兼秘书长、军事委员会副委员长、最高国防会议委员兼秘书长、行政院副院长兼财政部长，上海特别市市长等职。日本投降后任国民党军事委员会上海行动总队总队长，后因汉奸罪被捕，判无期徒刑。1948 年 2 月 28 日死于南京老虎桥监狱。

**周树一（1905—1998），**原名周茂兰，安徽省濉溪县人。1922 年年投入冯玉祥将军学兵团当兵，历任排长、连长、手枪旅中队长、少校营长等职。1929 年任教导师一旅二团三营营长。1931 年在山西汾阳军校加入中国共产党。1933 年，任察哈尔省抗日同盟军第二师三团团长，同年 10 月，任第二十九军二一七团副团长。1938 年，任第六师第四团团长。1945 年 10 月，随高树勋将军参加邯郸起义，部队改编后，任民主建国军第二师副师长、民主建国军干部学校教育长。1950 年调南京军事学院任政治系训练助理员。1953 年转业到山西，任太原市园林局副局长、园林技校副校长等职。1982 年离休，1998 年逝世。

**孟绍濂（1890—1971），**字希周，河北省阜平县人。1914 年考入保定陆军军官学校第二期，毕业后分配到山东陆军任职，旋参加山东护国军，后历任直系第二十三师营长、团长、旅长、上校参谋等职，第二次直奉战争后参加冯玉祥部队。1927 年任国民革命军第二集团军第三路前敌指挥部中将参议。1932 年任第二十九军军务处少将处长，抗战期间，任第一集团军总司令部军务处处长、第三十三集团军干训班班副教育长、第五十九军中将副军长等职。1948 年 11 月 8 日在徐州贾汪起义，部队改编后任解放军第三十三军副军长，后任淞沪警备区司令部副参谋长，1952 年转业，历任华东军政委员会交通部副部长、民革北京市委常委等职，1971 年 6 月病逝。

**岳维峻（1883—1932），**字西峰，陕西蒲城人，早年加入中国同盟会。1914年，在胡景翼部任连长。1916年参加护国运动，升任营长。1917年，任靖国军支队长、代司令、陕军第一师旅长、国民二军师长，参加了讨袁、“北京政变”、豫西大战等。胡逝世后，继任国民二军军长兼河南督办。1925年底，国民二军在豫西被镇嵩军打败，岳维峻渡河投奔阎锡山被扣押。1927年6月，任陕西省政府委员兼第二集团军第五方面军总指挥。1928年，所部被缩编为新一师，同年升任第三军副军长。1929年秋，任陕西招讨使，后改任豫西警备司令、第三纵队司令。1930年任第三十四师师长，参加中原大战。1931年率部进攻鄂豫皖苏区，被红军俘获，次年8月在河南光山新集镇被处决。

**庞齐（1910—1990），**原名庞锷，字蕴铎，陕西安康新城人。1927年入西北军官学校，不久即转入西北军无线电学校，提前毕业，参加北伐。1936年考入黄埔军校高教班第五期，后任冯玉祥将军作战参谋。1943年入国民党陆军大学和兵学研究院深造。1949年任陆军大学少将兵学教官，重庆解放前夕，拒绝随蒋去台，参与起草陆军大学起义宣言与护校活动，起义参加中国人民解放军，历任西南军区高级参谋、南京军事学院教员、研究员。1990年4月28日病逝西安，终年80岁。

**卡尔·伯恩哈多维奇.拉狄克（1885—1939），**苏联政治活动家，1885生于利沃夫，参加过1905年革命，并因此被捕和关押过一年，后来在波兰、德国社会民主党的报纸编辑部中工作。1917年加入俄国社会民主工党（布），十月革命后，曾在外交人民委员会中工作。从1919年当选为党中央委员担任过共产国际执行委员会书记，至1923年，是托洛茨基派的重要成员，1927年被开除出党。1929年恢复党籍。1936年再次被开除出党，1937年以“间谍罪”被判10年徒刑。1939年死于狱中，1988年恢复名誉。

**林伯渠（1886—1960），**原名林祖涵，湖南临澧人，早年加入同盟会、中华革命党，追随孙中山先生参加革命活动，在革命实践中逐步接受马克思主义。1921年1月经李大钊、陈独秀介绍加入上海的中国共产党早期组织，成为我党最早的一批党员之一。1927年大革命失败后，林伯渠参加了南昌起义。1933年进入中央革命根据地，先后任中华苏维埃共和国临时中央政府国民经济部部长、财政部部长。1934年10月参加长征，1937年

冬至1948年任陕甘宁边区政府主席，对陕甘宁边区的巩固与发展做出重要贡献。1937年起，多次担任国共谈判的中共代表，后又任国民参政会参政员，积极开展抗日民族统一战线工作。新中国建立后被任命为中央人民政府秘书长，1954年当选为全国人民代表大会常务委员会副委员长。1960年5月29日病逝于北京。

**武止戈（1902—1933）**，又名熹祖，化名之康，陕西渭南人。1922年中学毕业后到北京求学，与刘天章等人发起组织进步政治团体“共进社”。1923年初经刘天章介绍加入中国共产党。1924年初，被中共党组织送到上海大学社会学系学习，不久又被派送苏联东方大学、中山大学、列宁格勒军事政治学院学习，并任中共旅莫支部书记。1931年回国。1932年冬到张家口协助冯玉祥筹组察哈尔民众抗日同盟军，并参与中共张家口特委领导工作，先后任抗日同盟军高级参谋和北路军前线指挥部参谋长等职。1933年10月协助吉鸿昌等发起小汤山战役，13日被日寇飞机轰炸中弹，在顺义县英勇牺牲，时年31岁。

**宣侠父（1899—1938）**，原名尧火，号剑魂，浙江省诸暨县人。1922年加入社会主义青年团，不久转为中共党员。1924年到广州黄埔军校学习。1925年春，受中共中央派遣到北京，经李大钊、徐谦推荐，以国民党左派身份到冯玉祥的国民军中工作，次年，任联军宣传处处长。1927年，任国民革命军第二集团军前敌总指挥部政治部主任，6月下旬，冯玉祥拥蒋反共，被“礼送”出境。1931年初，任二十五路军总参议和南京政府事参议院中将参议。1933年初参与组织领导察哈尔抗日同盟军，任军事委员会常委、第二路军政治部主任兼第五师师长。1934年，抗日同盟军失败后，宣侠父继续在中共特科领导下从事兵运工作，并于1934年初介绍著名抗日将军吉鸿昌加入中国共产党。1935年任中共华南工委书记，1936年参加反蒋抗日的两广事变，任重建的十九陆军政治部主任。1937年到西安红军联络处工作。抗日战争爆发后，任国民革命军第十八集团军高级参议。1938年7月31日在西安被国民党特务秘密绑架杀害。

**柯庆施（1902—1965）**，安徽歙县人，1922年加入中国共产党，1924年在中共中央秘书处工作。1928年任中共上海闸北区委书记。1929年后任红五军第五纵队政治部主任、中共中央秘书长、中共河北省委军委书记。1933年任抗日同盟军前委书记。抗日战争时任中央党校副校长、统一战线工作部副部长等职，解放战争时期任晋察冀边区民政处处长、财经办事处副主任、石家庄市市长，新中国成立后任南京市市长、江苏省委书记、上海市委第一书记兼南京军区政治委员、华东局第一书记、国务院副总理。1965 年 4 月 9 日在成都逝世。

**段祺瑞（1865—1936），**字芝泉，安徽省肥西县人，1889 年天津武备学堂毕业后赴德国留学。1896 年后，协助袁世凯创办北洋新军，曾任北洋军炮队统带兼武卫右军各学堂总办、北洋陆军军政司参谋处总办、北洋常备军统制、江北提督等职。1912 年起，历任北京国民政府陆军总长、参谋总长、国务总理，后被直系军阀曹锟、吴佩孚打败下台。1924 年第二次直奉战争后，出任北京临时政府执政，次年召开善后会议，抵制孙中山主张召开的国民会议，同年 4 月被冯玉祥驱逐下台，蛰居于天津租界。1935 年被国民党政府任命为国民政府委员，未就职，1936 年病死于上海。

**胡汉民（1879—1935），**字展堂，广东番禺人，曾在日本留学。1905 年秋加入同盟会，任书记部书记、《民报》编辑。1909 年任同盟会南方支部长。1912 年后，任南京临时政府总统府秘书长、广东都督、中华革命党政治部部长、广州护法军政府交通部部长。1924 年 1 月国民党一大上被选为中央执行委员会委员，会后提出建立民族国际对抗共产党和共产国际，成为右派领袖，同年 9 月代理大元帅兼广东省省长。1927 年与蒋介石同谋进行“清党”，任南京国民党中央政治会议主席，立法院院长。九一八事变后在广东策动陈济棠反蒋。1935 年任国民党中常会主席，同年病逝于广州。

**胡宗南（1896—1962），**字寿山，浙江孝丰县人。黄埔军校第一期毕业，北伐战争时，任第一师副师长兼第二团团长，1927 年任第二十二师师长。1936 年任第一军军长。抗日战争期间，先后任第十七军团军团长、第三十四集团军总司令、第八战区副司令长官、第一战区代司令长官等职，1945—1948 年，先后任第一战区司令长官、西安绥靖公署主任等职。1949 年兼任川陕甘边区绥靖公署主任，12 月任西南军政长官公署副长官兼参谋长。1950 年 3 月由西昌逃往台湾，任江浙“反共救国军”总指挥、澎湖防守司令官等职。1962 年病逝。

**胡景翼（1892—1925），**字笠僧，陕西富平人。1910年入同盟会，辛亥革命时期在耀县组织起义失败后流亡到日本。1915年护国战争时期奉派回国。1917年护法战争期间加入于右任在陕西组织的靖国军，任第四路司令。1920年直皖战争后被直系收编为陕军第一师，直奉战争期间所部驻在彰德—顺德一线。1924年10月第二次直奉战争期间，又暗与冯玉祥、孙岳联合倒直，发动“北京政变”，后与冯、孙组织国民军，任副司令兼第二军军长，11月，任河南军务督办。1925年4月病逝于开封。

**贺楚强（1903—1986），**字子谦，湖南省溆浦人，国立北京大学政治学系毕业，1923年加入中国国民党。1925年任中国国民党北京特别市党部执行委员兼工人部部长、农民部部长。1927年，任湖南省党部清党委员兼改组委员。1943年，任军委会委员长侍从室审核股股长。1945年后，任国民政府文管处秘书，1948年3月，当选第一届“国民大会”代表。同年5月30日，任总统府第三局副局长，去台湾后，任《民族报》监事任、“总统府”参事等职。1986年逝世。

**赵杰（1889—1930），**字毅武，河南省汝南县人，民国初年河南督军赵倜的胞弟。东北讲武堂毕业后编入北洋陆军，曾任袁世凯总统府侍卫武官。1914年任河南宏威军总司令。1921年春任河南陆军暂编第一师师长。1924年9月任樊钟秀部建国豫军招抚使，10月赵杰率部在江西遭陈炯明、赵恒惕等合力攻击，北归河南。1930年身亡，葬于河南汝南县。

**赵倜（1871—1933），**字周人，河南汝南人（今河南平舆）人，毕业于北洋武备学堂，清末官至总兵。二次革命时期，奉袁世凯之命率部进入河南，后又追剿白朗起义军，因功授河南护军使，1914年督理河南军务。1916年任河南督军兼省长，先依附段祺瑞，后与段产生矛盾。1920年直皖战争时期，拥直反皖。战后，被直系大将吴佩孚排挤，地位降低。1922年第一次直奉战争爆发，赵响应奉系在河南反吴，被直系冯玉祥击败，后出关投靠张作霖，任高等顾问。1933年在北京德国医院病逝。

**赵丰鸣（1904—？），**字伯竹，山东省历城县人。1928年由河南开封被冯玉祥保送到日本士官学校学习，毕业回国后，担任汾阳军校教官。1933年5月，随部参加抗日同盟军，任第一军第二师参谋长。1938年4月，任第三集团军第十二军第八十一师少将参谋长，后事不详。

**赵亦云（1899—？），**字子龙，江苏省沛县人。中学毕业后，于1922年秋在北京南苑加入西北军学兵团工兵营第三连受训，因有摄影天赋，结业后被调到总部担任随从副官。1926年3月，作为摄影师，随冯赴苏，5月进莫斯科艺专深造，8月随冯回国，参加五原誓师。1927年起在冯军总司令部记录了西北军北伐的全过程。1933年3月，冯玉祥组织察北抗日同盟军，赵作为冯的代表曾陪同宋哲元到喜峰口前线拍摄照片。1935年底随冯去南京就任副委员长随从副官，及任国民政府军事委员会上校咨议，后到北平，任任冀察绥靖公署艺术主任。全面抗战爆发后，赵随冯辗转武汉、重庆等地创办《抗战画刊》，宣传抗战。全国解放后，赵亦云在中国历史博物馆工作，“文革”后期去世。

**赵登禹（1898—1937），**字舜诚、舜臣，山东菏泽人。1914年投第十六混成旅冯玉祥部当兵，历任军职。1930年蒋冯阎中原大战期间，任反蒋联军第四路宋哲元部第二十五师师长。冯玉祥兵败下野，赵登禹率部随宋哲元入晋，被张学良收编，任第二十九军第三十七师第一〇九旅旅长。1933年，曾率部参加喜峰口抗战，任十九军前敌总指挥，因功晋升第一三二师师长。七七事变后，奉命由河间急驰北平参加对日作战，任南苑前线总指挥。1937年7月28日，在北京南苑与日军激战中牺牲。

**郝梦龄（1898—1937），**字锡九，汉族，河北藁城县人，保定军官学校毕业。从1921年起，在魏益三部任营长、团长。1926年跟随魏益三归属冯玉祥的国民军，任国民四军第二十六旅旅长，后升任第四军第二师师长。1927年夏，任国民革命军第五十四师师长。中原大战后，兼任郑州警备司令，后升为第九军副军长、军长等职。抗日战争爆发后，被调往山西，在第二战区任卫立煌部中央兵团中将前线总指挥，参加忻口会战。1937年10月16日，在山西大白水前线壮烈殉国，为抗战初期在战场上牺牲的第一位军长。新中国成立后，追认他为革命烈士。

**郝鹏举（1903—1947），**字腾霄，河南灵宝人。早年就读于洛阳河南省立第四师范学校，1922年入冯玉祥部当兵。1925年1月，任西北边防督办公署副官，同年夏到苏联

基辅军官学校炮兵科学习，回国后，任第二集团军总司令部独立炮兵团团长、独立第一旅少将旅长，后投奔傅作义部，任暂编第五军副军长。1941 年投靠汪精卫汉奸集团，任汪伪第八方面军总司令。抗战胜利后，被国民政府收编，任新编第六路军总司令。1946 年 1 月，在中共地下党的争取下，在台儿庄率部两万余人起义，后又暗中勾结蒋介石，接受委任。1947 年 1 月发表反共通电，将中共联络干部朱克靖等人逮捕，叛变投蒋。同年 2 月，华东野战军第二纵队发起白塔埠战役，郝鹏举兵败被俘。4 月，郝在越狱时被击毙。

**唐悦良（1890—1956），**字协生，广东省香山县人。1909 年 4 月 12 日赴美国耶鲁大学留学，1919 年调北京政府外交部第三处任主任科员，后任副处长。1920 年任中国驻古巴共和国公使馆三等秘书。次年，任中国政府出席华盛顿会议代表团秘书，返国后任北京政府农商部秘书，第二次直奉战争后加入国民军系统。1925 年 4 月任西北边防督办公署外交署署长，五原誓师后，任国民联军总司令部参议。1927 年任第二集团军总司令部少将外交处处长，1928 年，任国民政府驻河南省少将交涉员、南京国民政府外交部代理部长，国民政府外交部常务次长。1935 年 6 月，任国民政府行政院冀察政务委员会外交委员会委员。1945 年 8 月，任北平市政府外事处处长。本人为冯玉祥连襟。1949 年后，加入九三学社，并受聘为中央文史馆馆员。1956 年逝世。

**徐谦（1872—1940），**字季龙，安徽歙县人，1904 年，应试及第，成为光绪朝进士，先后任翰林院编修和法部参事职务。1908 年，任京师地方审判厅厅长、京师高等审判厅检察长。1912 年任中华民国内阁司法部次长。1917 年，南下广州，任孙中山广州军政府秘书长。1921 年，任孙中山政府最高法院院长。1923 年，应冯玉祥之聘进京，任中俄庚款委员会主席，同李大钊成为战友。1926 年，随冯玉祥访问苏联，回国后，任国民党中央执委兼广州国民政府司法部部长。1927 年国民党召开二届三中全会，徐谦当选为中央常委和军事委员会主席团成员。汪精卫叛变革命后，徐谦被迫辞去一切职务，寓居香港，重开律师生涯。抗日战争期间，任国防委员会委员等职。1940 年 9 月 26 日病逝于香港。

**徐廷瑗（1899—1950），**字菊航，河北省蠡县人，日本陆军士官学校第十三期炮兵科毕业。1923年任陆军检阅使署学兵团战术教官。1924年任国民军总司令部参谋处副处长。1925年任西北边防督办公署机炮团团长。1926年任国民军总司令部军务处处长，国民联军总部军务司司长。1927年任国民联军炮兵旅旅长，6月，任第二集团军军官学校校长，11月任国民政府军政部兵工署副署长。1929年任国民革命军总司令部编遣委员会第一编遣区办事处委员。1946被南京国防部宣布退役。新中国建国后移居天津，1950年病逝，终年51岁。

**徐惟烈（1897—？），**安徽省歙县人，徐谦之子，北京法政专门学校毕业。1924年经徐谦、李大钊介绍投入西北军。1927年任陕西省三原县县长，同年5月，任国民革命军第二集团军军法处处长，第二集团军前敌总司令部军法审判处处长。1928年任国民政府军政部陆军署军法司司长。1933年任察哈尔抗日同盟军政治部副部长。抗战期间，任第三十三集团军第五十九军顾问、第六战区军法执行总监部执法总监、第三十三集团军总司令部顾问等职。1945年，任第十一战区司令长官部军法处处长，是年6月29日，任湖北省政府委员。1946年后，任第三绥靖区司令部顾问。1948年11月，参加了何基沣、张克侠组织领导的贾汪起义。

**浦化人（1887—1974），**江苏省无锡县人，1909年考入苏州圣公会所办的桃坞中学，1911年考入上海圣约翰大学正馆，1916年8月任西安圣公会会长。1914年跟随冯玉祥将军，在部队中以牧师身份做传道工作。1927年初，参加由鹿钟麟率领的西北军赴苏参观团，在归国途中秘密加入中国共产党，历任中共上海中央局翻译、中共临时上海局委员、宣传部部长。抗日战争爆发后，奉调去延安，任中共中央英文翻译，新华通讯社翻译、社长。1938年赴太行山区，在第十八集团军总司令部从事政治教育和对开明士绅的统战工作。1944年后，任延安外国语学校英文系主任，华北联合大学外语学院院长。1949年6月任北京外国语学校校长。新中国建国后，历任中国人民救济总会监察委员会办公室主任，中国红十字会常务委员。1974年病逝于北京。

**秦邦宪（1907—1946），**又名博古，江苏无锡人。1925年加入中国共产党。1931年

1 月中共六届四中全会上被选为政治局委员，4 月任中国共产主义青年团书记，9 月任中共临时中央常委、总书记。1933 年到中央革命根据地后，与李德推行错误军事路线，致使第五次反“围剿”失败。1935 年在遵义会议上被解除中共最高领导职务，后任中共中央政治局常委、红军野战部队政治部主任。1937 年任中共中央组织部长。1938 年任中共中央长江局组织部部长和南方局组织部部长。1941 年后，任新华通讯社社长。1945 年在中共七大上继续当选为中央委员。1946 年 2 月以中共代表身分赴重庆参加政治协商会议和宪法草案审议委员会会议，同年 4 月 8 日由重庆返延安汇报工作，因飞机失事在山西兴县遇难。

**秦德纯（1893—1963），**字绍文，山东省沂水县人，保定军官学校毕业，1923 年后历任北洋直系第五师团副、参谋长、二十四师旅长、师长等职。1927 年，任国民革命军第二集团军第二方面军副总指挥兼二十三军军长、十四军军长、总司令部副总参谋长。中原大战后，任二十九军总参议。1932 年任察哈尔省政府委员兼民政厅长。1933 年，任第二十九军副军长。1935 年受国民政府指派与日军代表土肥原签订《秦土协议》。1935 年 12 月，任冀察政务委员常务委员兼北平市市长。抗战期间，任第一集团军总参议、军法执行总监部副总监兵役部政务次长等职。抗战胜利后，任国防部次长、山东省主席、青岛市市长。1949 年迁居台湾，曾任“国民大会”主席团成员和“总统府”战略顾问等职。1959 年退役，1963 年 9 月于台北病逝。

**贾振中（1901—1975），**字子毅，安徽省涡阳县人。青年时加入冯玉祥部队，1926 年入日本士官学校第十九期步兵科学习，回国后任西北军官学校中队长、大队长、西北军教导师第二旅第一团团长。中原大战后，任汾阳军校第一大队长。1931 年秘密加入中国共产党。1933 年 4 月，任察哈尔抗日同盟军第一军第二师第二团团长。抗战爆发后，任第一七七师第五二九旅第一五八团团长、中央军校第七分校上校教官、第九十六军副官处长、军官教导团少将教育长等职。1939 年奉派加入汪伪集团，进行策反工作，公开职务为汪伪第二集团军军事教导团团长。新中国成立后任河南制药厂经理、河南省民革副主委、开封市政协副主席。1975 年病故洛阳。

**贾德耀（1880—1940），**字昆庭，安徽合肥人，日本士官学校第三期步兵科毕业，回国后入北洋新军，任北洋军第二镇正参谋官、第六镇第二十一协马队第二标标统。1912年，任河南护军团团长。1913年，升任陆军第七师第十三旅旅长。1914年，任十五混成旅旅长。1916年，任陕南镇守使，后任将军府参军、陆军部军学司司长。1919年8月，任保定陆军军官学校校长，晋中将衔。1925年，任陆军次长兼任执政府卫队司令，11月，升任陆军总长兼训练总监。1926年2月15日，代国务总理。3月4日，任国务总理兼陆军总长。4月20日，辞去总理职，隐居天津。抗战初期，曾拒绝为日侵略军“维持局面”。1940年病故，国民政府追加上将衔。

**郭永照（1909—2008），**江苏人。开封军官学校毕业，共产党员，继孙继颜任卫队营营副，曾在冯玉祥身边工作长达12年之久。抗战后期奉派在国民革命军第六十八军从事兵运工作，1947年率部起义，历任中国人民解放军河南邱军分区司令，郑州市公安局长。1987年离休。2008年病逝于郑州，终年99岁。

**郭松龄（1880—1925），**字茂宸，辽宁省沈阳人，陆军大学毕业，曾赴广东参加革命。后回东北任奉天讲武堂教官，奉军第六师师长、第三军副军长等职。1925年11月，张作霖和冯玉祥部队作战期间，与冯秘密联合，签订反奉密约，所部改称东北国民军，任总司令，回师沈阳，进攻张作霖。由于日本军队干涉，同年12月24日在巨流河战败被俘，25日，在奉天省辽中县老达房被枪决，享年43岁。

**陶汉章（1917—2010），**江西省进贤县人。1931年随姑父吴景新北上山西后考入冯玉祥的汾阳军官学校，并在军校内秘密加入共产党。1933年参加抗日同盟军并任司令部参谋，抗日同盟军失败后与组织失去联系，回到江西老家。1934年在江西老家参加中国工农红军，1935年重新加入中国共产党。曾任第二军团教导营营长，抗大二分校军事教育科科长、训练部副部长，晋察冀军区分区参谋长，陕甘宁晋绥联防军旅参谋长，晋察冀野战军纵队参谋长，华北军政大学教育长等职。新中国建国后，历任军事学院训练部副部长、军事科学研究部部长，训练总监部科学条令部副部长，军事科学院战术研究部副部长，广州军区参谋长，军政大学副校长，军事学院副院长、顾问。1955年被授予少将军衔。第六、七届全国政协委员，2010 年 12 月病逝于北京。

**陶行知（1891—1946），**原名文濬，后改知行，又改行知，安徽歙县人，金陵大学文学系毕业后留学美国，回国后任南京高等师范学校教务主任，1926 年起发表了《中华教育改进社改造全国乡村教育宣言》。1927 年创办晓庄学校。1938 年 8 月，倡导举办了“中华业余学校”，推动香港同胞们共赴国难。1939 年 7 月，在四川重庆创办育才学校，培养有特殊才能的儿童。1945 年，陶行知加入中国民主同盟，同年当选中国民主同盟中央常委兼教育委员会主任委员。1946 年 1 月，在重庆创办社会大学，推行民主教育。1946 年 7 月 25 日病逝于上海，享年 55 岁。

**陶新畲（1902—1957），**又名陶梁，安徽省寿县人。早年加入中国共产党，1925 年 5 月，同宣侠父等人被中共北方区委派往张家口冯玉祥部队开展政治工作。1926 年 9 月任国民联军援陕第一路军政治部主任。1927 年 2 月，任第十四路军政治处处长，中原大战后回江苏参与创建红二十二军。1933 年 5 月，被选为察哈尔抗日同盟军军事委员会军事委员，察哈尔省政府秘书长，后任张家口警备司令。1939 年初，任国防部政工局新闻处处长，后任第三十三集团军政治部副主任。1946 年退役。1947 年任河北省第一区行政督察专员兼保安司令。同年回上海家中住闲。1957 年，在上海家中病逝。

**陶颜彪（1898—？），**字建荣，山东省曹县人。1917 年投军陆军第十六混成旅当兵，后入该旅模范连受训。1927 年 5 月，随部进入中原参加北伐战争，任巩县兵工厂副监督、监督等职。1927 年 8 月，任第二集团军总司令（冯玉祥）部上校副官。12 月，任河南巩县兵工厂副监督。1928 年 11 月，被冯玉祥调到身边任副官处长，随到南京。1930 年，随部参加中原大战，失败后退入晋南地区接受改编，任第二十九军军部中校副官，后事不详。

**高兴亚（1902—1981），**别名世华。重庆涪陵人，毕业于北京大学，曾留学苏联，历任冯玉祥部秘书长、政治部主任，西北政治工作委员会秘书长，西北军校教官，四川大学、西北大学教授，西北军将校团教育长，北京民报、华报社社长，川军 21 军高等顾问，重庆聚兴诚银行经济研究室主任，涪陵县参议长、立法委员。1949 年后任西南军政委员会副秘书长、四川省人大代表、省政协委员、常委。1955至1957年任四川省人民政府参事室主任。1981年逝世。

**高树勋（1898—1972），**字建侯，河北盐山人。1915年参加冯玉祥部队。1927年任国民革命军第二集团军第十四军第十二师师长。1929年代理青海省主席，中原大战后任第二十六路军第二十七师师长。1933年参加察哈尔民众抗日同盟军，任骑兵司令。1937年7月任河北省保安处副处长。抗战期间，任新六师师长，新八军军长，第三十九集团军总司令，第十一战区副司令长官等职。1945年10月30日，率国民党一个军和一个纵队在邯郸前线举行反内战起义。中共中央号召国民党部队官兵学习高树勋部队的榜样，被称为高树勋运动。1946年加入中国共产党，任民主建国军总司令。新中国成立后，曾任河北省人民政府副主席，副省长，国防委员会委员，全国政协委员。1972年在北京病逝。

**崔贡琛（1897—1947），**字化璞，河南省荥阳县人，西北陆军干部学校步兵科毕业后历任上尉参谋、战术教官。1930年，任独立第一军第一师参谋长。1932年夏，任第三十军第三十师中校参谋。1933年，任抗日同盟军第二军参谋长。1935年后，任第二十九军暂编第二师中校参谋、参谋处上校处长、第一四三师少将参谋长。1938年9月，任六十八军参谋长。1943年，任第六十八军暂编第三十六师师长，同年8月，任第六十八军第一四三师师长兼开封警备司令。1946年6月任联勤总司令部重庆补给区司令。1947年6月14日病逝南京。

**曹锐（1868—1924），**字健亭，天津人，曹锟胞弟，清监生，曾任陆军第二镇执法官，辛亥革命时任兵站总办。1912年初任直隶提法使，4月，任直隶布政使，1914年12月辞职。1915年10月，授上大夫加少卿衔。1918年1月至1922年4月，任直隶省省长。1923年11月，任热河林垦督办，未就任。1924年，冯玉祥发动“北京政变”，逮捕曹锐，目的是要曹锐吐出贪污赃款，报销一批军费开支。曹锐误以为冯玉祥要杀他，所以吞了生鸦片，于11月30日在北京去世。

**曹锟（1862—1938），**字仲珊。天津人，早年入北洋武备学堂，毕业后为袁世凯训练

新军，曾任北洋第三镇统制。辛亥革命后，历任北洋军第三师师长、长江上游警备司令、直隶督军和直鲁豫三省巡阅使等职。1923 年 10 月，以贿选当上总统，并颁布“曹锟宪法”。1924 年 10 月，在第二次直奉战争中被冯玉祥软禁，1926 年 4 月获释。1927 年后寓居天津租界，1938 年 5 月病逝。

**曹浩森（1884—1952），** 字善继，江西省都昌县人。1909 年 12 月，赴日本东京振武学校学习。1910 年秘密加入同盟会，辛亥革命爆发后回国，在江西都督府军事科工作。1913 年 6 月，回江西参加反袁的“湖口起义”。1917 年后，任团长、粤鄂湘边防军督办署副官长、孙中山大元帅府高参等职。1925 年 4 月，任西北边防督办公署参谋长。1927 年 4 月，任国军第二集团军参谋长。1928 年，任国民政府军事委员会委员、江西省政府委员兼建设厅厅长、军政部陆军署署长等职。1931 年，任国民政府军政部常务次长。1934 年 1 月，任军政部中将代理部长。1941 年，调任江西省政府主席。1945 年 5 月，在国民党“六大”上被选为中央监察委员。1949 年 5 月赴台湾。1952 年，因患胃癌在台北病逝，终年 68 岁。

**梁冠英（1895—1968），** 字子超，河南郾城人。1913 年投入冯玉祥部当兵。1925 年任国民军第一军二师第五旅旅长。1927 年任国民革命军第二集团军第一方面军第三军第一师师长，参加北伐。1928 年 10 月国民革命军第二十一师师长。1930 年 4 月任反蒋联军第二方面军第二路第一军军长，中原大战失败后投蒋，任第二十五路军总指挥，鄂豫皖剿匪总司令部右军第三纵队总指挥，第三十一军军长兼任第三十一军第三十二师师长。1936 年 5 月辞职，改任军事委员会中将高参。1946 年任河南省政府总参议。1948 年 9 月任河南省政府顾问，新中国成立后曾任苏州市政协委员。1968 年在苏州病逝。

**梁鸿志（1882—1946），** 字众异，福建长乐人。早年毕业于京师大学堂，毕业后任山东登莱高胶道尹公署科长、奉天优级师范学堂教员。民国成立后，任职北京国务院，后投靠皖系，曾任京畿卫戍司令部秘书处长、安福国会参议院秘书长，1920 年皖系战败后避居天津。1925 年段祺瑞重掌北京政府后，任执政府秘书长。抗战时期，在南京任伪维新政府行政院院长。1940 年，任汪伪政权监察院长，抗战胜利后被捕，1946 年 11 月在上海被处决。

**盛世才（1896—1970），**字晋庸，辽宁省开原县人。1917年赴日本留学，回国后到韶关讲武堂、东北军事学堂受训，曾在东北军郭松龄部任排长、连副、参谋等职。1927年后，任国民革命军总司令部参谋、科长。1930年去新疆，任新疆边防督办公署参谋处处长。1933年8月，任新疆边防督办。1941年，任新疆省政府主席。1943年1月，加入中国国民党，随后，任新疆省党部主任委员，国民党中央监察委员、第八战区副司令长官等职。1944年8月，任国民政府农林部部长。1949年去台湾。任“总统府”国策顾问。1970年病逝。

**续范亭（1893—1947），**名培模，字范亭，山西省崞县人。早年参加同盟会。辛亥革命后曾组织西北护国军，讨伐袁世凯。1924年后，任国民军三军第六混成旅旅长、国民军军政学校校长、西安绥靖公署驻甘肃行署参谋长、新一军总参议。1935年冬，因痛恨国民党政府的不抵抗政策，在南京中山陵剖腹自杀，遇救。1937年9月，任第二战区民族革命战争战地总动员委员会主任委员，1940年，任陕西新军总指挥，晋绥边区行署主任、晋绥军区副司令员。1947年9月12日病逝，中共中央追认他为中国共产党党员。

**阎廷俊（1896—1957），**字灼三，河南省西平县人。1918年加入冯玉祥之第十六混成旅，历任班、排、连长。1925年升任冯玉祥之卫队旅第三团第一营营长，南口大战后驻军五原。1927年进军潼关，升任卫队旅第三团团长，次年在洛阳晋升为第二十三师第六十七旅旅长。中原大战后，任第二十六路军第二十七师第八十旅旅长。1936年10月，被国民政府授予少将军衔。抗战爆发后，他率部先后在平津、娘子关等地抗击日军。1938年率部参加台儿庄战役。1945年在南京退役，转而从事城市建设工作。1957年病逝。

**阎锡山（1883—1960），**字百川，号龙池，山西五台县河边村人，日本陆军士官学校第六期毕业生，清朝陆军步兵科举人、协军校，同盟会会员，组织与领导了太原辛亥起义。民国时期，历任山西省都督、督军、省长、北方国民革命军总司令、国民党中央政治

委员、军事委员会副委员长、太原绥靖公署主任、第二战区司令长官、山西省政府主席、国民政府行政院院长、国防部部长，一级上将。1949 年去台湾，1960 年病逝台北，葬于七星区阳明山。

**鹿钟麟（1884—1966），**字瑞伯，河北定州北鹿庄人。学兵出身，早年曾于北洋第二十镇任下级军官，1915 年归冯玉祥部，曾任营长、炮兵团团长兼教导大队长、河南全省警务处处长兼省会警察厅厅长、第二十二旅旅长，“北京政变”后任京畿警卫总司令、国民军第一军第一师师长。1926 年任察哈尔都统兼国民军东路总司令，9 月任国民联军总参谋长，后任河南省民政厅长并一度代理省主席。北伐战争中任国民革命军第二集团军第九方面军总指挥兼第十八军军长，后任西北军代理总司令。抗日战争期间历任军委会军法执行总监部总监、冀察战区司令兼河北省政府主席、兵役部部长等职。抗战胜利后任华北宣抚使。中华人民共和国建立后曾任国防委员会委员，1966 年 1 月 11 日在天津病逝。

**黄郛（1880—1936），**原名绍麟，字膺白，浙江绍兴上虞人。早年入浙江武备学堂，后到日本留学，从而结识蒋介石、张群等人，其间加入同盟会。国民政府成立后，历任外交署长、教育署长、上海市市长等要职。1928 年 5 月，日军炮轰济南，制造五三惨案，时任外长的黄郛事后被蒋介石免职顶罪。1933 年秉承蒋介石授意，在华北推行对日本帝国主义屈辱妥协的外交方针，后遭到全国民意所指而被迫辞职。1935 年托病避入莫干山所谓“读书学佛”的“隐居”生活。1936 年 9 月，复任国民政府委员，同年 12 月 6 日，因肝癌病逝上海。

**黄伯度（1891—1970），**安徽舒城人，日本早稻田大学毕业，早年加入同盟会，曾任太湖、贵池两县知事。1936 年，许世英任驻日本大使时，任一等秘书，为使馆对日外交重要幕僚，曾当过德国驻华大使馆对日外交重要幕僚，参与过德国驻华大使陶德曼调停中日冲突的外交活动。1938 年回国后，任赈济委员会委员长。1940 年调任社会部常务次长。1949 年去台后，历任“总统府”第一局局长、副秘书长、国民党中央评议委员、国策顾问等职。1970 年 10 月 25 日病逝。

**黄百韬（1900—1948），**字焕然，祖籍广东梅县，出生于天津。河北工专中学部毕业后，初在江苏省防部队任排长、连长，被奉系军阀张宗昌俘虏后，投靠奉系，升任旅长。张宗昌被蒋介石消灭后，投靠蒋介石，任国民政府军第41师师长、冀察战区参谋长、第三战区参谋长、陆军中将、陆军第二十五军军长。解放战争时期，任第七兵团司令，1948年11月22日在淮海战役中身亡。

**黄维刚（1897—1943），**字震三，号雨辰，河南省项城县人。1919年毕业于保定军官学校第六期，1922年转入冯玉祥第十一师任职。北伐期间，任第二集团军总部少将参谋处长。1929年，任反蒋联军第三十军补充旅少将旅长，中原大战后，任第二十九军三十八师第一一二旅旅长。1937年8月，任五十九军三十八师师长，先后在津浦线、山东临沂等地对日军作战。1940年5月，任第三十三集团军第五十九军军长，参加枣宜会战。1943年，参加鄂西会战，1943年8月3日病逝于湖北省南漳县，时年46岁，归葬于家乡范营。1944年9月27日，国民政府追赠其陆军中将。

**黄樵松（1901—1948），**原名德全，字怡墅，河南省尉氏县人。1920年考入河南省立第四中学。1922年秋加入冯玉祥的学兵团。 1933年，升任第二十六路军二十七师第七十九旅旅长。因为和冯玉祥的妻子李德全同名，乃改名为“樵松”。抗日战争期间，先后在琉璃河、娘子关、台儿庄、大别山等地同日军作战，1938年任第三十军第二十七师少将师长。1939年，任第六十八军一四三师中将师长，抗战战胜利后，任第二集团军第三十军副军长。1948年升任军长，8月，率领二十七师和三十师八十九团增援太原。在人民解放军太原前线司令员徐向前与高树勋的劝告下，计划于太原阵前起义，因被部下出卖而被捕。同年11月27日，在南京水西门外军人监狱被杀害，时年45岁。

**彭国政（1900—1947），**字润民，河南省许昌县人。1917年入冯玉祥第十六混成旅当兵。1927年4月任团长。1930年升任旅长，中原大战后，任第二十九军第三十八师第一一二旅第二二三团上校团长。1933年4月，任察哈尔抗日同盟军军事委员会委员兼第一军第一师师长，同盟军失败后，担任冯玉祥的手枪营营长。1939年9月，受冯玉祥委派，回河南担任第一战区游击第一纵队支队司令。解放战争时期，他在豫皖苏区五区任许昌县县长及独立团团长。1947 年 11 月 9 日，在横跨郜陵、扶沟县境的道清寺战役中壮烈牺牲，时年 47 岁，后被追认革命烈士。

**彭秉信（1904—1988），**又叫彭黎民，河北高阳人。1920 年参加西北军。1927 年任旅长。1928 年受冯玉祥派遣赴德国学习军事，曾参加过北伐战争。1941 年在宋哲元部任团长。1945 年任国民党第三绥靖区司令部高级参谋。1948 年 11 月随张克侠、何基沣将军起义，参加中国人民解放军，历任第三野战军三十三军教导团副团长、第九兵团教导团副团长等职。新中国建国后，任南京军事学院教员、研究员等职。1970 年离职后到其妻家乡济阳县休养。1980 年后，任济阳县政协副主席，山东省政协常委。1988 年在南京逝世。

**智文宪（？—1950），**河南省扶沟县人。1930 年中原大战时任吉鸿昌部手枪队队长，同年 10 月，部队接受南京政府改编后，后升第三十师九十旅第一七九团团长。1932 年初，吉鸿昌从上海返回旧部策动起义失败，智文宪离开部队。1933 年 5 月，随吉鸿昌赴张家口抗日。1950 年在原籍死于镇压反革命运动。

**曾纪瑞（1902—1951），**字吉甫，河南省郾城县人。1922 年，在开封投入河南督军署学兵团受训。1927 年 4 月，任第三路军第五混成旅第二团第一营营长。1930 年 6 月任梁冠英第二军炮兵团团长，中原大战后，随梁部叛冯投蒋，任第二十五路总指挥部手枪团团长。抗战期间，任汪伪徐州绥靖军暂编第三十五师师长。日本投降后，任新编第六路军第二军军长兼第四师师长。1949 年春，任一〇六军副军长。1949 年 2 月，改任少将高参，带领全家在江西上饶住闲。1949 年 5 月 3 日上饶解放后，被通知参加集中学习。1951 年，在南京死于镇反运动。

**葛金章（1893—1965），**安徽省蒙城县人，1913 年 3 月投效警卫军第二营中哨充当亲兵，后随部并入冯玉祥部第十六混成旅。1919 年，代理本旅步兵第四团第一营营长。1921 年任第十一师二十一旅四十一团团长。1923 年，任第七混成旅第三团团长。“北京政变”后，任国民一军第五师第七混成旅旅长。北伐期间，任河南省彰德行政区行政长。1928 年，在郑州任第二集团军兵站总监。中原大战后，任鄂豫皖绥靖督办公署副官处长。

1932年，任山东省政府参议兼高等顾问，抗战期间在北京赋闲。解放后，主动将京郊的所有田产交给人民政府。1965年4月因病在北京逝世。

**葛效先（？—？）**，河北省人，开封军官学校毕业，继魏凤楼任冯玉祥的卫队营营长，解放后在中国历史博物馆工作。

**董文富（？—？）**，河南人。早年参加第十六混成旅。1921年8月部队扩编成陆军第十一师，董文富升任排长。1922年，任陆军第十一师工兵营第三连连长。1928年10月，任第二集团军第一方面军第五军第九师第二十七旅团长。1929年10月，任反蒋国民军第四方面军第十一军第二十五师第七十四旅旅长。

**董必武（1886—1975）**，字洁畬，号壁伍，湖湖北黄安（今红安）人。1911年加入中国同盟会，参加辛亥革命，建立湖北共产主义小组并出席中共一大，后任中共武汉地方委员会书记，1928年赴莫斯科中山大学、列宁学院学习。1932年回国之后任中华苏维埃共和国中央执行委员、临时最高法院主任。1934年10月参加长征，到达陕北后，任中共中央党校校长，陕甘宁边区政府代理主席，后任中共中央华北局书记，华北人民政府主席。新中国成立后，历任政务院财政经济委员会主任，政务院副总理，政务院政法委员会主任，最高人民法院院长，中华人民共和国副主席、中华人民共和国代主席。1975年1月任第四届全国人大常委会副委员长。是中共七、八、九届中央政治局委员，十届中央政治局常委。1975年4月2日在北京逝世，终年90岁。

**董健吾（1891—1970）**，江苏省松江府青浦县人。1914年考入该会在上海开设的圣约翰大学神学院，与宋子文是同窗好友。1927年后到河南出任冯玉祥部队任秘书兼英文教师。1928年秘密加入中国共产党。1930年3月，受命以“互济会”的名义，在上海创办大同幼稚园，收养中共烈士和领导人的子女约30余人，后通过张学良的帮助，送毛岸英、毛岸青去苏联。1936年，受宋庆龄和冯玉祥委托，以“王牧师”身份，担任国共两党中央恢复秘密联系的联络员，并送美国记者埃德加·斯诺和美国医生马海德去陕北瓦窑堡。1955年，董健吾受潘汉年案牵连被捕，一年后由于周恩来的干预得以取保候审。1962年，进入参事室工作。1970年12月12日，在上海逝世。

**董振堂（1895—1937），**字绍仲，河北新河人，保定陆军军官学校毕业，曾任西北军营长、团长、师长等职。1931 年，任国民党第二十六路军第二十五师第七十三旅旅长时，被蒋介石调至江西反共前线，同年 12 月率部在江西宁都举行起义，加入中国工农红军，后任红一方面军第五军团副总指挥兼第十三军军长。1932 年 4 月加入中国共产党，任红五军团军团长和第五军军长等职，率部参加了赣州、漳州、南雄水口等战役和中央苏区第四、第五次反“围剿”作战、红一、红四方面军的长征。1936 年 10 月率部西渡黄河，参加了西路军艰苦作战。1937 年 1 月 20 日在甘肃高台与国民党军队作战中牺牲。

**蒋鸿遇（1884—1929），**字静庵，河北省固安县人。1905 年考入保定北洋陆军速成武备学堂第三期骑兵科。1914 年 10 月任十六混成旅少校参谋。1915 年任第十六混成旅参谋长。1918 年任第十六混成旅第四团团长。1921 年任中央陆军第十一师补充旅旅长。1924 年冯玉祥发动“北京政变”时，任留守司令兼警察总监，后历任甘肃军务督办公署参谋长，国民军第十二师师长，代理绥远都统等职。1926 年夏，在率部撤往宁夏途中因车祸重伤致残。1928 年 3 月，任南京国民政府军事委员会委员。1929 年 10 月，在西安病逝。

**韩复达（1889—？），**又名韩周伯，河北霸县人，韩复榘祖兄，早年与蒋介石同批留学日本士官学校，在日留学期间参加同盟会，回国后任北洋政府陆军部参谋，后加入冯玉祥的西北军，任西北军首任军械处处长。1927 年后，相继担任西北军冯玉祥的高级参谋、副官处处长，西北军驻上海办事处处长等职。1928 年 12 月，任国民政府军政部总务厅上校科长，后任上海中南银行总稽核，负责冯玉祥及西北军在该行的经费，掩护西北军在上海的秘密电台，联络各方反蒋人士。日本侵华期间，因病在北京家中养病，抗日战争胜利前夕，病逝于北京。

**韩复榘（1890—1938），**字向方，河北省霸县人，1910 年入陆军第二十镇冯玉祥营当兵。辛亥革命后随冯参加滦州起义，失败后还乡。1912 年再次投冯玉祥部，历任营长、团长、旅长、师长，五原誓师后，率部参加北伐，任军长、方面军总指挥。北伐完成后，任河南省主席。1929 年 5 月脱离冯玉祥。1930 年任讨逆军第三团总指挥，率部开赴山东，

9月被任命为山东省政府主席。1931年后，历任国民政府委员、鲁豫清乡督办、山东全省保安司令等职。抗日战争爆发后，任第五战区副司令长官兼第三集团军总司令，负责指挥山东军事，承担黄河防务。日军进攻山东时，韩复榘放弃山东退入河南。1938年1月11日被蒋介石邀至开封参加北方将领会议被扣，后押解至汉口，经军事法庭审判后，以“违抗命令，擅自撤退”罪处决。

**韩麟符（1899—1934），**原名韩致祥，字瑞五，祖籍山西榆次县，生于承德府赤峰县。1916年考入天津直隶省第一中学读书。1919年五四运动爆发，被推举为天津学生联合会副会长。1923年经李大钊介绍加入中国共产党，在北京区委内主要协助李大钊从事民族与统战工作。1924年1月出席国民党第一次代表大会，会上当选为国民党中央委员会候补执行委员。1925年春，孙中山病危，在京国民党中央执行委员召开会议为孙中山起草遗嘱，韩麟符以候补委员身份参与其中。1925年11月在内蒙古农工兵大同盟代表大会上，被选为副书记。1928年4月，经中共中央批准，韩麟符被任命为中共内蒙特委书记。1931年2月9日，因叛徒告密，在天津租界被捕。1933年，经李锡九出面活动，韩麟符获释，不久到孙殿英部队任少将政训处处长。1934年4月，随孙殿英部赴青海屯垦途径宁夏时，遭阎锡山、马鸿逵合围。韩麟符受到南京政府的通缉，只身回到老家山西榆次隐蔽，9月21日，被追寻而来的叛徒、军统特务郑丕烈刺杀。

**简又文（1896—1978），**字永真，广东新会人。早年毕业于岭南学堂，后赴美国留学，回国后，任广州市政府教育局长，北平北平大学教授。1924年结识冯玉祥，为冯玉祥创办今是学校，并担任首任校长。1926年任第二集团军总司令部外交处处长。1927年任国民革命军第二集团军总司令部政治部副部长。1929年被孙良诚派驻南京任办事处处长，后任山东盐运使、铁道部参事、立法委员、广东、广西省政府顾问。1945年抗日战争胜利，倡办广东文献馆。1949年去香港定居。1954—1959年受聘为香港大学东方文化研究院研究员，任满后为名誉研究员。1964—1965年受聘为美国耶鲁大学客座研究员。1978年在香港寓所逝世。

**赖亚力（1910—1994），**川省内江县人。在学校读书时期，认真学习并努力宣传马

列著作和思想。1934 年 12 月，经许德珩教授介绍，到冯玉祥处工作，担任研究室主任，后任冯的政治秘书。1938 年，加入中国共产党。1939 年 9 月受冯玉祥派遣，去国民党三十三集团军讲学。1949 年，陪同冯玉祥一家人从美国返回祖国参加第一届政治协商会议，途中，乘坐的轮船在黑海失火，冯玉祥不幸蒙难，赖亚力陪同冯玉祥夫人李德全女士及其家人回到了祖国。新中国成立后，历任外交部秘书处处长、办公厅副主任，外交部礼宾司司长，国际问题研究所副所长，中国人民外交学会副会长。1994 年病逝。

**雷中田（1893—1950），**字兰波，河南商水人。早年入冯玉祥部。1925 年随国民军进入甘肃，后历任西北暂编第二旅旅长、暂编第师师长，中原大战后接受改编，任国民党新编第八师师长。1931 年 8 月，制造“雷马事变”，后成立甘肃临时政府，失败后去职。1933 年，任哈察民众抗日同盟军军事委员会委员兼骑兵第一挺进军司令，后投靠日伪汉奸王英，任“大汉义军”副总司令。1936 年 12 月 2 日，在百灵庙战役中被击败，只身潜逃。1941 年投靠日伪，任开封警备司令。1945 年初，任河南省第七区保安副司令，1947 年任国民党商水、西华两县指挥官，1950 年被当地人民政府处决。

**雷嗣尚（1905—1946），**字季尚，湖南省嘉禾县人。北京师范大学毕业后，由黄少谷引荐给冯玉祥，在第二集团军总部先后担任秘书、宣传处处长，秘书长。1933 年 5 月，任察哈尔抗日同盟军秘书长。同年 11 月，任北平市社会局局长。1938 年，受何应钦、蒋介石的秘密委派，赴香港会同肖振瀛与日方代表和知鹰二会商两国停战事宜，不久返回内地，担任湖南省政府总参议，后在衡阳创设南华实业公司。1944 年衡阳会战后，组织地方武装，挺身抗敌，不久，被任命为湘南自卫区司令，后担任湖南省蓝山县县长。后因病送回故乡嘉禾县疗养，多方诊治无效，于 1946 年 1 月病逝。

**鲍刚（1904—1941），**字杰三，安徽省寿县人。1924 年 8 月任浙江督军署别动队方振武部排长、连长、营长。1926 年随方振武加入国民军系统，任国民五军第一旅第一团团长、旅长、国民联军援陕第一路第二师师长。1927 年任第二集团军第四十一军军长。1929 年 5 月，任独立四十五师师长，中原大期间，任反蒋联军第二方面军第一路第四军第二师师长。1933 年 4 月，参加察哈尔抗日同盟军，任第二军军长，8 月，部队被改编为独立第四十六旅，任旅长。1937 年 10 月，被调任十三军副军长。1938 年 12 月 16 日，任第二十军团兵站分监。1940 年 4 月 13 日，任豫南游击总指挥。1941 年 3 月 23 日，于豫南地区遭人暗杀身亡，终年 37 岁。

**米哈伊尔·马尔科维奇·鲍罗廷（1884—1951），**是苏联威特比斯克省人。1903 年加入俄国社会民主工党（属布尔什维克），1906 年当选为党的四大代表。十月革命后回到苏俄，在外交人民委员会工作。 1923 年奉派到广州，任共产国际驻中国代表及苏联驻广州政府全权代表。1925 年国民政府在广州成立，鲍罗廷被任为政治顾问。1926 年任国民党中央执行委员会最高顾问。1926 年 12 月随国民政府迁往武汉。1927 年四一二事变后，遭到国民党南京政府通缉，同年 7 月鲍罗廷离开武汉，10 月经蒙古回苏联，之后曾任苏维埃劳动人民委员、英文《莫斯科新闻》主编。1949 年受美国记者安娜·路易丝·斯特朗间谍案牵连入狱，被指为苏维埃政权的敌人，流放到西伯利亚。1951 年 5 月 29 日死于伊尔库茨克的一个劳改营中，死后平反。

**廖仲恺（1877—1925），**原名恩煦，又名夷白，字仲恺，广东省归善县人。1903 年 1 月赴日本留学，1905 年任同盟会总部会计长。辛亥革命后，任广东军政府总参议，监理财政。1921 年任广东财政厅厅长兼财政部次长。1922 年协助孙中山从事改组国民党，确定联俄、联共、扶助农工三大政策。1923 年，任广东省长和国民党临时中央委员，并先后担任工人部部长、农民部部长、黄埔军校党代表、广东省省长、财政部部长，军需总监等职，孙中山逝世后仍坚持执行三大政策。1925 年 8 月 20 日，在设于惠州会馆的国民党中央党部，被帝国主义和国民党右派所指使的暴徒杀害，遗体先是暂厝广州驷马岗朱执信墓旁，1935 年迁葬南京中山陵侧。

**廖运周（1903—1996），**字冠渊，安徽省凤台县人，黄埔军校第五期炮科毕业。1927 年 3 月加入中国共产党，8 月参加南昌起义，失败后辗转赴上海。1930 年任反蒋联军第二方面军独立第二师参谋，参加中原大战。1933 年任察哈尔民众抗日同盟军第二师九团团长，抗战期间，任第十三军一一〇师三二八旅六五六团团长，第十三军一一〇师三三〇旅旅长，第一一〇师少将副师长等职。1943 年初任第八十五军一一〇师师长。1948 年 11 月

23日在淮海战役中于安徽蒙城双堆集率部起义，后任解放军第二野战军第四兵团第十四军四十二师师长，丽江军分区司令员，解放军高级炮兵学校校长，吉林省体委主任，民革中央常委，1996年9月11日在北京病逝。

**熊斌（1894—1964），**字哲明，湖北省礼山县人。1916年陆军大学第四期毕业后，任北京陆军大学步兵科科长、教育长。1922年后。历任河南督军署顾问，国民一军参谋长、西北边防督办公署参谋长。1927年4月，任国民革命军第二集团军总参议，北伐完成后，任军政部航空署署长兼中国航空公司副理事长，参谋本部厅长、次长等职。 抗战期间，先后任第三战区代理参谋长兼大本营总办公厅主任、军令部次长兼战时新闻检查局局长、陕西省政府主席、陕西省军管区司令等职。日本投降后，任北平市市长，国民党中央监察委员，战略顾问委员会委员。1949年去台湾。1952年10月退役。1957年2月任“中央银行”顾问。1964年11月病故台北，终年70岁。

**翟紫封（1897—1947），**名印章，河北天津人，保定陆军军官学校第六期炮科毕业后加入冯玉祥部队。1927年，任第二集团军第三军第十九师团长。中原大战后，任第二十九军第三十八师参谋处处长。1934年调任第三十八师第一一四旅副旅长，抗战爆发后曾任第五十九军三十八师少将参谋长，在平津对日作战，后任第五十九军参谋长。1941年4月任第五十九军暂编五十三师师长。1946年4月任整编第五十九师三十八旅旅长。1947年7月7日在山东费县被俘，在押解途中被国民党飞机炸死，9月24日被国民党追赠为中将。

**蔡元培（1868—1940），**字鹤卿，号孑民，浙江绍兴人，清光绪进士，翰林院编修。1902年参与创立中国教育会，任会长。1904年与陶成章组织光复会。1905年加入同盟会，任上海分会会长。辛亥革命后，任中华民国临时政府首任教育总长，后与吴玉章等创办留法勤工俭学会。1916年任北京大学校长，积极支持正在酝酿中的新文化运动，在国民党第一、二次全国代表大会上被选为候补中央监委和中央监委。1927年后，曾任国民政府代理司法部部长、中央研究院院长等职。1932年，同宋庆龄、鲁迅等发起成立中国民权保障同盟，任副主席，抗日战争爆发后移居香港，1940年3月5日病逝于香港。

**蔡和森（1895—1931），**字润寰，号泽膺，祖籍湖南湘乡县。1913年进入湖南省立第一师范读书，其间，同毛泽东等人一起组织进步团体新民学会，创办《湘江评论》，参加五四运动。1919年底赴法国勤工俭学，1921年10月回国，在党的三大、四大上当选为中央局委员，参与中央领导工作。1927年5月在中共五届一中全会上当选为中央政治局委员、常委，随后又兼任中共中央秘书长。1931年，蔡和森在组织广州地下工人运动时遭叛徒出卖被捕，8月，牺牲于广州军政监狱酷刑之下，终年36岁。

**蔡继伦（1895—1940），**湖北省省汉川人，军事委员会陆海空军抚恤委员会委员长刘骥的外甥。早年投效西北军，1926年12月，任国民联军总司令部总参谋长办公室副主任，后任国民革命军第二集团军总司令部高级参谋、第二集团军第就方面军总指挥部副参谋长、第二集团军派驻南京办事处专员等职。1929年12月，被第二集团军保送到陆军大学特别班第一期学习。1931年10月毕业，任军事委员会防空委员会防空处处长，抗战爆发后，任湖北襄郧师管区司令。1939年春，任第六战区宜昌城防司令部司令兼石牌要塞司令等职。1940年春，因贪污军费被逮捕后军法处决。

**谭延闿（1880—1930），**字祖庵，湖南茶陵人。1893年中秀才，1904年，参加清末最后一次科举试，中进士，是中国历史上最后一个状元。1906年，任湖南咨议局局长、湖南督军。1913年参加讨袁战争。1916年8月后任湖南省长兼督军、湖南参议院院长。1922年后，历任建国湘军总司令、国民党中央执行委员及常务委员、国民政府委员、国民革命军第二军军长。1928年后任国民政府主席、代理政治会议主席、行政院院长等职。1930年9月22日病逝于南京。

**尼基塔·谢尔盖耶维奇·赫鲁晓夫（1894—1971），**1894年出生于俄罗斯库尔斯克州。1918年参加布尔什维克，第二年加入红军，1921年复员回家乡尤佐夫卡（即今顿涅茨克）做工。1922年进入苏维埃工人学校学习。1925年担任尤佐夫卡的彼得罗夫斯科—马林斯克地区的党委书记。1933年升任莫斯科地区党委第二书记，同年升任莫斯科党委第一书记。1953年9月3日当选为党中央第一书记。1958年兼任苏联部长会议主席，任期内，他实施去斯大林化政策，为大清洗中的受害者平反，苏联的文艺领域获得解冻。同

时他积极推行农业改革，使苏联的民生得到改善。1964年10月苏共中央全会“鉴于赫鲁晓夫犯有主观主义和唯意志论错误”解除其职务。1971年9月11日病逝于莫斯科。

**潘蕴玉（1899—1950），**山东省菏泽人，早年参加西北军。1928年，任第二集团军军官学校教官。1933年任张家口四区警察局局长，抗日同盟军结束后，陪同冯玉祥上泰山读书，任冯玉祥将军的副官。后随冯玉祥将军到南京，任军事委员会上校咨议、副官处长。抗战初期，继续任冯玉祥的副官处长，后奉派到第三十三集团军，任第五十九军参军。1950年在原籍死于镇反运动。

**黎广诗（1897—1954），**字雅斋，河南省淮阳县人。1922年5月，在陆军十一师学兵团受训。1925年入日本陆军士官学校第十九期学习，回国后任第二集团军军官学校步兵科科长、第六师参谋长和师教导队教育长。1933年初，任第二十九军第三十八师第一一三旅中校参谋长，参加长城抗战，抗战期间任淮阳县政府兵役科科长，河南省第七区抗日军事政治训练班大队长、第三集团军第十二军第二野战补充团第一营营长、团长等职。1940年，任第三十三集团军总司令部少将高参兼作战科科长。抗战胜利后，任第三绥靖区总司令部第四处少将处长。南京解放后，入人民解放军第三野战军第二教导团受训10个月，后回到苏州家中赋闲，1954年在家乡病逝。

**薛笃弼（1890—1973），**字子良，山西省运城人。山西法政学校毕业，早年参加同盟会。1911年后任临汾地方审判厅厅长。1914年后任陆军第十六混成旅秘书长兼军法处处长。1923年后任北洋政府司法部次长、国务院代秘书长。1924年任内务部次长、京兆尹。1925年任甘肃省省长。1926年任国民联军总司令部财政委员会委员长。1927年后任国民政府民政部、内政部、卫生部部长，水利委员会委员长、水利部部长。新中国成立后，任上海市政协常委、民革中央委员、第二届全国政协委员。1973年在上海病逝。

**戴守义（1905—1974），**字斌武，安徽省临泉县人。1922年投入陆军十一师学兵团学习。1925年，任西北边防督办公署卫队旅第四团连长。1927年任国民联军第三路军总指挥部手枪营营长、第二集团军第二方面军第十四军第五师特务团上校团长。中原大战后，任第二十九军第三十七师第一一一旅第二二一团团长。1936年任河北保安一旅少将旅长兼二二〇团团长，驻守北京西苑、丰台等地。卢沟桥事变爆发后，率部抗击日军。1937 年 8 月，任第一集团军第七十七军独立第二十五旅旅长。1946 年 8 月，退役到河南开封定居。1974 年在开封逝世，时年 69 岁。

**戴季陶（1891—1949），**又名传贤、字季陶，籍贯浙江吴兴，出生于四川广汉。1905 年到日本留学，1911 年加入同盟会，曾任孙中山机要秘书。1917 年任孙中山护法军政府法制委员会委员长。1919 年在上海创办《星期评论》，次年参与组建上海共产主义小组，中途退出。国民党改组后，历任中央执行委员、宣传部部长、黄埔军校政治部主任。孙中山逝世后，曾参与西山会议派的活动。1927 年以后，历任国民政府委员、考试院院长等职。1948 年 6 月改任国史馆馆长。1949 年 2 月 11 日于广东省政府招待所服安眠药自杀。

**魏凤禧（？—？），**河南省西华县人，魏凤楼胞弟，早年加入西北军。1926 年 3 月，随冯玉祥去苏联考察，后被留在苏联学习，回国后，任冯玉祥部队传令队传令员。抗战期间，任第一战区游击第一纵队司令部政治部主任。1945 年 8 月 20 日随魏凤楼率部起义。新中国成立后，在河南省信阳地区罗山粮站工作。

**魏凤楼（1896—1978），**字建亭，河南省西华县人，1913 年投入冯玉祥部从军。1924 年任西北边防督办公署手枪团团长。1926 年 3 月随冯玉祥赴苏联考察，回国后任手枪旅旅长、国民革命军第二集团军十四军四师师长、第二集团军第二十三师师长。1930 年任反蒋联军第二方面军第四路军第三军军长，参加中原大战，失败后在北平闲居。1937 年底加入中国共产党，同年，任西华人民抗敌自卫团副司令，河南省鹿邑县县长兼河南省第二区保安第四总队司令，第一战区游击一纵队司令等职。抗战胜利后任国民党新编第三路军第五十六师师长。1945 年 8 月 20 日在河南淮阳率部起义，后任解放军冀鲁豫军区豫东纵队司令员，冀鲁豫军区副司令员兼第二军分区司令员，天津市芦台农场场长，河南省政协常委。1978 年 2 月 3 日在郑州病逝。

**瞿秋白（1899—1935），**号熊伯，江苏常州人。1922 年 2 月在莫斯科加入中国共产党，在中国共产党第三至第六次全国代表大会上，均当选为中央委员，大革命失败后，于 1927 年 8 月在湖北武汉主持召开八七会议。1927 年冬至 1928 年春，担任中央领导工作。

1930 年 9 月，主持召开中共六届三中全会。1931 年 1 月，在党的六届四中全会上，受到王明等人的打击，被解除中央领导职务，开除出中央政治局。1934 年 2 月到瑞金，任中华苏维埃共和国中央政府人民教育委员，还兼任苏维埃大学校长。同年 10 月中央红军主力长征后，留在南方，任中央分局宣传部部长。1935 年 2 月 23 日在福建被捕，6 月 18 日在长汀就义，年仅 36 岁。

# 后　记

## 王留全

抗日将军尹心田先生口述的《跟随冯玉祥将军见闻录》，整理编纂历时十年，今日终于出版问世，所有参与编辑者都深感欣慰，认为这是一件很有意义、很有价值的事情。

本书宗旨，书前“两序”已经言明。作为后记，本文在此要说的话是：十年间，本书数易其稿，有幸与国内多位专家、教授、学者、朋友相识相知，并与多家档案馆、图书馆、博物馆、纪念馆相交相往，其深情厚谊令人终生难忘，特借此文致敬致谢。

记得本书初稿完成后，由于我们几个编者都是缺乏历史专业知识的外行，对于本书中所涉及的中国近代史，没有多少研究，特别是关于察哈尔抗日的史料，更难寻觅。正在为难之际，恰逢陕西师范大学王晓荣教授《国共两党与察哈尔抗日》一书正式出版。我们读后，对尹心田口述史编纂过程中原本不甚清楚的一些历史问题，有了寻找答案的方向，欣喜之余，决定赴西安向王教授登门求教。见到王教授后，我们才知道她是一位如此年轻的现代史专业博士，她所写的《国共两党与察哈尔抗日》专著，本是她的博士毕业论文，历数年锤炼才公开出版。为请王晓荣教授斧正，我们先后三赴西安，每次她都详斟细琢，给我们提出了许多宝贵意见，大的有时代背景、人物评价，小的到一个标点符号的运用，学风之严谨，令人由衷钦敬。

王教授不仅热诚地给我们介绍了她的研究成果及心得，而且还热心地为我们介绍了两位著名的近代史专家，一位是她的导师、中国社会科学院近代史研究所的陈铁健先生，另一位是中共北京市委党史研究室的吴家林先生，我们决定请他们三位做编辑本书的顾问。我们十分荣幸，承蒙三位专家不弃，愉快地接受了我们的聘请。在与三位顾问良师的接触中，每次会面（包括座谈会）都如同上了一堂生动的历史课，先生们那和蔼可亲、循循善诱、诲人不倦的风范，深刻地印在我们心中。尤其令我们感动的是，三位

顾问学风的严谨，知识的渊博，态度的谦虚，给我们留下了难忘的印象。例如，尹心田在回忆中谈到冯将军曾在莫斯科会见过中共的领导人蔡和森、瞿秋白等，这是一句普通的话，我们谁也没有去认真核实考证过，也不怀疑它的真实性。但是，学风严谨、知识渊博的陈铁健先生，在看完书稿后，即向我们指出，根据冯将军到莫斯科的时间推算，他不可能在莫斯科见过瞿秋白，因为那段时间瞿秋白根本不在莫斯科。陈先生学术功底之深，不得不令我们钦佩。当我们和吴家林先生第一次就察哈尔抗日时期的历史进行交谈时，他不仅自己细谈，还就有关问题向我们推荐去找某某人或找什么文章对本书进行补充。

在本书编纂过程中，我们还有幸结识了一位苦心研究冯玉祥及西北军的“专家”杨保森先生（河南省驻马店市林业局副局长、中国近代史业余研究者、《西北军将领录》和《西北军人物谱》等书的作者）。他欣然答应我们的邀约，参加编纂工作。他利用自己丰富的书摘，为本书撰写了四万余字的相关历史人物注释，其废寝忘食、无私奉献的精神，让我们深受感动。

山东泰山学院的蒋铁生教授，是《冯玉祥年谱》一书的作者。当我们访问他时，他激动地对我们说：“冯玉祥将军是一个很值得我们学习的人物，也是一个与时俱进的历史人物，我是通过研究冯玉祥将军的生平，一步步加深了对他的认识。他的一生，确实令人钦佩。我也是通过研究冯玉祥，才认识了尹心田先生。冯玉祥的一生闪光点很多，特别是从察哈尔抗日以后做的许多事情。在这些闪光点中，常常出现尹心田先生的身影。据我的不完全统计，仅在冯玉祥将军的日记中，‘尹心田’这三个字就出现了近百次。”蒋铁生教授还热情地把他的多本专著赠予我们，这些专著成了我们编纂本书的重要参考资料。在我们编纂本书的过程中，蒋教授不仅十分关注，而且给了我们许多实际帮助，甚至包括亲自为我们审阅、修改书稿，并在审阅书稿后欣然赋七律“藏头诗”一首：“尹伊谋略历代传，心底无私天地宽。田在南阳龙虎地，先辈积德育大贤。生逢乱世投光明，千难万险斗日顽。古今征战几人回，名存中华美梦圆。”将这首诗中每句的第一个字相连，恰是“尹心田先生千古名”。蒋教授的文采实在令人称羡。

还有几位已届耄耋之年的原西北军老人，对我们工作的支持尤令人感动。

开国将军、曾任中国人民解放军军政学院（现国防大学）院长的陶汉章，是当年“汾阳军校”中年龄最小的学员。第一次访问他时，我们提出的第一个问题是：“您记得尹心田这个人吗？”陶老当即回答：“当然记得！他不但是我的老师，还是引领我走上革命道路的人。”在以后的谈话中，陶老深情地对我们说：“老教育长（指尹心田）可是个很好的人，他受到那么大的冤枉（指在党内所受到的不公正待遇），但还照样一辈子对革命事业忠心耿耿，真是难得啊！”接着，他又十分感慨地说：“我们党在历史上所犯的多次‘左’倾错误，真不知道残害了多少好人！”

原中国人民解放军河南商丘军分区司令、离休老干部郭永照，也是尹心田的学生。当我们告诉他，我们正在整理尹老的谈话录音，准备出书时，他连声说：“功德无量、功德无量。”我们是在2007年访问郭老的，那年他已98岁高龄，但思维敏捷，口齿清晰。当我们请他在访问记录上签名时，他坚持说：“光签个名能行吗？我给你们写几个字吧！”说罢，请他的老伴扶他坐在书桌前，郭老稍作思考后，提起毛笔，在不到一刻钟的时间里，竟然一气呵成了如下题词：

尹心田同志青年投笔从戎，参加共产党，追求光明。中年投身抗日，表现了崇高的爱国主义精神。老年为祖国和平统一做贡献。临终捐献遗体，造福社会。他的高风亮节，永远光照后人。

郭永照（印）九十八岁

二零零七·六·一四

郭老的题词，可以说是对尹心田先生光辉一生最简明扼要、最实事求是的总结。当郭老伏案疾书时，我们抓拍了此张照片，作为留念。若非我们当时亲眼目睹，真难以相信，这位年近百岁的老“西北军”，竟有如此深厚的文学和书法功底！

由于本书涉及中国近代史人物和事件较多，尹心田先生口述录音有些不详之处需要进一步了解和补正，特别是核实口述史中历史事件发生的时间、地点、人物及当时的客观环境，是一件非常繁杂、细致而又耗费精力的工作。为此，我们先后走访了国家博物馆、军事博物馆、国家图书馆、北京市档案馆、张家口市档案馆、河南省档案馆、武汉市档案馆、中国第二历史档案馆、重庆市档案馆、重庆市民主党派博物馆，拜谒了卢沟桥抗日战

争纪念馆、喜峰口抗战纪念馆，还参加过淮安周恩来纪念馆、泰山冯玉祥纪念馆及宣城张自忠纪念馆、湖北老河口“五战区司令部”旧址纪念馆等所举办的纪念活动，受到了这些单位领导和同志们的热情接待，也收到了他们为我们提供的珍贵文字和图片资料多件。我们与这些单位的交往虽然不多，但其认真负责、细致周到的工作精神和对我们相待如宾、相交如友的态度都留下了至今难忘的美好回忆，特在此表示诚挚谢意。

在本书编纂的过程中，我们还得到了许多专家、教授、历史工作者、业余近代史研究者的大力支持，他们有：金戈、彭训厚、蔡峰、郭景兴、孙立根、宁根全、张量、段晓微、唐小辉、方军、樊建川、贾晓明、闫红霞、喻溟、周建平、邓俊生、陈长庚、夏继诚、蒋维权等，在此谨表衷心感谢。

为了更好的落实本书所涉及的人物和事件的真实性，我们还走访了大量在本书中所提到的历史人物的后代，这些年龄不同、职业不同、分布在全国各地的后代们，都给了我们很大的支持和鼓励，有的还把家传的珍藏文物和资料展示给我们，让我们上了一堂堂丰富生动的历史课，也让我们对当年曾拥有四十万大军、在神州大地上叱咤风云的西北军及其统帅冯玉祥将军，有了更多的了解。几乎每位“西北军”的后人，都有感人的生动故事。例如，当我们访问冯玉祥将军的女儿冯理达时，她正在办公室里工作，身着一件普通医务工作者穿的白大褂。但是，当她知道我们的来意后，立即说道：“这不是一次普通的访问，这是关乎到如何把革命老前辈的功勋传承下去的大事情，我要换上军装接待你们。”在访谈过程中，冯理达谦虚地说：“毛主席、周总理对我父亲早有评价，我不用多说了。但是，我要把我所知道的尹心田的情况，详细告诉你们。”访问结束时，冯理达深情地说：“我从小就喊他尹叔叔，他的爱国主义精神是我们每个人学习的榜样，我给你们写几个字留念吧。”说完后，便当场给我们写了一幅大字：

纪念尹心田叔叔，学习他崇高的爱国主义精神。——冯理达（印）

二〇〇七年五月于北京

为表示她对尹心田的深刻怀念之情，在写完字后，她对陪着我们前去访问的尹心田的儿子尹家衡、尹家征和尹家鹏说：“咱们几个合个影留念吧。”于是，留下了很有纪念意义的照片。

在编纂过程中，我们还得到许多西北军后代的大力支持，他们是：余华心、冯文二、冯文中、冯丹龙、李惠兰、佟兵、熊一娣、吉瑞芝、吉天力、赵学芬、张廉云、宣平、苏莉、冯炳如、冯洁、冯强、张洁芳、张权、张木、何纹、何瑗、何钢、陈道镕、过靖珺、过传良、王端美、杨万里、吕植中、张炳华、张炳麟、闫绣文、郜可明、刘宇、周维、周伯祥、黄蔚君、张良栋、常川玉、赵铁奇、王润民、吴乃陵、袁树芳、肖亚林、张克修、郭孟玉、贾展宁、贾元瑗、贾立如、屈令婉、陈建华、张兴奎、张建群、陶乐、高敦嗣、何燕儒、王光华、王光沪、孙幼菊、孙一平等，在此谨向所有被访问者致以诚挚的谢意。

作为本书的后记，不能忘记将尹心田先生家人及其亲朋故友的辛劳记上一笔，他（她）们实际是本书编辑队伍中的一支重要力量，也可以说是骨干力量。他们齐心协力，推举家衡、家征、家鹏三兄弟为编辑组外出调查访问的联络员，他们先后广泛收集、整理了多批尹心田先生的遗文、遗物、遗照、亲友回忆文章和外调资料，深受编辑组称赞。

尹老在晚年，由于年事已高，已经不爱说话，常常独自坐在沙发上假寐。为防止老先生老年痴呆，家衡一有空便回家和尹老聊天，他在聊天中发现，每当谈到过去的历史时，尹老便会兴奋起来，滔滔不绝地讲述往事，而且记忆清晰，叙述条理分明。在不知不觉中，家衡也从父亲的回忆里获得了大量史料，这些史料为本书充实了许多精彩内容。

更难得的是，在本书编纂过程中，尹老的第三代也表现不俗，让我们感到十分钦佩。他们数十人“集体上阵”积极参与资料收集整理、文稿校勘等各项工作，成绩斐然。他（她）们不负冯玉祥将军和尹心田先生生前的教诲，无愧为老西北军的后代。

有感尹心田先生的光辉人生及良好家风，我们想到一副富含修齐家训与寄望兴家的民间古传名联“礼乐百年承燕翼，诗书千载荷龙光”。此联寓意是：一个家庭的永久幸福与昌隆，需要依靠礼与乐两种精神去传承，也需要依靠道和德两种文气去延续。家能如此，国亦然如此，我们愿以此联精神与尹心田家人和国人共勉：让冯玉祥将军与尹心田先生爱国爱民、锲

而不舍的正义精神和无私无畏、勇于担当的正直风范，在为实现中华民族伟大复兴的大潮中永放光芒。

在编纂本书过程中，虽然我们尽了最大努力去搜集、核实有关历史事件的时代背景、时间、地点、人物等资料，但难免还有疏漏之处，敬请方家、读者指正。

甲午孟春于南阳

王留全，河南省南阳市卧龙区政协文史委主任。